SV

Dieter Henrich

ETHIK ZUM NUKLEAREN FRIEDEN

Suhrkamp

Erste Auflage 1990
© Suhrkamp Verlag Frankfurt am Main 1990
Alle Rechte vorbehalten
Satz und Druck: MZ-Verlagsdruckerei GmbH, Memmingen
Printed in Germany

CIP-Titelaufnahme der Deutschen Bibliothek
Henrich, Dieter:
Ethik zum nuklearen Frieden / Dieter Henrich. –
1. Aufl. – Frankfurt am Main : Suhrkamp, 1990
ISBN 3-518-58017-5

Inhalt

I. Die nukleare Waffe –
Grenze des sittlichen Bewußtseins?

Die neue Weltlage

Unser Wissen von der Existenz der nuklearen Zerstörungs-mittel nötigt uns zur Besinnung. Und diese Besinnung ist uns aufgegeben, gleich ob die Gefahr, daß sie benutzt werden, zu irgendeiner Zeit gerade anwächst oder schwindet.

Der erste Gebrauch der Bombe über Hiroshima ging noch aus den Kalkulationen der modernen Kriegsführung hervor, so wie er denn auch den letzten dieser Kriege zu Ende brachte. In Wahrheit war aber durch diesen Gebrauch eine neue Weltlage etabliert, ein Anfang und Ausgang, der inkom-mensurabel ist zu seiner Vorgeschichte. Kein Sieg also und die aus ihm folgende Herrschaft, und kein Frieden, so wie sie bisher hatten verstanden werden können, folgten aus diesem Ereignis.

Einige haben sich damals in den Genuß an der Potenz der eigenen neuen Machtmittel verloren. Die meisten erstarrten in einem Doppelschrecken, der von der Protuberanz der Ex-plosion in die Stratosphäre und von dem Zerfall des Lebens der Opfer unter dem Feuersturm und dem schwarzen Regen ausging. Zugleich aber begann der unabweisbare Versuch, die Tatsache in eine neue Denkweise, welche von ihr den Aus-gang zu nehmen hatte, einzubinden und zu übersetzen. Denn es war klar, daß die neue Waffe nicht auf lange Zeit aus-schließlicher Besitz nur eines Staates und somit eine feste Ba-stion seiner Hegemonie sein würde. Und wäre sie es auch geworden, so wären doch mit der Alternative ihres Ge-brauchs oder Nichtgebrauchs Fragen und Risiken verbun-den, welche die strategische Planung ebenso wie den politischen Kalkül unter neue Bedingungen von Selbstbegrenzung und auch von möglicher Rechtfertigung brachten. Die eine Tatsache der Verfügbarkeit der Waffe hatte den Zustand der politischen Welt verändert. So grenzenlos die Möglichkeit zur Ausübung von Macht war, welche die Waffe denen zuwachsen ließ, die sie gebrauchen konnten, so sehr waren es doch nunmehr gerade die Grenzen, die durch die Art der Machtausübung gezogen sein mochten, auf die sich alles Planen zuerst zu besinnen hatte.

So leicht auch die Logik dieser Schlußfolgerung mit gegenläufigem Resultat nachzuvollziehen ist, so schwer ist es bis heute geblieben, in dem von ihr gegebenen Rahmen zu überschaubar-verläßlichen strategischen und politischen Grundorientierungen zu kommen. Und das erklärt sich vorzüglich daraus, daß solche Orientierungen eine Verständigung über die neue Weltlage voraussetzen. Damit ist eine Aufgabe gestellt, die sich von strategischem Planen und von der Suche nach politischem Konsens grundsätzlich unterscheidet.

2.
Welche Rechtfertigung?

Keine Strategie, welche sich auf die Verfügbarkeit der neuen Waffen stützt, kann sich von der Frage nach einer Rechtfertigung entlastet finden. Und sie betrifft mehr als die Richtigkeit ihrer Kalkulationen und Abschätzungen. Denn in deren eigenem Gang stellen sich Fragen einer anderen Art von Rechtfertigung eigentlich von Beginn an. Für nukleare Konflikte lassen sich nämlich kaum Ziele fixieren, die ihrerseits außer Frage stehen. Niemand kann davon ausgehen, daß das Gemeinwesen, dessen Armee zu dieser Waffe greift, auch nach dem Konflikt in seiner ursprünglichen Verfassung noch fortbesteht, oder daß Menschen noch leben, in deren Namen es zu diesen Waffen griff. Es ist auch ungewiß, ob sich unter

dem Einsatz solcher Waffen nicht die Armeen alsbald auflösen. Die Staaten, also die Einheiten, die sich in moderne Waf-
fengänge einließen, sind daher durch die neue Waffe in eben
dem Maße mit der Auflösung bedroht wie die Organisatio-
nen, deren sie sich in diesen Gängen bedienten. Ein solcher
Krieg würde unter Bedingungen geführt, die auch die letzten
Traditionsfäden zerreißen, welche den modernen Uniform-
träger mit dem Krieger oder dem Söldner der frühen Heere
verbanden.

Die neue Waffe ist aus den avanciertesten Laboratorien hervorgegangen. Von dem, der sie einsetzt, werden die Qualitä-
ten des Ingenieurs weit mehr als die des Kämpfers erwartet.
Dem entspricht, daß die, auf die sie gerichtet ist, nicht so sehr
besiegt als vielmehr vertilgt werden sollen. Schon darum verliert sich der Sinn der Rede von Gegnern oder von Feinden,
ebenso vom Standhalten und von Tapferkeit. Zwar haben
frühe und moderne Kriege gleichermaßen Länder verwüsten
und in ihnen nur Schädelpyramiden zurücklassen können.
Doch die neue Waffe kann den Boden, die materiellen und die
genetischen Substrate von Ländern und Völkern verseuchen
und deformieren. Und sie stellt die Ingenieursgruppe, die solche Waffen gebraucht, und alles Leben, das sie umgibt und
das von ihr ausgeht, unter eben diese Drohung. Früher wurde
ein Land vom Krieg ›überzogen‹, konnte ihn aber überstehen
und aufkommen von ihm. Nun fräße sich der Krieg so tief in
es ein, daß es zu seiner fortdauernden Gegenwart keiner historischen Erinnerung bedürfte. Welches Ziel rechtfertigt es,
solches zu riskieren, – mit welchen Gründen und in welcher
Sprache kann eine solche Rechtfertigung auch dann noch
überzeugend sein, wenn das Riskierte einmal wirklich eingetreten wäre?

3.
Die Ausnahme-Waffe

Mit all dem sind nur Folgen vergegenwärtigt, welche die Gegner in einem nuklearen Waffengang für sich selbst zu gewärtigen haben. Aber Erwägungen, welche den Gebrauch der neuen Waffe betreffen, sind nicht auf die Gesichtspunkte einzugrenzen, die ehedem für Kriege zwischen Staaten maßgeblich waren. Schon die Produktion der Waffen könnte Auswirkungen haben auf unbeteiligte Völker und Generationen, da sie auch bei Nichtgebrauch zu einer Akkumulation von strahlenden Materialien führt. Doch das erscheint als noch ganz unerheblich im Vergleich mit den wahrscheinlichen Folgen des wirklichen Waffenganges. Steuerungsfehler, vor allem aber die unvermeidbaren indirekten Auswirkungen würden niemanden nur Zeuge sein lassen. Und die Natur der Waffe erzwingt unmittelbar den Gedanken an die Möglichkeit, daß ein Krieg, den Staaten meinten ›führen‹ zu müssen, die Zivilisation, in der Staaten bestehen können, beendet oder daß er die Gattung der Vernunftwesen, welche die Waffe und die Staaten erfanden, zum Verschwinden bringt.

Der Gedanke an diese Möglichkeit zieht vor einen Abgrund, der alle weltimmanenten Zielplanungen in Suspens zu bringen scheint. Und so scheint vor allem er jeder Rechtfertigung für Strategien, welche den Gebrauch der Waffe einschließen, den Boden zu entziehen. Er legt es nahe genug, den Besitz und die Entwicklung der Waffe nicht als mögliches Mittel der Kriegsführung, sondern allein als Mittel einer Politik diesseits des Krieges und zum Zwecke seiner Vermeidung zu begründen. Diese Begründung muß sich ihrerseits auf den Gedanken stützen, ein politischer Gegner werde nicht zum Gebrauch des äußersten Mittels, dem Krieg, greifen, wenn er überzeugt ist, daß er damit den Gebrauch der Waffe gegen sich selber auslöst. Die abgenötigte Vorsicht und Zurückhaltung diesseits der Kriegsschwelle, ›Abschreckung‹ genannt, setzt also die bedingte Bereitschaft nicht nur zum Krieg, sondern zum Gebrauch der nuklearen Waffe voraus. Und daraus folgt nun wieder, daß die Rechtfertigung des Nicht-Verzichtes ein Interesse an der Begründbarkeit der These nach sich zieht, der Gebrauch der Waffe müsse nicht eo ipso alle Zivilisation und die Gattung als solche bedrohen.

Doch darf dieses Argument auch nicht zu stark gemacht werden. Wird der Gebrauch der Waffe ganz auf die Destruktionskraft vergangener Kriege zurückgedacht und zurückgenommen, so wären ihr die Bedeutung und die politische Wirkung wieder entzogen, die mit der Tatsache ihrer Verfügbarkeit sogleich eintrat und auch weiterhin verbunden bleibt. Die Waffe in die Normalität zurückzunehmen, heißt entweder ihre Natur zu verkennen oder zu camouflieren oder aber auf ihre spezifische Wirkung wirklich ganz verzichtet zu haben.

Für einen solchen Verzicht könnte aber der, der die Waffe zu erstellen weiß und der über die Ressourcen zu ihrem Bau verfügt, niemals eine verläßliche Garantie geben. Wirkt die Waffe überhaupt, so kann diese Wirkung leicht auch wieder bis zu ihrem ursprünglichen Grad gesteigert werden. So bleibt mit der Waffe auch in ihrer minimalisierten Form eine Bedrohung verbunden, die den Gedanken der Rechtfertigung ihres Gebrauchs und sogar schon ihrer Verfügbarkeit unter Ausnahmebedingungen stellt. Auch in der minimalisierten Form als ›nukleare Artillerie‹ steht die Waffe noch in einer Kontinuität mit ihren eigentlichen Erscheinungsformen. Und die sind es, von denen der Zwang zur Zurückhaltung beim Gebrauch von Machtmitteln ausgeht, wie für sie gilt, wahllosen und auch qualvoll-langwierigen Massentod ohne bedeutenden eigenen Einsatz zu bewirken, somit die Kammerjägermentalität gegenüber Menschen zu begünstigen und womöglich den Fall der Zivilisation und den Tod der Gattung einzuleiten.

4.
Ethische und strategische Gründe

Nicht jede Rechtfertigung, die über Zweckmäßigkeitserwägungen und die Abwägung von Risiken hinausgreift, muß sich auf Gründe stützen, die solche der moralischen Beurteilung sind. Von Notstand und Krieg ist oft gesagt und noch häufiger gedacht worden, sie seien, als Extremsituationen der Selbstbehauptung, in ihrer eigentlichen Wirklichkeit exterritorial gegenüber dem moralischen Raisonnement. Sie geben zwar Inseln frei, auf denen Mitleid, Anstand und sittlicher Heroismus ihren Platz haben. Doch seien sie nicht insgesamt von solchen Tugenden und von deren Gründen her zu begreifen. In der Anerkennung dieser Wirklichkeit und in einer Praxis, welche die Stärke hat, sich im Blick auf diese Wirklichkeit ihr gemäß zu entfalten, haben manche selbst noch eine Art von Tugend gesehen, – eine moderne Tugend sui generis ohne Pathos und sicheren Anhalt, die sich aus den bergenden Illusionen eines vermeintlich absoluten sittlichen Kanons freigemacht hat.

Ein solches Konzept eines Verhaltens aus der kühlen Anerkennung dessen, was ist, und des Sich-Fügens ohne Zagen steht, obwohl es selbst ein Ethos propagiert, doch der skeptischen Einsicht nahe, die sich gegen jeden Geltungsanspruch selbst wendet, der mit einer moralischen Beurteilung verbunden ist. Für solche Skepsis ist alles moralische Bewußtsein von dem Bestand bestimmter Lebensordnungen abhängig und nichts als eine Funktion im Dienste von deren Stabilisierung. Wirksam ist diese Funktion nur dann, wenn auf der subjektiven Seite kein Bewußtsein von ihrer eingegrenzten Geltung besteht, so daß also die Funktion selbst nur über eine Fiktion zu ihrer Wirkung kommt. Wer aber diesen Zusammenhang durchschaut, kann sich einem Schein entziehen, der nur zumeist und im Durchschnitt, aber nicht in jeder Lage und für jedermann nützlich ist. Und nur er kann begreifen, inwiefern Notstand und Krieg – trotz ihrer Immoralität und all ihrer moralisch intolerablen Akte – ebenso wie die Gesellung der Menschen selbst unausweichliche Dimensionen des wirklichen Lebens sind. So kann also auch die Skepsis gegenüber dem Standpunkt, von dem aus die ethische Beurteilung erfolgt, zu einer Rechtfertigung nicht einer bestimmten Strategie, sondern der Autonomie des strategischen Denkens dienen.

5.
Die neue Form des Krieges

Doch die Tatsache der Verfügbarkeit der neuen Waffe hat nun auch diese beiden Rechtfertigungen obsolet werden lassen, die Kriegspläne und Kriegsführung dem Bereich der moralischen Beurteilung in je eigener Weise entziehen wollen. Sind nämlich die wesentlichen Geschehnisse in einem Kriege zu einer Art Schnellschach unter Pokerbedingungen und extremem Risiko geworden, so verliert der Krieg die Eigenschaft, Ausnahmezustand im Grenzbereich von Lebensordnungen zu sein, innerhalb dessen doch eigene Normen gelten und Erkenntnisse Platz greifen. Vordem entstanden Kriege aus dem Willen zur Entfaltung, Sicherung und Erweiterung von Macht und aus den falschen Beurteilungen der Lage und der Intentionen von Rivalen – zudem wohl auch aus dem Verlangen nach der Erfahrung einer Steigerung des Lebensgefühls und der Mobilisierung von hoch organisierten Menschenmassen zum Extrem. Nun aber scheint der Krieg selbst nur noch als ein Unfall globalen Ausmaßes beschrieben werden zu können.

Daraus folgt zunächst einmal wieder, daß gegenüber einem solchen Geschehen allein noch die normalen ethischen Maßstäbe in Kraft gesetzt werden können und müssen. Wenn Ziele der Selbstbehauptung keine klare Anwendung mehr finden und wenn Selbstbehauptung nicht Kampf, sondern Operieren unter Laboratoriumsbedingungen ist, wenn dabei aber in den Sphären dieses Operierens Leben nur vertilgt und Länder verseucht werden, dann ist alle Rechtfertigung wieder auf die Frage nach dem Beginn (und das möglichst schnelle Ende) eines solchen Geschehens zu konzentrieren. Und so zeigt sich auf noch andere Weise, daß es unabweisbar wird, jeden Gedanken an eine mögliche Rechtfertigung zuerst an das Argument zu binden, daß die neue Waffe nur scheinbar ein Mittel zur Führung von Kriegen, in Wahrheit aber ein solches zu ihrer Vermeidung sei.

Dagegen erheben sich aber Einreden wie etwa das sowjetische Argument, die Waffe sei dort zu ihrer vollen Zerstörungskraft entwickelt worden, von wo sie auch wirklich gebraucht worden ist, und die einfache und folgenreich wahre These, derzufolge auch der Besitz sinnlos wird, wenn nicht eine Bereitschaft zum Gebrauch aufrechterhalten bleibt. Zur Vermeidung des Krieges kann die Waffe wirklich nur so lange beitragen, wie ein Krieg mit der Waffe dann eine hohe Wahrscheinlichkeit hat, wenn die Bedingungen eintreten, für deren Fall der Gebrauch der Waffe angedroht worden ist.

So fügen sich viele Gründe zu dem Totaleindruck zusammen, der seit Jahrzehnten den Widerstand hervortreibt gegen den Besitz der atomaren Waffe und gegen die prominente Bedeutung, welche der Waffe in den strategischen Planungen auch weiterhin und durchgängig zugemessen ist. Hat der Krieg alle die Eigenschaften verloren, die ihn als eine eigene Sphäre von Normierungen des Lebens erscheinen lassen konnten, so tritt selbst der Pazifismus aus dem Anschein heraus, nur untergründig aus persönlicher Schwäche und manifest aus doppelter Blindheit hervorzugehen, – und zwar gegenüber Realitäten und gegenüber Normen, die erst in Extremlagen zum Bewußtsein kommen. Von dem Krieg, der nun zu gewärtigen ist, geht ein Schock aus, der unverkürzt das gesamte Wertbewußtsein ebenso trifft wie aufruft. Wer diesen Schock unmittelbar in eine Handlungsanweisung umsetzt, kann nicht mehr ebenso bloßer Befangenheit verdächtigt werden. Daß die moderne Kriegstechnologie bis zur Erfindung der neuen Waffe und bis zur Abhängigkeit des strategischen Denkens von ihr vorangetrieben worden ist, wirft vielmehr ein neues Licht auch auf die vorangegangenen Weltkriege, in denen sich ein Ethos des Durchhaltens und der Zurücknahme des eigenen Lebenswillens noch hat entfalten können, – wenn auch die Glaubwürdigkeit des Aufrufs zu ihm und seiner Feier bald schon geschwunden ist. Die beiden Weltkriege stellen sich nun als eine Epoche der Vorgeschichte einer ingenieursmäßigen Behandlung von widerstehenden Menschenmassen dar. Und wie aus der Erinnerung an den Gaskrieg seit 1915 später die halbindustrielle Praxis der Vernichtung versklavter Leben hervorging, denen jede Möglichkeit zur Selbstbehauptung genommen worden war, so ging aus den Feuerstürmen der Städte im Bombenkrieg und als dessen Steigerung die neue Waffe hervor, die nun dazu imstande ist, den Tod über ganze Territorien zu verhängen, – im Extremfall über alles terrestrische Vernunftleben.

6.

Antinomie der Einsichten

All das liegt nicht weit ab von den Wegen einer Betrachtung unserer Situation, die jedem vertraut ist. Im wesentlichen ist sie auch nicht bestritten. Und so scheinen nicht nur neue Blindheit und Befangenheit dafür verantwortlich zu sein, daß aus ihr einmütige Folgerungen doch nicht hervorgegangen sind. Dem Totaleindruck, die neue Waffe müsse um des Lebens und um allen Lebensrechtes willen aus den Kalkülen verbannt werden, steht vielmehr beharrlich ein anderer Totaleindruck entgegen. Der erste bildet sich um die Einsicht, der unbegrenzte Gebrauch der Waffe sei unbedingt, also unter allen Bedingungen abzuwenden. Der andere hat zu seinem Ausgang ein Bewußtsein davon, daß die Realisierung auch unbedingter Gebote ohne Rücksicht auf die Wege, auf denen sie verwirklicht werden, und auf die Verwicklung in Folgen, die auf diesen Wegen hinzunehmen sind, nicht eingeklagt werden darf. Die neue Waffe mobilisiert ganz unvermittelt die Erkenntnis der Normwidrigkeit ihres unlimitierten Gebrauchs in jeder ethisch erwägbaren Hinsicht, – das Ethos des Krieges und auch des Krieges der ›Materialschlachten‹ nicht ausgenommen. Und zu dieser Erkenntnis ist auch das ungebildete sittliche Bewußtsein ohne weitere Umstände fähig. Kraft ihrer Herkunft und Funktion hat die Waffe aber dennoch eine Schlüsselstellung gewonnen in dem System der noch immer staatlich organisierten und antagonistisch verfaßten Weltgesellschaft. Man kann sich zudem leicht klarmachen, daß es unmöglich ist, die Kenntnis über die Wege zu ihrem Erwerb und somit ihre Verfügbarkeit unter ein lückenlos und auf Dauer wirksames Tabu zu stellen.

Die unmittelbar überzeugende Begründung für die unbedingte Illegitimität ihres Gebrauchs steht also der Erkenntnis der Aussichtslosigkeit entgegen, dem absoluten Gebot durch einen Appell zur sittlichen Eindeutigkeit auch ebenso unmittelbar wirkliche Geltung zu verschaffen. Und das Widerspiel beider Einsichten, um die sich gegenläufig jeweils ein Totaleindruck zur Beurteilung unserer Situation und einer grundsätzlichen Handlungsperspektive ausbildet, führt in eine Antinomie, in der sich jeder Ansatz zur Besinnung zunächst einmal verfängt. Denn die Antinomie scheint eine Option für einen der Gegensätze abzufordern, welche sie ausmachen. Wird aber optiert, so ergeben sich Konsequenzen, die von dem jeweiligen Gegensatz her, dessen Blickpunkt gleichermaßen zugänglich bleibt, unter gravierende Einreden zu stellen sind. Da diese Einreden, und zwar auf beiden Seiten, auch unmittelbar einsichtig sind, müßte jede

Option eigentlich wie ihren Schatten auch eine Beirrung mit sich führen. Dem steht wieder entgegen, daß jede Option, zumal die für die Abkehr von der neuen Waffe, entweder eine unabweisbare Dringlichkeit oder eine ebenso unabweisbare Zwangsläufigkeit für sich geltend zu machen vermag. Daraus erklärt sich, warum jeder der Optionen, die aus einem der beiden Totaleindrücke hervorgehen, die Tendenz innewohnt, sich gegen die andere auch in einer einfachen und starren Attitüde zu stellen, – also entweder moralische Sensibilität und Entrüstung oder Nüchternheit in der Erkenntnis und in der Anerkennung von Tatsachen zu mobilisieren. Aus diesen Einstellungen heraus kann denen, die sich auf die andere Option hin orientieren, Blindheit vorgehalten werden – sei es gegenüber der Gefahr, sei es gegenüber unausweichlichen Realitäten. Und dieser Vorwurf kann sich mit der jeweiligen Einstellung so eng verbinden, daß er auch noch im Ton und Gang der Argumentationen jederzeit zu spüren ist.

Nur solche Überlegungen können die Einsicht vertiefen und die Hoffnung auf die Orientierung im nuklearen Zeitalter und die Abwendung seiner Bedrohungen auch mit Gründen verstärken, die sich aus diesem Antagonismus herausgearbeitet haben. Diese Einsicht ist wohl schon mit dem Beginn des Atomzeitalters aufgekommen. Die Versuche, ihr auch gerecht zu werden, gehören aber überwiegend auch dieser Anfangszeit zu. Danach hat die politische Konfrontation der Großmächte, die von der Verfügbarkeit der nuklearen Waffe bestimmt ist, beinahe die Qualität des Alltäglichen angenommen. So erhielt die Analyse von Strategien und der Verflechtung im Widerspiel der Strategien ein selbständiges Recht. Und der moralische Protest und die aus ihm kommende Aufforderung zur unbedingten Verweigerung stellen sich dazu in einen unvermittelbaren Gegensatz. Die Schwierigkeit, eine Sprache, auch eine Theoriesprache zu finden, die beide ohne Verlust würde übergreifen können, trat zugleich um so eindrucksvoller hervor. Doch die Einsicht in die Unabweisbarkeit der Aufgabe hat damit nichts von ihrer Wahrheit, die Aufgabe nichts von ihrer Dringlichkeit verloren.

7.
Sittliches Bewußtsein und historische Realität

Es wird nicht möglich sein, durch geschärfte Realitätsbetrachtung oder durch eine Vertiefung der moralischen Einsicht allein zu einer Übersicht zu kommen, die der Verfassung des Weltzustandes und der Größe der Gefahr gerecht wird und die sich doch auf die Probleme der moralischen und der politisch-strategischen Beurteilung differenziert genug einläßt, welche sich aus der Verfügbarkeit der neuen Waffe ergeben. In einer solchen Weltlage haben zwar der Predigtton des moralischen Kreuzzuges ebenso wie die rücksichtslose Kalkulation der Militärstrategen an jeweils ihrer Stelle ein Recht. Zu einem Blickpunkt, der Übersicht ermöglicht, eröffnen sie aber nicht den Weg. Wie in jeder Situation, die durch antinomische Verhältnisse gekennzeichnet ist, beginnt ein solcher Weg mit Rückfragen nach den Gründen, aus denen die gegenläufigen Beurteilungsweisen hervorgehen, damit aber auch über die Differenzierung der Hinsichten, welche die Beurteilung anzuleiten vermögen. Darum wird in der Folge auch nicht versucht, die moralische Beurteilung der Politik, welche sich auf den Besitz der neuen Waffe stützt, unmittelbar aus dem Abwägen von moralischen Gründen und Gegengründen zu gewinnen. Dagegen spricht ohnedies, daß solche Gründe verschiedenen Typen der moralischen Argumentation zugehören. Ihnen entsprechen wiederum verschiedene Theorien des sittlichen Bewußtseins und der moralischen Normierung von Handlungen. Auch wenn man versucht, die Streitfragen zwischen den Theorien unberücksichtigt zu lassen, so wird man doch im unvermittelten Zugang auf ein Beurteilungsproblem von solcher Komplexität zumindest indirekt in sie hineingezogen. Und so ist es notwendig, zumindest ihre Ansatzpunkte und Primärevidenzen zu berücksichtigen und über eigene Überlegungen in ein begründetes Verhältnis zu ihnen zu kommen.

Für einen Überlegungsgang, der vorab versucht, die Zugangsweisen zu dem Problem hinreichend zu differenzieren, spricht zudem, daß die Beurteilung von Zusammenhängen, in denen sich eine Weltlage konstituiert, nicht ebenso außer Zweifel steht wie die moralische Besinnung in Situationen, in denen die Handlungsweise eines einzelnen Menschen überschaubare Folgen für andere Menschen seines Lebens- und Wirkungskreises hat. Zwar stellt sich auch hier schon die Frage, in welchem Ausmaß die Folgen einer Handlungsart dem Handelnden im moralischen Sinne zugerechnet werden können. Wird aber der Handlungsbereich von Individuen verlassen und sind Konsequenzen zu bedenken, die nur aufgrund einer Weltlage überhaupt aufkommen können, so gewinnt diese Frage eine noch ganz andere Dringlichkeit. Und es wird notwendig, in einem damit, daß diese Situation aus der Perspektive der Richtigkeit individuellen Handelns beurteilt wird, auch die Zugänglichkeit der Situation für die ethische Reflexion zu erwägen und die Gründe anzugeben, über die Beurteilungen, die aus einer solchen Betrachtungsart hervorgehen, auch für diese Situation gerechtfertigt werden können. Damit stellt sich die Aufgabe, die Zuordnung von sittlicher Begründung und historischer Realität zu bestimmen, und mit ihr zugleich das Problem, in der Analyse des sittlichen Bewußtseins selbst die Momente aufzuweisen, kraft deren es sich auf solche Begründungen wirklich einlassen kann, die aus der Analyse von Weltlagen hervorgehen.

8.
Die Skepsis in der Ethik und ihre Analyse

Was es mit diesem Problem auf sich hat, wird noch weitaus deutlicher, wenn man die Relationsbestimmung von sittlichem Bewußtsein und Weltlage von der Seite der Weltlage her erwägt und wenn man sich klarmacht, daß eben diese Weltlage durchaus dazu geeignet ist, der moraltheoretischen Skepsis, die seit Jahrtausenden die Reflexionen der Ethik begleitet, eine ganz neue Form und Schärfe zu geben. Die neue Waffe schließt, unabscheidbar, die Möglichkeit der Selbstelimination der Gattung der Vernunftwesen auf dieser Erde ein. Ihre Verfügbarkeit ist Folge von Jahrhunderten der Geschichte und Entwicklung der Rationalität. Diese Geschichte hat den technologischen Fortschritt und großräumige Organisationsformen ebenso hervorgebracht wie sie außerstande war, ihre Versuche zur Humanisierung der Kriegsführung auf Dauer zu stellen. Die bloße Tatsache, daß eine solche Entwicklung, die sich oft mit Hoffnungen auf eine den Vernunftwesen wirklich gemäße Lebensform verbunden hatte, in eine Situation führt, in der die Politik von eben den Mitteln abhängig geworden ist, die – mit welcher Wahrscheinlichkeit immer – zur Selbstelimination der Zivilisation oder gar der Gattung führen können, kann als ein aussagekräftiger Grund gegen die Meinung verstanden werden, ein moralisches Bewußtsein, das universalistischen Normen folgt, könne mit gültigen und bindenden Beurteilungen auftreten gegenüber einer Wirklichkeit, die ihrerseits aus der Anwendung rationaler Operationen in einem bisher nicht gesehenen Ausmaß hervorgegangen ist.

So kann also die Herausforderung durch eine Problemlage, die bisher unbekannte Dimensionen hat, auch eine ganz andere Auswirkung haben als die der Kräftigung und der Sensibilisierung des moralischen Bewußtseins. Sie kann die Meinung begründen, daß sich der Applikationsbereich der sittlichen Beurteilung vor dieser Herausforderung in seinen engen Grenzen nur weit deutlicher als bisher zeigt. Ist eine Weltlage entstanden, die dazu geeignet ist, solches im größten Ausmaß geschehen zu lassen, was dem sittlichen Bewußtsein gänzlich unannehmbar bleiben muß, so kann daraus auch eine ganz andere Schlußfolgerung gezogen werden als die der Verurteilung derer, die nicht mit all ihrer Kraft diese Situation zu wenden oder zumindest aus ihr auszubrechen versuchen. Aus der Situation als solcher können diejenigen gute Gründe für sich gewinnen, die ohnedies der Meinung zuneigen, daß der Anspruch des sittlichen Bewußtseins, nach Normen unbedingter Geltung zu urteilen, leer und selbst grundlos sei, – daß er vielmehr durch erkennbare und durchaus nur faktische Gründe bedingt ist, welche die in ihm gelegenen Intentionen und Ansprüche gerade dementieren. So verwandelt sich die moralische Skepsis in einen Zweifel an der Fundierung der sittlichen Perspektive des Menschenlebens. Dieser Zweifel ist zwar vereinbar mit der Bestätigung der Funktionalität des ethisch orientierten Umgangs in Kleingruppen, – aber eben nur ihrer Funktionalität, also nicht ihrer Wahrheit oder Geltung. Gäbe es nämlich eine Begründung für universale moralische Urteile, die sich aus anderen als funktional unausweichlichen Regeln herleiten, so würde deren Applikationsbereich doch wohl uneingeschränkt sein müssen.

Die Verfügbarkeit der neuen Waffe nötigt also nicht nur dazu, die Zugänglichkeit von Weltlagen für sittliche Beurteilung aus deren innerer Verfassung heraus zu verstehen. Die besondere Weltlage, die kraft dieser Waffe eintrat, verbietet es zudem, die Analyse gegen die Bahnen der Gedanken abzuschotten, die aus der Wirklichkeit der Waffe geradewegs zu einer Fundamentalkritik an der Meinung überleiten, ein sittlicher Kodex lasse sich gegenüber einer welthistorischen Tatsache in einer Weise geltend machen, die auf eine Grundbeurteilung und dann auch auf eine Korrektur dieser Tatsache ausgeht. Wer die Probleme der ethischen Beurteilung der nuklearen Situation erwägt, muß also auch den Denkwegen nachzugehen wissen, die in das Gravitationsfeld des Widerparts einer ihrer selbst gewissen ethischen Beurteilung führen.

Die Position dieses Widerparts wird als ›Nihilismus‹ bezeichnet, – landläufig und mit einem inzwischen abgegriffenen Wort, aber dennoch durchaus zu Recht. Diese Position organisiert sich nämlich um die These der bloßen Fiktionalität und somit inneren Haltlosigkeit der ethischen Lebensorientierung gerade in Beziehung auf die eigentlichen Lebensfragen der Menschheit.

9.
Die Lage der Ethik-Theorie

Alle diese Überlegungen wirken zusammen dahin, die Problemlage in ihrem ganzen Umfang zu bestimmen, auf die sich eine ethische Untersuchung im und zum nuklearen Zeitalter einzulassen hat. Diese Problemlage organisiert sich um zwei Zentren und aus deren Beziehung aufeinander: um die Kernfragen der ethischen Theorie und um die Analyse der Bewußtseinslage der Menschheit, die aus der Tatsache der Verfügbarkeit der neuen Waffe hervorgegangen ist. Die ethische Theorie muß aber so erwogen und entwickelt werden können, daß die Folgerungen moralischer Beurteilung, zu denen sie gelangt, die historische Wirklichkeit erreichen und angemessen auffassen können. Und umgekehrt muß die Analyse der historischen Situation entwickelt werden in der Absicht auf eine Besinnung darauf, wie in dieser Situation ethische Urteile und sittliche Handlungsweisen eingreifen und Wirksamkeit erlangen können, die unabsehbares Leid und eine höchste Gefahr für menschliches Leben und für die Menschengattung verwerfen und die dazu auffordern, beides zu vermeiden.

Die Problemlage ist also durchaus nicht nur einfach bipolar verfaßt. Sie verlangt auch auf der Seite eines jeden ihrer Pole, daß Gedanken und Argumente ausgearbeitet werden, die verschiedenen Ansätzen und Ebenen der Problembeurteilung zugehören. Soll sich dennoch eine in sich einheitliche Orientierung ergeben, so ist es zugleich notwendig, diese Ansätze nicht als bloße Alternativen nebeneinander stehen zu lassen oder geltend zu machen. Man muß vielmehr einsehen können, wie sich die Ansätze in Beziehung aufeinander ergeben und wie darum auch ihre Resultate ineinander eingreifen. Nur so kann aus der Untersuchung anderes hervorgehen als immer wieder neue Antagonismen und Umkippungen zwischen wohlberechtigten, zugleich aber auch unvereinbaren Zugangsweisen.

Am meisten gibt die Situation der ethischen Theorie selbst den Anlaß dazu, diese Aufgabe und Schwierigkeit durchgängig im Auge zu haben, wenn ihre Begründungsweisen auf die Problemlage des nuklearen Zeitalters eingestellt und angewendet werden. Die Ethik-Theorie der zweiten Hälfte dieses Jahrhunderts hat nämlich einen bedeutenden Zugewinn bei der Präzision der Begriffsbildungen und Argumente durch einen Verlust in der Universalität und der Analyse der Tiefendimension des sittlichen Bewußtseins bezahlt. In dieser Verfassung kann sie aber im Ernst nicht einmal versuchen, der Aufgabe gerecht zu werden, der sie doch am wenigsten ausweichen dürfte.

Der Problemlage des nuklearen Zeitalters kann man auch in der ethischen Beurteilung dann gewiß nicht gerecht werden, wenn man meint, den dafür angemessenen Gesichtspunkt in einem einzigen Schritt gewinnen zu können. Weltlagen können die sittliche Überlegung in Verlegenheiten ziehen, welche die Schwierigkeiten bei der Beurteilung individuellen Handelns in einfachen Lebenskreisen bei weitem überragen. Solche Beurteilung hat wohl in ersten und nicht zu erschütternden Evidenzen oder Argumenten einen Halt und ihren

Ausgang. Unangesehen dessen kann sie sich gegenüber den Verhältnissen des Lebens, die sich längst über jene Kreise hinaus entfaltet und kompliziert haben, doch nicht auf dem Felsgrund einer Erkenntnis festsetzen, der jeder Bewegung entzogen ist. Das sittliche Bewußtsein ist nämlich als solches einer Entfaltung und einer Vertiefung fähig, die in ihm selbst anhebt, und die es auch nicht zerstört, sondern vielmehr bewahrt und in seine eigentlichsten Möglichkeiten bringt, – wie immer sie, von außen betrachtet, wie Akkommodation und Selbstpreisgabe erscheinen könnten. So muß man sich auch davor hüten, an einzelnen Argumentationsreihen seiner Betrachtungsweise unter allen Bedingungen starr festzuhalten und so dahin zu wirken, daß es angesichts von Weltlagen in einer deklamatorischen Sprache sich verfängt. Schon im elementaren sittlichen Bewußtsein selbst sind nämlich die Gründe gelegen, aus denen unterschiedliche Zugangsweisen zu komplexen Handlungssituationen hervorgehen. Sie müssen, samt ihren Konsequenzen, zunächst je für sich betrachtet werden. Erst dann kann das Gewicht weiterer Beurteilungsgründe, welche sich von ihnen her ergeben, in Beziehung zueinander gebracht und gegeneinander abgewogen werden. Vertiefung ist kein linearer und kein harmonischer Prozeß. Sie vollzieht sich gerade dort, wo Konflikte als solche erkannt und angenommen werden, ohne daß sich darum schon das sittliche Bewußtsein einem ihm fremden Realitätsprinzip unterwirft. Der Problemlage des nuklearen Zeitalters kann also auch und gerade, insofern sie eine sittliche ist, nur entsprochen werden, wenn sich die sittliche Einsicht ebenso wie die ethische Theorie auf einen solchen Weg der Verständigung in und über Konfliktlagen einläßt. Erst über eine längere Folge von Überlegungen, in die wir nun einzutreten haben, kann dieser Vororientierung ihr eigentlicher Gehalt und eine zureichende Begründung gegeben werden. Ohne die Geduld, solchen Überlegungen nachzugehen, wird die ethische Reflexion nicht die Perspektive gewinnen, in der sie der nuklearen

Weltlage angemessen werden kann, – unangesehen der unabweisbaren Dringlichkeit, mit der sie durch eben diese Weltlage herausgefordert ist.

II. Grundzüge der Ethik-Theorie

Urteile und Motive

Keine Ethik, die als solche Theorie ist, darf sich darauf beschränken, das sittliche Bewußtsein durch eine Tafel von
Geboten, die schlechtweg zu befolgen sind, oder durch einen Katalog von Tugenden zu definieren. Der Kodex des
richtigen Verhaltens früher Kulturen hat zwar wohl seinen
Mittelpunkt in solchen Kodizes. Sie sind aber nur als Gebote
eines Gottes oder als Lehren der Weisheit und des gebühren-
den Verhaltens verstanden. So sind noch alle Nachfragen
ausgespart, welche die innere Verfassung eines Bewußtseins
und Lebens betreffen, das an solche Normen gebunden ist
und das ihren Anspruch und ihre Bindungskraft begreift und
für sich akzeptiert.
Wo immer mit dieser Untersuchung begonnen wurde, ist
man auch auf Grundzüge aufmerksam geworden, die der
sittlichen Orientierung über Handeln und Leben eigentümlich sind. Drei solche Grundzüge sind zu unterscheiden;
und es ist auch leicht zu sehen, daß sie zusammengehören
und den Kern der sittlichen Lebensorientierung ausmachen:
(A) Die sittliche Beurteilung betrifft *Handlungsweisen* in Situationen, – und zwar jeweils die Anlage und Verfassung
von Handeln (oder Unterlassen), die sich auch in anderen Situationen auswirken könnten. Auf die Ziele des Handelnden
nimmt sie zunächst nur insofern Bezug, als sie solche Ziele
unter ein Verdikt oder die Forderung nach einer Beschrän-
kung stellt, aus der sich ganz unmittelbar Handlungsweisen
ergeben, die als sittlich unrichtig beurteilt werden müssen.
Sittlich ist jede solche Beurteilung nur dann, wenn sie ›un-
parteiisch‹ oder ›neutral‹ geschieht: Jeder in vergleichbarer

Situation wird ihr in genau derselben Weise unterworfen. Und eben diese Neutralität läßt sich nur als ein erstes Beurteilungsprinzip verstehen, wenn das sittliche Urteil nicht seinen Ausgang nimmt von Zielen, auf die der Handelnde aus seinen Lebensinteressen heraus schon orientiert ist oder auf die er in irgendeiner Weise schon zuvor ›verpflichtet‹ war. Denn solche Verpflichtung könnte selbst nicht mehr aus dem Urteil über sittliche Richtigkeit oder Unrichtigkeit verstanden werden. Es mag wohl sein, daß das Leben, das sich gegen die Normierungen verschließt, welche aus solcher Beurteilungsart folgen, selbst auch sein Ziel verfehlt. Doch dann läßt sich dies Lebensziel nur verstehen, wenn zuvor schon der Grund und die Gültigkeit der sittlichen Beurteilungskraft auf andere Weise, also nicht aus dem Gedanken vom Ziel des besten Lebens, verstanden ist. Der Gedanke von Allgemeinheit und Neutralität, der aller sittlichen Beurteilung eigentümlich ist, muß also auch noch über die allgemeinsten Ziele des Handelns und der Lebensführung hinausgreifen und, selbst unabhängig von jedem Ziel und ohne Rücksicht auf ein durch ihn selbst gedachtes Ziel, Ziele als richtig und zulässig oder als unrichtig und unzulässig voneinander scheiden.

(B) Sittlichkeit ist keine Sache der Beurteilung allein. Die Idee der Neutralität, welche die Unabhängigkeit von jeglichen Interessen einschließt, hat, wenn sie nicht auf Erkenntnis, sondern auf Handlungsorientierung angewendet wird, unmittelbar zur Folge, daß sich die sittliche Beurteilung nicht nur auf die Art des Handelns erstreckt, die sich in objektiver Einstellung beschreiben läßt. Sie wendet sich auch auf die Weise, in der das Handeln seinem äußeren Ablauf nach im Wollen des Handelnden begründet ist. So unterliegen ihr also nicht nur die Taten eines Menschen, sondern auch seine *Einstellungen* und *Motive*. Denn auch sie lassen sich danach beurteilen, ob in ihnen die sittliche Beurteilung der Handlungen zur Auswirkung gekommen ist, ob also die

Gründe für die im sittlichen Sinne richtigen Handlungen in der Absicht des Handelnden ein wesentliches oder sogar entscheidendes Gewicht hatten. Sittlich richtige Handlungen, in denen der Handelnde doch nur seinem gut kalkulierten eigenen Vorteil nachging, finden im sittlichen Urteil nur eine eingeschränkte Anerkennung. Sie sind »korrekt«, aber es wird ihnen ein eigentlich sittlicher Wert doch nicht beigemessen.

Diese doppelte Hinsicht der Beurteilung folgt, wie gesagt, unmittelbar aus der Grundidee einer sittlichen Richtigkeit des Handelns. Und dennoch werden von ihr zwei Dimensionen betroffen, die, obwohl sie gleichermaßen und unabscheidbar die Wirklichkeit des Handelns einer Person konstituieren, in ihrer Verfassung und Entwicklung jeweils eigenen Gesetzen unterstehen. In der Idee der sittlichen Handlung ist die Forderung gelegen, die Absichten und Motive der Person sollten sich gemäß den Beurteilungen ausbilden, welche die Richtigkeit des Tuns einsichtig machen. Wenn sich aber die Forderung der Neutralität an das komplexe Gefüge der Ausbildung der Absichten und der Motivation der Person richtet, so nötigt sie zu Überlegungen über die Art, *wie* sich Absichten und Motive ausbilden, also zum Erwägen von Wegen, auf denen die sittliche Neutralität in der Motivation des Handelnden verankert werden kann, – und zwar so, daß diese Verankerung nicht nur aus kunstvoller Fremd- oder Selbststeuerung hervorgeht. Diese Wege sind von ganz anderer Art und Konsequenz als die Beurteilungsprobleme, welche sich in Hinsicht auf das Tun der Person stellen, das sich ›von außen‹ und ohne Kenntnis der Verfassung der Persönlichkeit beschreiben läßt.

Dies ist eine der Wurzeln dafür, daß die ursprüngliche Einheit in der sittlichen Lebensperspektive und auch im Ansatz der ethischen Theorie aufbricht, so daß sich aus der eigenen Logik dieser Perspektive heraus Konflikte auch im sittlichen Urteil ausbilden können. Solche Konflikte waren im Spiel, als sich innerhalb der Theorietradition des ethischen Denkens die Differenz zwischen einer auf Regeln und Vernunftgesetzen begründeten Ethik und einer anderen Ethik ausbildete, deren Orientierung Tugenden und in Lebensweisen realisierte Werte sind.

Daß die Idee der sittlichen Beurteilung aber ursprünglich gleichermaßen sowohl auf Weisen des Tuns wie auf die Verfassung von Intentionen und Motivationen geht, enthält eine einschränkende Bedingung für mögliche Regeln, nach denen die neutrale Beurteilung von Handlungen zu erfolgen hat.

Einer solchen Regel bedarf das sittliche Bewußtsein, um für die Neutralität seines Urteils, das über die je besonderen Handlungssituationen und über die in sie verwickelten Personen und ihre Ziele notwendig hinausgreift, einen Anhalt und für seine Begründungen einen Maßstab zu haben. Doch muß sich diese Regel anwenden lassen, ohne daß dabei auch noch weitläufige Kenntnisse und Lebenserfahrungen ins Spiel gebracht werden müssen. Ihre Anwendung darf also wohl ein ausgebildetes Urteilsvermögen voraussetzen, aber nur in dem Umfang, in dem jeder es besitzt, der zur unbefangenen Erwägung einer Handlungssituation in der Lage ist. Wäre mehr verlangt, so würde das sittliche Urteil zu einer Leistung nur von Experten. Es könnte sich nicht in einem einzigen Gang zusammen mit den Einstellungen des Menschen ausbilden, die den Willen zu einem sittlich richtigen Handeln in seinem Leben verankern. Manche Theoretiker sind zwar der Meinung, die sittlichen Intentionen und die Motive, welche sie stützen, bildeten sich aus einer Menge von einzelnen Geboten und Wertvorstellungen aus, die in einer Kultur über die Folge der Generationen weitergegeben werden. Sittliches Wissen im eigentlichen Sinn sei dagegen nur aus einer Überlegung zu gewinnen und zu begründen, die eine Distanz zu den Lebensverhältnissen voraussetzt.[1] Sie kann nur selten vorherrschend

---

1 Dies ist z. B. die Position von R. M. Hare; vgl. u. S. 260f.

werden, und sie steht der theoretischen Einstellung nahe. Aber eine solche Theorie muß dann die sittliche Orientierung, welche sich spontan im Leben ausbildet, als in Vorurteilen begründet ansehen, wie immer sie funktional nützlich oder unentbehrlich und insofern legitimierbar sind. So muß sie bestreiten, daß die am sichersten fundierten sittlichen Urteile, auf die wir in allen Konfliktlagen doch immer müssen zurückgreifen können, überhaupt den Charakter von Einsichten haben. Wenn also die sittliche Grundorientierung auch in derartige Konflikte führt, so können sie doch nicht solche sein, die einen Grund dafür abgeben, die sittlichen Primärevidenzen einfach nur zu verabschieden. Sind sie aber wirklich Einsicht, und zwar eine solche, die dem Prinzip der Neutralität genügt, so müssen sie auch auf Gründen beruhen, die es erlauben, eine solche Neutralität in konkrete sittliche Evidenzen zu übersetzen. Und eben dies ist die Leistung einer Primärregel der sittlichen Beurteilung.

II.
Ziele und Konflikte

So stellt sich also die Aufgabe, auch die nukleare Weltsituation mit einer solchen Primärregel zu konfrontieren. Vorab aber ist festzuhalten, daß mit dem Ergebnis, das aus dieser Applikation hervorgehen wird, die Untersuchung der ethischen Problemlage eben nur begonnen hat, daß sie aber durchaus nicht auch schon erschöpft ist. Hat sich doch schon gezeigt, daß in der gedoppelten Anwendung des Prinzips der ethischen Neutralität der Ansatz und Ausgangspunkt für eine Entwicklung gegeben ist, welche die ursprüngliche Einheit des sittlichen Bewußtseins in Richtungen weist und treibt, die voneinander divergieren.

Und schon darin ist die Wurzel zur Entstehung von Konfliktlagen gelegt, in denen sich die anfängliche Selbstverständlichkeit der sittlichen Lebensorientierung verlieren muß. Diese Entwicklung wird nun aber noch verstärkt durch ein weiteres Potential der Komplikation und auch der Verwirrung der ethischen Problemlage, das ganz ebenso wie das erste aus der sittlichen Grundsituation selbst hervorgeht. Aus ihr entsteht der Widerstreit zwischen einer sittlichen Einsicht, welche die strikte Verpflichtung auf Handlungen (und Unterlassungen) kennt, die ohne Rücksicht auf die Abwägung von Folgen für sittlich richtig zu gelten haben, und der Einsicht, daß schlechtweg jedes sittliche Gebot in ein Verhältnis zu solchen Handlungssituationen gebracht werden kann, in denen im Blick auf die möglichen oder wahrscheinlichen *Folgen* die anfängliche Klarheit der Einsicht, jenes Gebot müsse aufgrund der Unbedingtheit seiner Geltung ohne jede Ausnahme befolgt werden, vor neue Fragen und den Druck einer ihm zunächst fremden Rechtfertigung kommt. Alle ethischen Überlegungen, die sich an die Verfügbarkeit der neuen Waffe anschließen, führen bald in gleich mehrere Konflikte von solcher Art.

Bisher sind nur zwei Grundzüge der sittlichen Orientierung erläutert worden, während doch gesagt war, daß drei von ihnen den Kern der sittlichen Lebensorientierung ausmachen. So ist nun der dritte einzuführen. Er ist derjenige, der, wenn er von den anderen abgetrennt und als alleiniges Fundament der sittlichen Neutralität genommen wird, die utilitaristischen Theorieansätze nach sich zieht:

(C) Die sittliche Beurteilung betrifft nicht nur die Richtigkeit von Handlungen und zudem die Motive, aus denen solche Handlungen getan werden. Sie geht auch auf die *Ziele* des Handelns, und zwar anders als in der zuvor schon betrachteten Weise, derzufolge das sittliche Urteil impliziert, daß wir von gewissen Lebenszielen *ablassen* sollen. Sie führt zu der anderen Einsicht, daß es im sittlichen Sinne richtig ist, gewisse Ziele zu verfolgen. Aus sittlicher Überlegung heraus sollen wir nach der Verwirklichung von Zielen streben, die wir nicht im Blick hatten und auch gar nicht wählen konnten, bevor wir uns auf den Standpunkt sittlicher Neutralität begeben haben. So sollen wir nicht nur niemandem Unrecht tun, sondern auch dahin wirken helfen, daß möglichst wenig Unrecht geschieht. Wir verstehen, daß es im sittlichen Sinne unrichtig ist, aus nichtigen Gründen die Unwahrheit zu sagen; wir verstehen aber auch, daß wir uns darum bemühen sollten, daß wesentliche Wahrheiten von möglichst vielen erfaßt und allgemein anerkannt werden. Einige ganz einfache sittliche Aufgaben wie die der Fürsorge für die, die von uns abhängig sind, und die der Hilfe für die, die unter unseren Augen Not leiden, lassen sich nicht allein als Handlungsanweisungen in jeweils eindeutig abgegrenzten Handlungssituationen auffassen. Sie führen unmittelbar zur Ausbildung von Intentionen, die nicht zu verwirklichen sind, wenn nicht ein Bereich von *entfernten Folgen* und *Nebenwirkungen* mitbedacht wird. Ein solches Erwägen greift weit über die einzelne Handlungssituation und bis zu einer Überlegung aus, welche gegenwärtige und künftige Lebenszusammenhänge in ihrem ganzen Umkreis einschließt. So zieht die Pflicht der Fürsorge für Abhängige schnell in Erwägungen, welche Weisen der Erziehung und ihre Folgen, die besonderen Begabungen der Abhängigen und dann auch zukünftige Entwicklungen der Wirtschaft betreffen, in der ihre ökonomische Sicherheit nach Möglichkeit erhalten bleiben soll.

12.
Rangordnung von Pflichten?

Sobald man pflichtgemäß in solche Erwägungen eintritt, kann sich jederzeit ein Spalt öffnen zwischen der einfachen Beurteilung der Richtigkeit von Handlungen auf der einen Seite und einem durchaus selbstlosen Handeln im Blick auf langfristige Ziele auf der anderen Seite. Um wesentlicher und auch sittlich richtiger Ziele willen wird oft anders gehandelt, als in derselben Situation gehandelt worden wäre, wenn solche Ziele nicht hätten ins Spiel kommen müssen. Die Erwägung der Richtigkeit der Ziele löst sich in solchen Lagen ebenso von der einfachen Beurteilung von Handlungssituationen ab, wie dies zuvor schon für die Überlegung der Richtigkeit bei der Ausbildung von Einstellungen und Motiven deutlich geworden war.

Diese Ablösung ergibt nicht schon als solche einen sittlichen Konflikt. Denn es wäre an sich möglich, zwischen der Beurteilung der Richtigkeit des Handelns in abgrenzbaren Handlungssituationen und der sittlichen Richtigkeit von Intentionen eine unverbrüchliche Rangordnung herzustellen. Viele ethische Theorien der Tradition haben behauptet, daß nur die ersten sogenannte strenge oder strikte Pflichten ergeben, die unter allen Umständen zu beachten sind. Am ehesten wird eine Ethik, die unmittelbar von einem monotheistischen Glauben hergeleitet oder getragen ist, auch heute noch auf einer solchen Rangordnung bestehen. Sie kann den Vorrang, den sie den strikten Pflichten unbedingt einräumt, durch die Gewißheit der göttlichen Vorsehung oder Weltlenkung abstützen, der die Folgen anheimgestellt werden müssen, wenn im menschlichen Handeln die Richtigkeit des Handelns auf keine Weise mehr mit den Plänen zu vereinbaren ist, welche sich aus langfristig angelegten, aber gleichfalls sittlich richtigen Zielen ergeben haben. Im sittlichen Bewußtsein selbst regt sich freilich Widerstand, wenn diese Lastverteilung mit zu großer Leichtigkeit in Anspruch genommen wird. Ihm scheint es erst dann legitim, dem einen Gott die Folgen anheimzugeben, wenn alle möglichen Versuche, den Konflikt ohne wesentliche Verletzungen des Rechten zu lösen, zum Erliegen gekommen sind. Und dieser Widerstand mag auch einen Grund darin haben, daß das sittliche Bewußtsein früh schon ein Wissen darüber gewinnt, daß in ihm selbst gegenläufige Tendenzen der Beurteilung ihren Grund haben. Daraus mag folgen, daß es auf Extremsituationen voraussieht, in denen es nur mit einem Gedanken und Vertrauen, die über alle sittlichen Erwägungen hinausgreifen, die eigene Lebensorientierung zu bewahren vermag. Was ihm so letzte Ressource ist, wird ihm daher mißbraucht scheinen, wenn es als Mittel der Konfliktvermeidung schon im sittlichen Alltag in Anspruch genommen werden soll. Doch auch dann, wenn sie sich aus einer durchgängigen Rangordnung von Pflichttypen zurückgezogen hat, kann eine religiös gestützte Ethik mit nunmehr gutem Grund dafür eintreten, daß zumindest einige Handlungsweisen in einer Klarheit und Dringlichkeit schlechtweg richtig sind, so daß kein Grund denkbar ist, durch den einer anderen Handlungsart eine höhere sittliche Richtigkeit zuwachsen kann.

In der Literatur zu den ethischen Problemen, die mit der Verfügbarkeit der neuen Waffe entstanden, ist die Pflicht, diese Waffe nicht zu gebrauchen, häufig als ein durch keine Umstände zu suspendierendes Gebot dargestellt worden. Als ein sittliches Übel von noch größerer Evidenz kann ein solcher Gebrauch der Waffe verstanden werden, der geeignet ist, die Elimination der Menschengattung einzuleiten. In unserer Untersuchung sind wir noch weit davon entfernt, in dieser Frage zu einem eigenen Urteil zu gelangen, das von einer Übersicht über die Probleme der Ethiktheorie und deren Verfugung mit anderen Problemlagen hergeleitet ist. Fragen der Ethik im nuklearen Zeitalter betreffen Weltlagen und sind schon deshalb von hoher Komplexität. Betrachtet man aber nur die Situationen, mit denen alltägliches sittliches Handeln zu rechnen hat, so ergeben sich zwei Beobachtungen, die auch weiterhin eine Beachtung verdienen: Die im strikten, also wörtlichen Sinne unbedingten Pflichten verlangen stets ein Handeln im Modus des Unterlassens. Zudem sind auch dabei nur solche Beispiele von einer Eindeutigkeit, die über allen möglichen Zweifel erhebt, in denen nicht nur die Handlungsart, sondern auch die Motive in die Bestimmung der

Handlungssituation einbezogen sind. So ist es schlechthin und in jeder möglichen Situation verwerflich, andere Menschen zum eigenen Lustgewinn zu quälen oder zu töten. Es ist möglich, das unbedingte Verbot der Folterung aus dieser strikten Pflicht abzuleiten. Dasselbe Verbot läßt sich auch, und überzeugender, aus dem Angriff auf die Person als solche herleiten, der in der Folterkammer erfolgt. Und doch ist dies Verbot, einmal abgetrennt von der Motivation durch die Lust an der verfügbaren Qual des Wehrlosen, nicht mehr von der gleichen Eindeutigkeit für jeden überhaupt nur denkbaren Fall. So könnte ein Geheimnisträger, der allein weiß, wie eine Bombe zu entschärfen ist, die alsbald einen belebten Kindergarten zerreißen wird, sogar selbst seine Zustimmung dazu geben, daß ihm unter der Folter das tödliche Geheimnis entrissen wird. Wäre ihm der Mund durch psychologische Manipulationen oder durch Angst verschlossen, so könnte er wohl sogar darum flehen, ihn der Tortur zu unterziehen. Nur dürfen solche Gedankenexperimente, die sittlich bedeutsame Situationen konstruieren, gewiß nicht dazu dienen, Unterschiede in der Dringlichkeit von sittlichen Primärbeurteilungen zu verwischen. Gleichwohl tragen sie etwas dazu bei, daß die Quellen der Konflikte, in die das sittliche Bewußtsein gezogen werden kann, nicht voreilig aus dem Blick genommen werden.

13.
Pluralismus in der Ethik?

In der neuesten ethischen Theorie wird hier und dort, nach einer langen Zeit von Versuchen, die Beurteilung von Handlungen aus einer verläßlich begründeten Prinzipientheorie herzuleiten, die Meinung laut, daß moralische Urteile auf mehrere Maßstäbe oder Kriterien Rücksicht nehmen, die ihrerseits nicht aufeinander zurückgeführt und auch nicht aus einem höheren Prinzip begründet werden können.[2] Diese Entwicklung verdient insofern Zustimmung und Verstärkung, als sie wegführt von der ein wenig naiven und auch vermessenen Tendenz, noch die schwierigsten Probleme, die sich in einer der wesentlichen Dimensionen der vernünftigen Lebensorientierung stellen, durch eine theoretische Anstrengung lösen zu wollen, die einen einzigen Grundgedanken und mit ihm wohl gar eine Entscheidungsprozedur für alle Problemlagen etabliert. Doch darf der Gegenzug gegen diese Tendenz nicht dazu führen, daß man sich mit einem Pluralismus zufriedengibt, der nicht hintergangen und nicht mehr auf seinen Ursprung hin hinterfragt werden soll. Ein Pluralismus der Beurteilungshinsichten ist nämlich durchaus vereinbar mit einer Bemühung, den Ursprung dieser Hinsichten in einer Grundverfassung des sittlichen Bewußtseins verständlich zu machen. Daß dies gelingt, ist die Voraussetzung dafür, daß in Konfliktlagen nicht nur ein intuitiv gewonnenes moralisches Urteil für sich allein entscheiden muß. Und für den Fall, daß kein solches Urteil aus dem Konflikt herausführt, ist nur aus der Einsicht in eine Grundverfassung des sittlichen Bewußtseins die Möglichkeit herzuleiten, im Konflikt die skeptische Schlußfolgerung hinsichtlich der Gültigkeit der sittlichen Beurteilung zu vermeiden und eine Aussicht auf eine Anweisung und Anleitung richtigen Handelns zu begründen, die über die Konfliktlage als solche hinausführt. Tendenzen der sittlichen Beurteilung und Lebensführung, die aus einer Grundverfassung heraus in divergierende Richtungen und zu Konflikten führen, geben freilich einen Hinweis darauf, daß die sittliche Dimension des Lebens nicht in sich geschlossen ist und daß sie anderen Grundgedanken und auch Realitäten des bewußten Lebens nicht gleichsam unberührbar gegenübersteht. Durch die Konflikte, die in ihr selbst

2 Vgl. z.B. B. Williams, ›Ethics and the Limits of Philosophy‹, London u. Cambridge Mass. 1985.

entspringen, wird sie auch von den Weltlagen tangiert, in denen diese Konflikte unabweisbar aufkommen. In der Folge wird gezeigt werden, in welcher Weise das sittliche Bewußtsein sowohl Weltbegriffe einschließt wie auch nur über die Ausbildung von Weltbegriffen stabil zu werden vermag.

14.
Sittliche Primärregel und nukleare Situation

Eine Primärregel der sittlichen Beurteilung muß der Bedingung genügen, für das sittliche Bewußtsein immer dann schon unmittelbar einleuchtend zu sein, wenn seine Grundverfassung voll ausgebildet ist. Sie muß auch angewendet werden können, ohne daß eine weit ausgebreitete Kenntnis von Realitäten und Wirkungszusammenhängen einen Unterschied in der Verläßlichkeit ihres sittlichen Primärurteils macht. Die erste Bedingung kann nicht unabhängig von der zweiten erfüllt sein. Denn praktische Evidenz kann eine Regel nur dann haben, wenn zusammen mit dem Regelsinn auch die Anwendungsweise der Regel verständlich ist. Und das kann nur dann der Fall sein, wenn der Regelsinn nicht die Urteilskompetenz an ein Expertenwissen bindet. Daraus folgt, daß das Utilitätsprinzip nicht als sittliche Primärregel gelten kann.[3] Und in einem damit wird auch klar, daß die Primärregel, welche die Ethik im sittlichen Bewußtsein aufzuweisen und nicht für es aufzustellen hat, wohl einfach, zu-

---

3 Der Vergleich zwischen dem wahrscheinlichen Nutzen verschiedener Handlungsweisen ist in sehr vielen Fällen ungewiß und bedarf des Expertenwissens, um möglichst verläßlich zu werden. Das gilt auch für den Vergleich der Nützlichkeit von Institutionen, welche das Handeln regulieren, (für einen Sittenkodex etwa) und betrifft insofern auch die Position des sogenannten ›Regelutilitarismus‹, demzufolge nicht Handlungen, sondern Regeln für Handlungen um ihrer Nützlichkeit willen für richtig befunden und angenommen werden.

gleich aber auch effektiv in der Anwendung sein muß. Sie darf also nicht die Resultate aus anderen Quellen sittlicher oder faktischer Einsicht voraussetzen, zu denen ihre Anwendung allererst führen soll.

Man muß zugeben, daß es sich als sehr schwierig erwiesen hat, aufgrund der Idee der Neutralität der sittlichen Beurteilung und unter Beachtung dieser Bedingungen zur Formulierung einer solchen Primärregel zu gelangen, von der nicht mehr strittig ist, daß sie dem sittlichen Bewußtsein selbst zugeschrieben werden kann als die erste Orientierung für alle seine wirklichen Urteile. Es könnte daher wohl sein, daß sich jene Idee im sittlichen Bewußtsein selbst sogleich in eine ganze Reihe von Entscheidungsprozeduren umsetzt, die miteinander kompatibel sind, die aber nur für jeweils bestimmte Klassen von Handlungssituationen spezifisch in Geltung sind.

Dagegen ist es kaum bestritten, daß die Entscheidungsprozedur, die Kant als ›das Sittengesetz‹ aus dem Begriff des vernünftigen Wollens aufgestellt hat, jedenfalls den genannten Bedingungen am besten genügt und daß sie auch als Muster einer effektiven Entscheidungsprozedur zumindest für eine Klasse besonders wichtiger Fälle gelten darf. Die Handlungssituationen, die aus der Verfügbarkeit der neuen Waffe hervorgehen, gehören nun in die Klasse, für die Kants Entscheidungsprozedur eine einsichtige Anwendung hat, – freilich nur in eben dem Maße, in dem diese Handlungssituationen allein mit den Mitteln der Primärregel sittlich beurteilt werden können. So soll nun gezeigt werden, auf welche Weise aus dieser Primärregel eine spezifische Begründung für ein sittliches Urteil über die Handlungssituationen gewonnen werden kann, in denen der Gebrauch einer solchen Waffe erwogen wird. Diese Entscheidungsprozedur, die aufgrund der Primärregel ermöglicht wird, verlangt nicht, daß von allen Tatsachen des Lebens abgesehen werde. Die Regel ist nur zu verwenden, wenn ein Alltagswissen über wirkliche Lebenszusammenhänge in Anspruch genommen werden kann. Das aber ist unabhängig davon, daß die wirklichen Folgen von Handlungen in bestimmten Situationen abgeschätzt werden. Die Entscheidungsprozedur betrifft nur die Situationen als solche. Und sie führt zu Beurteilungen in Beziehung auf die Grundsätze, aus denen in solchen Situationen gehandelt werden mag, – und zwar in der Gestalt der Antwort auf die Frage, ob diese Grundsätze in solchen Situationen als allgemeine Regeln für die Handlungen von jedermann in Geltung sein könnten. Mit dieser Beurteilungsart ist sowohl der Idee der sittlichen Neutralität wie der Bedingung der Unmittelbarkeit der sittlichen Beurteilung entsprochen.

Bei der Anwendung dieser Entscheidungsprozedur auf Drohungen mit der nuklearen Waffe kann die ethische Problematik um die Verfügbarkeit dieser Waffe nicht in der Weise, in der sie sich uns stellt, einfach nur aufgenommen werden. Um die Waffe hat sich eine Weltlage ausgebildet, die ihrerseits bereits die staatliche Organisation des Lebens der Menschen voraussetzt. Davon ist zunächst einmal abzusehen, wenn ein Ergebnis erreicht werden soll, das wirklich allein aus der ethischen Primärbeurteilung hervorgeht. Es ist also nur zu erzielen, wenn jene Problematik auf die einer einfachen Handlungssituation von Individuen abgebildet werden kann. Eine solche Abbildung muß wohl den Anschein des Künstlichen erwecken. Und doch ist es nur mit ihrer Hilfe möglich, überhaupt zu einer überzeugenden Primärbeurteilung zu kommen, in der sich nicht zusätzliche Rücksichten und Überlegungen in bezug auf Umstände und Folgen nebenbei schon geltend machen dürfen. Ginge man aber mit ethischen Prinzipien ganz unvermittelt auf eine Beurteilung der nuklearen Weltlage aus, so würde man über alle Differenzierungen hinweggreifen, die sich gegenüber Situationen von höchster Komplexität bald als unvermeidbar erweisen. Und dann ist nichts anderes zu erwarten, als daß man sich in einem Streit zwischen Meinungen und Einschätzungen verfängt, von denen keine der anderen annehmbar oder auch nur voll verständlich erscheint, – und das allein schon deshalb, weil sie sich selbst aus den für sie maßgeblichen Gründen gar nicht hinreichend deutlich zu machen vermag. Der Anschein der Künstlichkeit bei der Anwendung der Primärregel auf komplexe Handlungslagen ist also unvermeidbar und somit bewußt und als problemgerecht in Kauf zu nehmen. Er entspricht der Stellung der Primärregel im sittlichen Bewußtsein, eine Grundorientierung, nicht aber auch ein Entscheidungsverfahren auszubilden, das unvermittelt auf jedes Handlungsproblem so angewendet werden kann, daß sich durch einen einfachen Handgriff auch eine definitive Unterscheidung von Gut und Böse ergibt. Die Grundorientierung ist unverzichtbar und zugleich doch nicht der Abschluß aller Erwägungen, die ihrer Verfassung nach sittlich sind.

Die Abbildung muß freilich dennoch eine Eigenschaft auch der komplexesten Handlungssituation richtig erfassen, – somit der Situation, die für die Verfügbarkeit der neuen Waffe charakteristisch ist. Nun ist für sie charakteristisch ihre nicht differenzierende Zerstörungskraft. In einem Konflikt kann darum die Wirkung der Waffe nicht auf die Personen eingegrenzt werden, gegen die sie gerichtet ist. Unabwendbar bezieht sie auch viele Unbeteiligte ein, – solche, die in dem Konflikt abseits stehen, oder solche, die noch gar nicht als Handelnde existieren. Würde die Waffe so entwickelt werden können, daß diese Auswirkung nicht mehr zu ihrer normalen Beschaffenheit gehört, so würde sich auch ihre Identität verändert haben.

In der Abbildung ist diese Eigenschaft nun im Zusammenhang mit den Grundsätzen des Handelns eines Individuums gegenüber einem oder mehreren anderen Individuen in Ansatz zu bringen, die in einen Konflikt miteinander geraten. Wird ein solcher Konflikt gewaltsam, aber mit einfachen Handwaffen, ausgetragen, so kann der, der sich in ihm gegen Gewaltmittel, die zuerst gegen ihn gewendet wurden, und also gegen die Angreifer selbst auch mit solchen Mitteln verteidigt, den Grundsatz seines Wollens ohne weiteres als generalisiert denken. Er kann denken und wollen, daß jeder, der so angegriffen wird, sich ebenso verteidigt. Verteidigt er sich selbst wirklich nur, so kommt durch die Verallgemeinerung kein Widerspruch in sein Wollen. Dagegen ist der Grundsatz dessen, der sich in keiner Weise verteidigt, sondern nur mit Gewalt seine Interessen durchsetzen will, nicht generalisierbar. Denn die Verallgemeinerung der Handlungsart, die er praktiziert, würde darauf hinauslaufen, daß er selbst von beliebigen *anderen* Handelnden, deren Interessen mit seinen Interessen in Konflikt kommen, durch Gewalt in seinen eigenen Interessen eingeschränkt würde. Durch einen so gearteten allgemeinen gesetzlichen Zustand würde er selbst zugleich vielseitig Angriffen ausgesetzt sein und also seine eigenen aggressiven Ziele gar nicht mehr verfolgen können.

Im Falle der nuklearen Situation muß die Beurteilung nun aber auf die Situation des oder der Dritten und Unbeteiligten im Konflikt konzentriert werden. Denn die Besonderheit der Waffe ist ihre unspezifische, nicht eingrenzbare Wirkung. Jeder, der die Benutzung dieser Waffe sittlich erwägt, muß sich also selbst in die Lage dessen versetzen, der einem Konflikt zum Opfer fällt, welcher ihn selbst gar nicht betrifft, – und zwar aufgrund des Gebrauchs von Gewaltmitteln, welche diese Wirkung notwendig nach sich ziehen. Stellt sich die Beurteilungsfrage auf diese Weise, dann wird offensichtlich, daß der Grundsatz solchen Handelns nicht als eine Regel gedacht werden kann, die wirklich immer und von allen Handelnden befolgt wird, welche überhaupt in Konflikten gewaltsam aufeinander einwirken können. Das hätte nämlich zur Folge, daß jeder Handelnde zu beliebiger Zeit von irgend einem Konflikt betroffen würde. Er könnte also selbst nur folgerichtig handeln, wenn er sich alle möglichen Bedrohungsquellen jederzeit deutlich machen und wenn er sich auch gegen sie wappnen würde. Denn auch daraus, daß ich als Unbeteiligter Opfer eines Konfliktes werde, ergibt sich für mich das Recht, mich nunmehr meinerseits gegen eine solche Handlungsart zu wehren, auch wenn sie nicht aus einer Absicht hervorgeht, die gegen mich selbst gerichtet ist. In dem Gedankenexperiment, in das wir bei jeder Anwendung einer Primärregel einzutreten haben, zeigt sich hier also, daß der Austrag von Konflikten zwischen Gegnern mit nuklearen Waffen, würde er der Regelfall für alle Auseinandersetzungen sein, einen Konflikt aller überhaupt Handelnden miteinander zur Folge haben würde. Ein solcher Konflikt ist aber unvereinbar mit der Verfolgung von Zwecken und Interessen im jeweils beschränkten Umkreis eines einzelnen Handelnden. Er würde die Grundsituation zerstören, kraft deren er überhaupt ein Handelnder zu sein vermag. Man kann sich also keine Welt denken, in der die subjektiven Grundsätze, die zum Einsatz der nuklearen Waffe führen, als wirkliche Gesetze durchgängig in Geltung wären, nach denen in entsprechenden Handlungssituationen immer auch wirklich gehandelt würde. Wer den eigenen Gebrauch der nuklearen Waffe nicht als Privileg und als Ausnahmerecht des Starken, sondern als eine Handlungsart vorstellt, die von allen unter denselben Bedingungen immer und notwendig praktiziert wird und werden muß, der wird sehen, daß er in einer solchen Welt zugleich auch fremdem Handeln schlechthin unterworfen undso um eigenständiges Handeln in Handlungssituationen gebracht sein würde.

Es verdient nun besondere Beachtung, daß dies Resultat genauso auch dann eintritt, wenn man davon ausgeht, daß die Waffe von dem eingesetzt wird, der sich gegen einen Angriff nur verteidigt. Ob eingesetzt durch den Angreifer oder den Verteidiger in einem Konflikt zwischen besonderen Interessen, – die Waffe wirkt immer als Angriff auf Unbeteiligte. Die Folgerungen, welche sich aus der Anwendung der Primärregel ergeben, sind in beiden Fällen nicht voneinander unterschieden. Es ist weiterhin von Interesse, darauf zu achten, daß die Folgerungen, welche sich aus der bloßen Drohung mit dem Einsatz der nuklearen Waffe – also diesseits des wirklichen Gebrauchs – ergeben, wiederum in allem Wesentlichen dieselben sind. Würde die Drohung, und sei es auch nur für den Fall der Verteidigung, zu einer de facto, und zwar nach Gesetzen allgemeinen, so würde alles Handeln von seinen eigentlichen Zwecken wegorientiert und ganz auf die mögliche Abwehr dieser Gefahr konzentriert werden müssen, – eine Handlungssituation, die für die Handlungsmöglichkeit individuell vernünftigen Handelns zerstörerische Konsequenzen hätte.

15.
Sittliche Primäreinsichten und Handlungssituationen

Das Gedankenexperiment, das zum Zwecke der Anwendung der Primärregel auszuführen war, lehrt manches über die Eigentümlichkeit der von der Verfügbarkeit der Waffe bestimmten Weltlage. Wir sind so sehr auf die Probleme fixiert, die sich aufgrund dieser Verfügbarkeit in einer staatlich organisierten Gesellschaft stellen, daß es schwerfällt, uns die sittliche Anstößigkeit von ihrem Ursprung her deutlich zu machen, die mit der Verfügbarkeit der Waffe, für jeden jederzeit verständlich, einhergeht. Diese Weltlage steht auch so sehr in einer historischen Kontinuität mit der Geschichte der Kriegsführung und der Kriege zwischen Stämmen, Völkern und Staaten, daß der Rückweg zu den einfachen Wurzeln der sittlichen Beurteilung durch den Sinn für Realitäten geradezu verstellt ist, den zu besitzen seit langem eine Lebensnotwendigkeit geworden ist. Dieser ›Sinn‹ kann als solcher auch keineswegs für verwerflich gelten. Es wird sich zudem alsbald zeigen, inwiefern er sogar durch eine sittliche Begründung gedeckt ist. Doch auch diese Begründung würde unrichtig und sogar unverantwortbar angelegt und geführt sein, wenn sie darauf hinausliefe, die sittliche Primärbegründung zu unterlassen, zu ignorieren oder sie dessen zu bezichtigen, bloß illusionär und ohne Recht und Notwendigkeit zu sein.

Aus der Anwendung der Primärregel auf eine Handlungssituation, welche mit einer Politik, die sich auf die Verfügbarkeit der neuen Waffe stützt, im Grundriß übereinstimmt, ist nun ein wesentliches und gewiß nicht überraschendes Ergebnis hervorgegangen: Eine solche Handlungsart ist in sich selbst nicht zu rechtfertigen. Die sittliche Beurteilung muß in ihr, rein für sich betrachtet, eine besonders weitgehende Verletzung der Prinzipien sehen, die mit dem Kern des sittlichen Bewußtseins selbst in Geltung gesetzt und unablösbar verbunden sind. Und dieses Urteil ergibt sich noch diesseits aller weiteren Überlegungen, die sich an den Kern der sittlichen Beurteilung aufgrund der Primärregel anschließen. Es braucht nicht Bezug zu nehmen auf die Verachtung von Personen, die notwendig in einem Handeln gelegen ist, das Menschen mit Vertilgungsmitteln niedermacht, und auch nicht auf die Wirkungsweise der Waffe, die über qualvolle Krankheit tötet, und somit auf nichts von dem, was das Leid, den Schrecken und die Entwürdigung ausmacht, denen die Opfer der nuklearen Explosion unterworfen werden. Die Anwendung der Primärregel bringt die Handlungsart derer, die sie gebrauchen, auf eine formale Grundtatsache zurück. Das Urteil, das sich so ergibt, wird durch alle anderen Tatsachen der nuklearen Kriegsführung und die gleichfalls sittlichen Reaktionen auf sie in wesentlicher Weise sehr wohl erweitert und bestärkt, nicht aber ersetzt. Die gleichgültige Gewaltsamkeit der nuklearen Kriegsführung gegenüber Leben und Leid erweckt, und durchaus zu Recht, sittliche Empörung. Aber auch sie kann nicht durchaus verstanden und vollauf begründet sein, wenn sie sich nicht auf das Ergebnis einer Beurteilung stützen kann, die wegen der Formalität ihres Vorgehens zunächst einmal als unangemessen gegenüber der Realität, der sie gilt, erscheinen mag.

Dies Ergebnis ist nun aber in dem Rahmen einer Problem-anordnung zustandegekommen, die es – wie vorab klar war – ausschließt, es unmittelbar auch als das letzte Wort anzusehen, zu dem eine ethische Besinnung im nuklearen Zeitalter gelangen kann, – trotz der Stärke und Definitheit der These, in der es aufgestellt worden ist. Es ist vielmehr Ausgangs-punkt für diese Besinnung, die mit ihm eigentlich erst in ihren Weg eintritt. Aber alle weiteren Beurteilungsgründe, die sich auf diesem Weg ergeben, können doch nicht dazu führen, daß die primäre sittliche Einsicht ungültig oder durch stärkere gegenläufige Gründe gänzlich aufgehoben wird. Es sind Situationen denkbar, und jedem aus dem eigenen Lebensgang vertraut, in denen es unmöglich ist, Verhältnisse zu verlassen, die durchaus auch im sittlichen Sinne ein Übel sind. Ist eine solche Situation eingetreten, so ergeben sich Handlungsimperative in Beziehung auf sie, die gegenüber primären Imperativen sui generis sind. Doch die primäre sittliche Einsicht bleibt nicht nur in Kraft, sondern auch insofern wirksam, als sie nunmehr den Imperativ nach sich zieht, die Situation nach Kräften dahin zu entwickeln und zu *verwandeln*, daß der primären sittlichen Einsicht Rechnung getragen werden kann. Es gibt Handlungssituationen, die von solcher Art sind, daß sie auch durch sittlichen Heroismus nicht aus der Welt zu schaffen sind. Daraus ergibt sich aber keineswegs auch schon ein Grund dafür, die sittliche Primärerkenntnis für illusionär zu halten und sich einem vermeintlich überlegenen Realitäts-prinzip zu unterwerfen, – womöglich mit einem Pathos, das über Hinterwege und Umbesetzungen aus dem sittlichen Bewußtsein selbst abgeleitet ist. Aber gewiß ist eine Anstrengung und Umsicht im Denken verlangt, wenn ein Verständnis davon erschlossen werden soll, wie und wieso die Unbedingtheit der sittlichen Primäreinsicht mit der Erkenntnis zusammenbestehen kann, daß das sittliche Bewußtsein in Situationen und sogar in einen Weltzusammenhang einbezogen sein kann, zu dem es sich ins Verhältnis zu setzen hat, um darin allererst zu realer Wirksamkeit gebracht und so nicht nur als Imperativ, sondern auch als de facto gestaltende Kraft wirklich universal zu sein.

Einfache Aussagen, welche in den Untersuchungen zur nuklearen Weltsituation häufig gemacht werden, haben ihren Grund darin, daß auch in Debatten um mögliche Strategien die sittliche Primäreinsicht im Blick gehalten werden soll, – so die, daß man nukleare Waffen niemals als normale Waffen betrachten dürfe oder daß die Waffe nur als ein Mittel verstanden werden dürfe, ihren eigenen Einsatz und damit den modernen Krieg in seiner eigentlichen Erscheinungsform unmöglich zu machen. Doch die erste dieser Aussagen wird nicht dem ethischen Skandalon etwa schon gerecht, daß man sich politisch auf die Verfügbarkeit der Waffe dennoch verläßt; und in der zweiten bleibt die reale Bedrohung unberücksichtigt, welche mit ihrer Existenz kontinuierlich verbunden ist. Würden beide aber als Grundlage und wirklich als erste Orientierung in den Plänen all derer wirksam sein, die über den Zugriff auf die Waffe verfügen, so würde die sittliche Primäreinsicht zumindest immer ein konstitutives Element in einem strategischen Denken bleiben, das sich damit der Dominanz des Realitätsprinzips durchgängig versagt. Und sie würden über die Konsequenz und Beharrlichkeit in den Bemühungen um eine Veränderung der Lage, in der die neue Waffe in den strategischen Plänen einkalkuliert wird, die sittliche Primäreinsicht schließlich sich durchsetzen lassen.

16.
Vertiefung des sittlichen Bewußtseins

Theoretische und strategische Analysen zur nuklearen Weltlage können weder gründlich noch verantwortlich geführt werden, wenn sie sich von der Frage dispensieren, wie der sittlichen Primäreinsicht in dieser Weltlage Geltung verschafft werden kann. Doch wäre es kurzsichtig und der Aufgabe einer Besinnung gerade auch im Rahmen der ethischen Theorie nicht gemäß, wollte man aus dem Gewicht dieses Gesichtspunktes die Folgerung herleiten, daß der sittlichen Primäreinsicht allein Rechnung zu tragen sei. Damit wäre von vornherein für die sittliche Richtigkeit des Nuklearpazifismus entschieden. Denn nach der Primäreinsicht sind nukleare Aggression und nukleare Verteidigung gleichermaßen unzulässig. Jede Überlegung, die nicht auf ihn hinausläuft, müßte dann aus der Unterwerfung unter eine schlechthin intolerable Realität erklärt werden.

Wir haben nun aber gesehen, daß das sittliche Bewußtsein, in dem die Primärregel der Beurteilung ihren Grund hat, in sich selbst schon den Grund für die Ausbildung von Konflikten enthält. Sie ergeben sich aus den Tendenzen zur Entwicklung seiner Komponenten, die gegeneinander divergieren können. Da es in solchen Konflikten nicht einfach nur verharren kann, ergibt sich daraus, daß diese Konflikte wirklich eintreten, die Notwendigkeit zu einer Verwandlung des sittlichen Bewußtseins in seiner Gesamtverfassung, – einer Verwandlung, die nicht auf eine Preisgabe, sondern gerade auf die Bewahrung seiner Grundeinsichten hinauslaufen muß. In Konfliktlagen würde nämlich das bloße Beharren auf der untangierbaren Stabilität nur seine Selbstpreisgabe zur Folge haben. Es spricht alles dafür, daß die Schwierigkeiten, in der nuklearen Situation zu einem allseitig vertretbaren sittlichen Urteil zu gelangen, ihren Grund in solchen Konflikten haben, die in sich selbst sittliche Konfliktlagen ausmachen, weil die konfligierenden Gegensätze allesamt auf sittlichen Einsichten beruhen. Nachdem die Primärbeurteilung zu einem eindeutigen Ergebnis geführt hat, stellt sich also nunmehr die Aufgabe, diese Konfliktlagen als solche zu erwägen. Und das soll, und kann auch nur, in einem damit geschehen, daß die Theorie der Ethik aus dem Bereich der Analyse des Kerns und ersten Ausgangs alles sittlichen Bewußtseins herausgeführt wird. Sie muß zu einer Theorie der inneren Aufstufung des sittlichen Bewußtseins weitergebildet werden.

Doch das wird allein in der Absicht auf eine Verständigung über die nukleare Problemlage geschehen. Die Theorietradition, der diese Art der Betrachtung verpflichtet ist, bleibt ebenso abgeblendet wie alle Begründungen, welche eine ethische Theorie dieser Art in anderen Bereichen der philosophischen Analyse abstützen können und müssen.[4] Aus der Weise, in der die ethische Reflexion mit einer Weltlage in Beziehung gesetzt wird, muß einleuchtend werden, warum eine Verständigung über das sittliche Bewußtsein, die von geringerer Komplexion ist, zu den beirrenden Fragen, welche uns diese Weltlage aufgibt, keine Übersicht und somit auch keine Antwort geben kann, die auch von ihren Gründen her überzeugt.

17.
Primärbeurteilung und Rechtsprobleme

Aus den Überlegungen zum Kern des sittlichen Bewußtseins geht schon hervor, daß in ihm Konflikte, welche die Anwendung der Primärregel betreffen, sowohl aus Entwicklungen entstehen können, welche von der Richtigkeit von Zielen des Handelns ausgehen, wie auch von solchen, welche die Richtigkeit und die Stabilität der sittlichen Motivation betreffen. Beiden wird also nachzugehen sein.

Dem voraus muß aber nun noch die einfache und folgenreiche Tatsache Beachtung finden, daß die Verfügbarkeit der neuen Waffe mit der *staatlichen Organisation* der menschlichen Gesellschaft in unmittelbarem Zusammenhang steht. Als wir deren Beurteilung allein aus dem Kern des sittlichen Bewußtseins entwickelten, ergab sich der Schein der Künstlichkeit

4 Vgl. u. S. 264 f.

dieses Verfahrens unter anderem auch aus der Abstraktion von eben diesem Zusammenhang. Die Abstraktion war gleichwohl notwendig, damit die Beurteilungsprobleme nicht von Beginn an in einer Komplexion aufgenommen werden, welche die Durchsicht bis hin zu den ersten Elementen ausschließt. Zwischen der ethischen Primärbeurteilung und einer Beurteilung, die von der staatlichen Organisation des Lebens ausgeht, ergeben sich Differenzen schon weit diesseits der besonderen Problematik, die mit der neuen Waffe verbunden ist. Sie haben seit langem auch in anderen Grundfragen an der Grenze sittlichen und politischen Handelns zu schwierigen Kontroversen geführt, – so etwa in der Frage nach Ursprung und Grenzen des Widerstandsrechtes. Damit ist freilich nur einer der Faktoren genannt, die sittliche Konflikte zur Folge haben. Schon auf der Ebene der Primärbeurteilung können sich weitere Konflikte ergeben, die eine eindeutige Lösung nicht zulassen. Sie ergeben sich dann, wenn sich ein Handelnder in eine Situation begeben hat, in der er unter mehrere, aber unvereinbare Primärpflichten gerät, – etwa dann, wenn er mehrere, aber nicht miteinander vereinbare Versprechungen gegeben hat oder wenn er nur bei Verletzung eines Versprechens die Wahrheit sagen kann. Und im Grenzbereich zwischen Recht und Ethik haben zudem die Probleme ihren Ort, die seit langem unter dem Titel ›Notrecht‹ erörtert worden sind. Nur zum Teil lassen sie sich auf Konflikte zwischen Primärpflicht und Folgebeurteilung zurückführen. Der Mundraub zugunsten des Hilflosen ist ein einfaches Beispiel dafür, die Tötung von Kranken in einer Situation extrem knapper Ressourcen ein Beispiel von weit größerem Problemgewicht.

Es sind also nicht weniger als sechs Faktoren zu unterscheiden, die im Spiel sein können, wenn sittliche Konfliktlagen aufkommen und beurteilt werden müssen: Die drei Dimensionen der Richtigkeit im Kern der sittlichen Beurteilung, die gegeneinander divergieren können (1–3), die Differenz zwischen Primärregel und Rechtsprinzipien, vor allem denen, die kraft der staatlich organisierten Gesellschaft bestehen (4), und schließlich einfache Primärkollisionen (5) und Fälle des Notrechts (6). Die Zahl der möglichen Kombinationen dieser Faktoren ist offensichtlich sehr groß. So wäre es unsinnig, alle Kollisionsfälle aufzustellen und ihnen im einzelnen nachzugehen, – zumal die Besonderheiten der nuklearen Problemlage damit noch nicht einmal erreicht sein würden. Aber es ist doch nötig, die Vielfalt der Faktoren wenigstens nicht zu übersehen, wenn sie auch nicht je für sich und in allen ihren Kollisionen zu erörtern sind. Unumgänglich ist es nur, die Rechtsprobleme eigens zu betrachten, die sich mit dem Verhältnis von Staaten ergeben, die nuklear bewaffnet sind. Denn in der Literatur besteht die Neigung, sie von den sittlichen Problemen gar nicht zu unterscheiden. Zudem spielen die Rechtsprobleme bei der Beurteilung der nuklearen Weltlage, obgleich ununterschieden von den Überlegungen zur sittlichen Primärbeurteilung, eine prominente Rolle.

18.
Recht und Staat

Gerecht zu sein ist eine der ältesten und ganz allgemein anerkannten Forderungen an Menschen, – ein sicherer Bestand in jedem Bewußtsein, das sittlich genannt werden kann. Sie ist zudem mit dem Grundprinzip der Neutralität unmittelbar und offenkundig verbunden. Wem die Fähigkeit abgeht, Gerechtigkeit walten zu lassen, von dem denkt man seit je, daß er von aller sittlichen Gemeinschaft ausgeschlossen, daß ihm der Zugang zur sittlichen Dimension des Lebens verschlossen ist.

Nun besteht zwischen der staatlichen Organisation der Gesellschaft und einem Begriff vom Recht ebenso ein unmittelbarer Zusammenhang. Der Staat ist diejenige Einrichtung, welche der Neutralität im Gedanken von Recht auch die faktische Neutralität in der Findung dessen, was jeweils Recht ist, und die Neutralität in der Durchsetzung von Rechten hinzufügt. Die Gesetze, nach denen dies geschieht, machen zumindest einen wesentlichen Teil der Grundlagen eines jeden Staates aus. Und die moderne Theorie des Staates hat die Institution Staat geradezu aus ihrem Rechtscharakter und als Rechtsgaranten definiert.

Daß dieser Zusammenhang so eng und unübersehbar ist, kann die ebenso auffällige Tatsache aus dem Blick bringen, daß zwischen dem sittlichen Prinzip der Gerechtigkeit und der staatlichen Organisation des Lebens nicht nur Harmonie, sondern ebenso Distanz und Spannung besteht. Gerecht und gerecht gegen jedermann zu sein ist ein und dasselbe. Doch offen bleibt dabei nicht nur die Frage, was jeweils Recht, sondern auch die andere Frage, wer etwa nur ein bedrohlicher Fremdling und also ohne Recht ist. Der Kreis derer, die von dem, der das Richtige tut, Gerechtigkeit erwarten dürfen, kann auf einen Kleinverband beschränkt bleiben. In ihm ist die freundliche Gesinnung, die alle miteinander verbindet, noch nicht von einer Sphäre des Rechts geschieden, das Gesetze und deren neutrale Anwendung verlangt. Wahrscheinlich war der Gedanke von Rechtsgesetzen ursprünglich in Gedanken heiliger Ordnungen und somit religiös verankert. Doch war er dann auch für sittliche und rechtliche Normen ununterschieden gleichgeltend. Der Gedanke einer durch öffentliche Rechtspflege garantierten Ordnung des äußeren Lebens setzt aber deren Unterscheidung voraus.

Die staatliche Organisation des Lebens begründet sich aus einer Reihe von fundamentalen Tatsachen, an die das menschliche Leben auf diesem Planeten gebunden ist. Sie sind nicht ebenso auch mit der inneren Konstitution des sittlichen Bewußtseins verbunden. Die Staatstheoretiker haben ihnen mit jeweils verschiedener Gewichtung Rechnung getragen: die arbeitsteilige Form der Befriedigung der Bedürfnisse, die

Knappheit des Raumes und der Ressourcen, die Gefahr, die für alle Menschen von der Verletzlichkeit ihrer Körper und von der physischen Ungleichheit ihrer Kräfte ausgeht. Jeder ist sterblich und von der Natur unbewaffnet, und jeder kann kraft seiner Fähigkeit zur Nutzung von Instrumenten und Waffen zu einer tödlichen Gefahr für jeden werden. Erst aus diesen Tatsachen folgt, daß die staatliche Organisation ein Großverband sein muß. Denn nur der kann, nach innen, eine unwiderstehliche Macht zur Exekution des Rechtes ausbilden. Und nur er ist in der Lage, einer Gewalt, welche von außen die Rechtlichkeit der eigenen Lebensordnung bedroht, einen hinreichend wirksamen Widerstand entgegenzusetzen. Die Mittel zu diesem Widerstand können dann aber auch gegen andere Staatsverbände gerichtet werden, die ihrerseits über solche Mittel verfügen. Und so ist mit der Wirklichkeit des Staates, der doch den Gedanken gesetzten Rechtes allererst mit physischer Gewalt ausstattet, auch die Wirklichkeit einer Gewalt verbunden, die, wenn sie gebraucht wird, zu dem führt, was sich am schwersten mit Rechtsbegriffen erfassen läßt: zur Wirklichkeit des *Krieges*.

Der Staat ist also einerseits die Einrichtung, welche die Neutralität der Beurteilung von Handlungen in Institutionen verankert. Doch ist er vor allem auf die Ausdrucksformen von Gerechtigkeit begründet, die sich im strikten Recht regulieren lassen, so daß er insofern den guten Willen als solchen unberücksichtigt läßt. So ist für ihn der Kern des sittlichen Bewußtseins nur in einer seiner drei Dimensionen, der der Beurteilung, konstitutiv. Der Staat hat nun aber die Integrität der eigenen innerstaatlichen Rechtsgewalt zugleich auch nach außen durch physische Gewalt, die nicht ebenso einem wirksamen Prinzip von Neutralität unterworfen ist, zu bewahren und also zu verteidigen. Und so ist er zugleich die Quelle des Krieges und also der größten faktischen Gewalt, die Menschen gegeneinander auszuüben vermochten, –

ehe mit der neuen Waffe ein Gewaltmittel bekannt wurde, das gegen die Existenz *aller* Menschen gekehrt werden kann.

Es ist dieser Zusammenhang, aus dem es sich nunmehr erklärt, warum die Existenz der Staaten und die mit ihr verbundenen Folgen eine Konfliktquelle für die sittliche Beurteilung sind. Schon das Recht, das in Rechtsgesetzen zu fassen ist, kann in Grenzfällen mit rein sittlichen Imperativen auf eine Weise kollidieren, welche die Richtigkeit der Entscheidung im Sinne des Rechtes ungewiß erscheinen läßt. Die Institutionalisierung des Rechts in einem wirklichen Staat wird zudem oft der Richtigkeit nicht entsprechen, welche durch die Rechtsbegriffe bestimmt ist. Auch in diesem Falle hat die Entscheidung der Rechtsinstitution zunächst einmal für sich schon auch das wirkliche Recht auf ihrer Seite. Denn in ihr ist die Neutralität der Entscheidung objektiv verwirklicht, der gegenüber das Urteil des Einzelnen unter dem Verdacht der Parteilichkeit steht. Ein solches Urteil gar mit List oder intriganter Gewalt durchsetzen zu wollen, würde heißen, einer Einrichtung entgegenzuhandeln, die zu stützen wiederum eine einsichtige Forderung sittlicher Richtigkeit ist. Doch damit ist der Konflikt als solcher nicht auch schon aufgehoben. Wenn auch beim Staat immer das Recht liegt, die Subversion der Resultate der durch ihn institutionalisierten Rechtsfindung unwirksam zu machen, so muß doch nicht schlechtweg jeder Versuch dazu im sittlichen Sinne unrichtig sein. Es ist Pflicht, sich das Recht zum Zwecke zu machen, was einschließt und gegebenenfalls zuerst verlangt, die Bedingungen des Bestandes staatlichen Zusammenlebens zu sichern, zu stärken und zu bessern. Aber selbst diese Forderung, die so nahe wie möglich mit dem Kern des sittlichen Bewußtseins verbunden ist, ist nicht immun dagegen, in Konfliktlagen gezogen zu werden, in denen schließlich sittliche Gründe den Ausschlag geben dürften. Die Forderung, den Staat als die Institution, welche die Neutralität der Rechtsbeurteilung effektiv macht, nicht anzugreifen, ist nicht eindeutig in allen ihren Konsequenzen. Und sie hat auch nicht in jeder Situation die unbedingte Prärogative.

19.

Völkerrecht des Krieges

Die Beurteilungsprobleme, die sich aus der Verfügbarkeit der neuen Waffe ergeben, sind immer zugleich auch Fragen, welche den Gebrauch staatlicher Gewalt betreffen. Insofern der Staat das Recht institutionalisiert und unter die Deckung von zwingender Gewalt stellt, ist auch er selbst, seiner Verfaßtheit nach, unter dem Gesichtspunkt rechtlicher Richtigkeit zu betrachten. Und ebenso werden die Verhältnisse, die zwischen verschiedenen Staaten bestehen, zu einer Sphäre, auf die Rechtsbegriffe mit zwingendem Grund übertragen werden müssen. Denn es ist im Prinzip ein und dieselbe Gewalt, die im Inneren des Staates das Recht exekutiert und die, nach außen gewendet, die Integrität der Institution und damit die Rechte ihrer Mitglieder verteidigt. So geht also die Idee eines zwischenstaatlichen, eines Völker-Rechts aus der Logik des Staatsbegriffes hervor. Doch damit wird zu einer Rechtssphäre, was seinerseits der institutionalisierten und mit Durchsetzungsmacht ausgestatteten Neutralität entzogen ist und was seiner wirklichen Verfaßtheit nach nichts als latente oder faktische Ausübung von zur militärischen Macht gebündelter Gewaltsamkeit ist. Insofern Völkerrecht um Kriegsrecht zentriert ist, stellt es zugleich eine äußerste Ausdehnung des Rechtssinnes dar. Sie kann leicht unter den Verdacht der Überdehnung geraten, welche die Theoretiker des Völkerrechts als »lauter leidige Tröster«[5] erscheinen läßt. Und doch würde es heißen, die Idee sittlicher Neutralität gegenüber den faktischen Mechanismen gänzlich preiszugeben, welche die

5 Kant, ›Zum ewigen Frieden‹, 2. Definitivartikel, Absatz 3.

Beziehungen von staatlichen Gesellschaften beherrschen, würde man sie, und zwar durch Theorie, für gänzlich unzuständig gegenüber den Prozessen erklären, die Menschen durch menschliches Handeln im größten Umfang um alles das bringen, was ihnen im sittlichen Urteil wie auch nach Rechtsbegriffen zuzubilligen und zu schützen ist. Es ist zu vermuten, daß bei der Ausbildung eines Völker- und Kriegsrechts beides zugleich wirksam gewesen ist: Der Versuch, auch dort, wo eine zur höchsten Wirkung gesteigerte Gewaltsamkeit sich entfaltet, die Maßstäbe sittlicher Richtigkeit nicht einfach nur zurückzuziehen, sondern ihnen noch eine Wirkung offenzuhalten, und der Versuch, die gewaltsame Auseinandersetzung zwischen Rechtsinstitutionen nicht als schlechthin rechtsfreien Raum offenzulassen.

An beide Ursprünge können sich skeptische Folgerungen anschließen, welche den Status aller Urteile von sittlicher Richtigkeit betreffen würden. Wenn nämlich die Sphäre zwischenstaatlichen Handelns der neutralen Beurteilung sowohl auf rechtliche wie auf sittliche Richtigkeit hin gänzlich entzogen wäre, obwohl die Logik dieser Urteilsformen eine solche Beurteilung zwingend nach sich zieht, so müßte man von diesen Urteilsweisen sagen, daß sie nur eine geliehene Geltung als möglichst wirksame de facto-Regulationen von besonderen Lebensverhältnissen haben. – In der Unterscheidung zwischen gerechten und ungerechten Kriegen, die auf spätantike Denktraditionen zurückgeht, läßt sich übrigens der doppelte Ursprung des Völkerrechts des Krieges aus sittlichen ebenso wie aus Rechtsbegriffen deutlich erkennen. Sie ist als Versuch zu verstehen, mit dem sittlichen Begriff der Gerechtigkeit die Rechtssphäre an deren eigener Grenze und doch noch in dem ihr eigenen Sinn normativen Prinzipien zu unterwerfen.

Doch müssen der rein rechtlichen Beurteilung eigene Prinzipien und Konsequenzen zugestanden werden. Und wenn es auch unmöglich ist, mit wenigen Sätzen über die Grundlagen eines der problematischsten Rechtsgebiete zur Klarheit zu kommen, so kann doch eine Begründung skizziert werden, welche sich in die Unterscheidungen und Zuordnungen einfügt, die schon entwickelt worden sind, ohne die Dimensionen der sittlichen und rechtlichen Beurteilungen ineinanderlaufen zu lassen:

Staaten institutionalisieren die Neutralität des Rechtsurteils unter den besonderen Bedingungen des Lebens auf dem Planeten. Die Macht, die sie nach außen müssen aufbieten können, dient der Integrität dieser Institution, also ihrer Fähigkeit, sich und somit ihre Mitglieder von externer Gewaltausübung unabhängig zu halten. Daraus folgt, daß sie nicht mehr gemäß dem, worauf sie begründet ist, gebraucht wird, wenn sie zu anderen Zwecken als denen eben dieser Behauptung eingesetzt ist. Darum sind Unrecht solche Kriege, welche der bloßen Vergrößerung der eigenen Ressourcen oder dem Gewinn von Ruhm dienen, und ebenso solche, welche die staatliche Organisation anderer Menschengruppen beseitigen sollen, um sie dem eigenen Staate einzugliedern, – also Eroberungskriege jeder Art. Unrecht sind ebenso solche Kriege, welche darauf ausgehen, die Meinungen, welche in einem Staat vorherrschen, dadurch zu allgemeiner Geltung zu bringen, daß sie in anderen Staaten mit Gewalt durchgesetzt werden, – also Religionskriege jeder Art. Unrecht geschieht in anderer Weise, wenn sich die staatliche Gewalt nicht gegen die Gewalt des Gegners, sondern gegen den physischen Bestand seines Territoriums oder gegen Gruppen von Menschen oder alle Menschen richtet, welche in der Staatseinheit des Gegners zusammenleben. Es fragt sich sogar, ob solche Vernichtungskriege überhaupt unter dem Titel ›Krieg‹ zu erfassen sind, da sie über den Antagonismus von Staaten hinausgreifen und staatliche Gewalt gar nicht gegen andere staatliche Gewalt einsetzen. Schließlich ist jede Kriegsführung noch dem weiteren Rechtsprinzip zu unterstellen, daß sie von einer solchen Art sein muß, welche nicht den Übergang in einen Friedenszustand ausschließt, der anderes als die bloße Unterwerfung aus vollständiger Ohnmacht ist.[6]

Man muß nun freilich einsehen, daß alle diese Rechtsbedingungen für die Kriegsführung zusammengenommen immer noch einen weiten Spielraum offenlassen. Sie sind durchaus nicht dazu geeignet, dem Krieg den Charakter zu nehmen, durch den er nun einmal definiert ist: die Entfaltung physischer Gewalt unter den terrestrischen Bedingungen des Lebens zu sein. Und das schließt ein, daß er zu einer kontinuierlichen und massenhaften Verletzung der Verhältnisse zwischen Menschen führt, die in der sittlichen Beurteilung als die richtigen eingesehen werden.

Weiterhin lassen sie es auch nicht zu, in wirklichen Kriegen leichthin zwischen Angreifer und Angegriffenem zu unterscheiden und den, der zuerst zur physischen Gewalt greift, als den zu identifizieren, der Unrecht tut. Schon innerhalb der Tradition der Theorie des gerechten Krieges wurde zugestanden, daß der Staat, der den Krieg schließlich beginnt, doch der eigentlich Bedrohte gewesen sein kann. Und es lassen sich viele Fälle denken, in denen beide Kriegsgegner auch gleich gute Rechtsgründe auf ihrer Seite wissen können. Staaten haben das Recht zur Unterhaltung von gerüsteter Macht, weil sie Existenz und Integrität ihrer Institution zu erhalten haben. Es muß ihnen also zugestanden werden, Gefahren für beide vorauszusehen und dann, wenn deren Bedrohlichkeit überhandnimmt, ihnen auch präventiv zu wehren. Der Prozeß der äußeren Politik in den Staatensystemen ist seit jeher von solchen Vorgängen der vorausschauenden Berechnung von Bedrohungen und von ihrer Minderung durch Bündnisse und Bildung von Gleichgewichten beherrscht gewesen. Das Völkerrecht hat niemals Prinzipien angeben können, nach denen solch faktisches Geschehen als widerrechtlich zu erkennen wäre.

6 Letzteres nach der Theorie von E. v. Vattel, ›Le droit des gens‹, Leyden 1758.

Auch die Führung von Kriegen, die einmal im Gange sind, ist durch einsichtige Rechtsprinzipien nicht in dem Maße zu bändigen, wie es im Interesse der sittlichen Beurteilung menschlichen Handelns gelegen wäre. Sind Eroberungs-, Religions- und Vernichtungskriege sicher auch Unrecht, so ist damit noch nicht gesetzt, daß kriegerische Akte, die viele Züge mit denen einer Vernichtungsaktion teilen, allein aus Rechtsgründen des Völkerrechts verworfen werden können. Kriege, einmal begonnen, geraten leicht außer Kontrolle und werden von Haß- und Rachegefühlen durchsetzt, welche sie über die Grenze zu bloßen Vernichtungsakten hinausziehen, die von vornherein als solche intendiert gewesen sind. Damit geraten sie zwar zu klarem Unrecht. Aber es kann auf andere Weise zu Handlungen kommen, die sich in ihrem Gehalt nicht von Aktionen unterscheiden, die auch in einem rechtswidrigen Vernichtungskrieg geschehen. Denn der Staat hat im Kriege sogar die Rechtspflicht, gegenüber der militärischen Gewalt des Gegners die eigene Integrität zu behaupten. Tritt eine Situation ein, in der die militärische Gewalt des Gegners (und sie allein!) nur noch durch Akte, die Vernichtungswirkung entfalten, eingedämmt oder abgewehrt werden kann, so gibt es keinen Rechtsgrund, der sich unmittelbar aus den Prinzipien des Völkerrechts als zwischenstaatlichen Rechts ergibt und der es zu einem Rechtsgebot machen würde, von solchen Akten Abstand zu nehmen. Wird zu einem solchen Mittel allerdings ohne Not gegriffen, so verläßt die Kriegsführung ihre Rechtsbasis. Und die Notwendigkeit zum Gebrauch des Mittels ist gewiß dann nicht gegeben, wenn es sich nur um dasjenige Mittel handelt, das mit dem vergleichsweise geringsten eigenen Risiko die notwendige Wirkung erzielt, – ebensowenig dann, wenn die Wirkung nur erwünscht und vorteilhaft, aber nicht unverzichtbar gewesen ist. Unverzichtbar ist sie dann, wenn die Alternative die sichere Unterwerfung unter den Willen des Gegners gewesen wäre. Und selbst dann bleibt das Rechtsgebot bestehen, demzufolge keine Aktion die Möglichkeit des Friedens ausschließen darf.

Was nun jene Akte mit Vernichtungswirkung anlangt, so müssen sie von solcher Art sein, daß sie direkt auf die Mittel der Gewaltentfaltung gerichtet werden können, welche dem Gegner zur Verfügung stehen. Zielen sie nur indirekt auf sie, etwa in der Absicht, durch Leid, das den Familien der Mitglieder der bewaffneten Gewalt angetan wird, und somit durch Terror diese Mitglieder handlungsunfähig zu machen, so sind die Akte wiederum nicht mehr Krieg, sondern Verbrechen gegen die Mitglieder eines anderen Staates. Es ist somit auch kriegsrechtswidrig, eine Vernichtungswaffe in einem bestimmten Bereich allein deshalb einzusetzen, weil sie dort die größte Schreckenswirkung entfaltet. Dagegen kann man nicht allein aus völkerrechtlichen Gründen die Forderung begründen, eine solche Waffe dort einzusetzen, wo sie möglichst wenig an der Kriegsführung selbst Unbeteiligte schädigen kann. Das ist gewiß eine Forderung der Menschlichkeit, die aber als solche im Bereich der sittlichen Beurteilung ihren Grund hat. Das Kriegsrecht als solches kann nicht verbieten, gegen ein Ziel vorzugehen, in dem die größte Wirkung auf die militärische Machtentfaltung des Gegners erzielt wird, sofern diese mit anderen Mitteln nicht mehr daran gehindert werden könnte zu obsiegen. Daraus ergibt sich eine Folgerung, die dem Interesse daran zuwiderläuft, das sittliche Urteil müsse in allen Belangen und in allen Bereichen den Vorrang haben, in denen die Frage der Richtigkeit des Handelns unter anderen Prinzipien als denen des Nutzens gestellt werden kann: Rechtsgründe, zumal solche des Völkerrechts, sind mit Gründen sittlicher Richtigkeit und Güte nicht überall in Übereinstimmung, sondern oft mit ihnen in Kollision. Gerade daraus folgt aber zugleich auch die Dringlichkeit und der Vorrang des sittlichen Imperativs zum Frieden, der seinerseits mit einem Rechtsgebot, wenngleich keinem unbedingten, in Übereinstimmung ist. Staaten sind rechtsgarantierende Institutionen. Und da sie diese Funktion nur im Friedenszustand optimal erfüllen, müssen sie den Frieden wollen. Doch das heißt nicht, daß sie ihn unter allen Bedingungen auch halten können und müssen.

Wir müssen einsehen, daß das Kriegsrecht selbst dann, wenn es überall beachtet würde, die Natur des Krieges eingrenzt, nicht aber verwandelt. Es grenzt ihn ab von anderem Gebrauch von Gewalt, der rein nur Naturgewalt oder, als Barbarei, denaturierte Naturgewalt ist. Aber es assimiliert ihn nicht dem bewaffneten Wettkampf oder der Polizeiaktion, die unter einem anderen Prinzip der Verhältnismäßigkeit der Mittel stehen kann, weil die Überlegenheit der staatlichen Polizeigewalt nirgends in Frage steht. Wo es sich anders verhält, da ist die staatliche Einheit selbst schon in Frage gestellt, und eine andere Realität beginnt sich auszubreiten, deren Untersuchung hier nicht ansteht: die des Bürgerkrieges. Der Krieg zwischen den Staaten bleibt immer eine Realität, in der Gewalt massenhaft und ohne Proportion zu verübtem Unrecht oder zu persönlicher Schuld wirksam wird. Für die Betroffenen ist sie also nur Geschick, wiewohl noch in einem Rahmen von Recht. Und eben darin ist der sittliche Imperativ begründet, den Krieg samt der Rechtsinstitution, die ihn von Barbarei doch unterschieden hält, nach Möglichkeit aus der Welt zu schaffen, – ein Imperativ, dessen Forderung in diesem Falle mit Geboten der Klugheit ebenso übereinstimmt wie mit dem rechtlichen Gebot an jede Leitung eines Staates, Schaden von seinen Bürgern abzuwenden. Der ausgezeichnete Status des Friedensangebotes und seine Evidenz, die auch die sittliche Primärevidenz noch überragt, beginnen sich also abzuzeichnen.

20.
Völkerrecht und nukleare Waffe

Die Überlegungen zu Prinzipien, auf die ein Kriegsrecht begründet sein könnte, sind nun implizit schon zur Erörterung
der rechtlichen Aspekte des Gebrauchs der neuen Waffe
übergegangen. Und dabei ist nun auch schon ein Ergebnis
abzusehen, das nicht überraschen muß, wenn zuvor verstanden ist, daß die sittliche Beurteilungsweise nicht in span-
nungsloser Übereinstimmung mit der Beurteilung nach
Rechtsgründen stehen kann, – und das selbst dann, wenn
beide Beurteilungsweisen zuletzt aus denselben Gründen
herzuleiten sind: Auch bei der Beurteilung des Gebrauchs der
neuen Waffe führen beide Beurteilungsweisen nicht unmittelbar zu derselben Folgerung. Sittlich ist der Gebrauch der
Waffe schlechtweg verwerflich. Der Krieg kann aber dennoch in Situationen führen, in denen das Kriegsrecht einem
Gebrauch der Waffe nicht im Wege steht, wenngleich ein solcher Gebrauch in sehr genau zu bestimmenden Grenzen zu
halten ist. Aus diesem Widerstreit zwischen zwei Beurtei-
lungsprinzipien ergibt sich dann aber auch ein Konflikt für
Handelnde, die als sittliche Wesen zugleich die Verpflichtung
übernommen haben, für die Integrität eines Staates nach außen die Verantwortung zu tragen. Im übrigen ist gleich vorab
und mit Nachdruck festzuhalten, daß auch mit der Beurteilung der neuen Waffe unter Gesichtspunkten des Kriegsrech-
tes die Weltlage, die mit ihrer Verfügbarkeit entstanden ist,
längst noch nicht zureichend erfaßt worden ist. Die Analyse
dieser Wirklichkeit in Hinsicht auf Gründe der Richtigkeit
des Verhaltens wird also über den Beurteilungsbereich hin-
ausgeführt werden müssen, der gegenwärtig untersucht wird.
Aber umfassende Besinnung verlangt es eben immer, daß verschiedene Beurteilungsebenen auch jeweils für sich erwogen
und zur Geltung gebracht werden.
Die Zahl der denkbaren Konfliktsituationen unter Bedingun-

gen der Verfügbarkeit der nuklearen Waffe ist weit höher als die derer, welche in Beziehung auf einen Krieg zwischen nuklear hochgerüsteten Großmächten, also in der uns vertrauten politischen Gesamtlage, zu erwägen sind. Wer sich auf die neue Weltlage von Grund aus denkend einläßt, muß sich davon fernhalten, allein nur die Sorgen und Hoffnungen im Sinn zu haben, die sich aus seiner eigenen Position und auf der Weltkarte in der geschichtlichen Entwicklung ergeben. Einige Konfliktsituationen, die noch nicht wirklich eingetreten sind, liegen für realitätsgerechte Erwartungen wohl auch in weit näherer Zukunft, als wir uns gerne vorstellen möchten. Und unter ihnen sind solche, von denen nicht gesagt werden kann, daß jeder Gebrauch der Waffe gegen die Prinzipien des Kriegsrechts wäre. So könnte ein schwächerer Staat von einer Übermacht, die ihrerseits das Ziel hat, diesen Staat zum Verschwinden zu bringen, an den Rand des Zusammenbruchs der Gewaltmittel zu seiner Verteidigung gebracht worden sein. Würde dieser Staat dann die neue Waffe gegen Zentren der Machtmittel seiner Feinde oder gegen deren Konzentrationen einsetzen, so wäre nicht zu sagen, daß er Kriegs-Unrecht tut. Es würde zwar einen großen Unterschied ausmachen, ob er jene Zentren oder Konzentrationen ohne bedeutenden Schaden für Unbeteiligte zu treffen vermag oder nicht. Aber der Unterschied würde nicht im Sinne eines Kriegsrechts, das für sich und also rein nur nach den ihm eigenen Prinzipien erwogen wird, auch die entscheidende Differenz ausmachen. Er könnte zudem geltend machen, daß es zuvor schon Völkerrechtspflicht der Gegner gewesen wäre, die eigene Bevölkerung besser von den Zentren der militärischen Machtentfaltung abzuscheiden.

Es ist auch nicht richtig, die Frage nach der im Sinne des Kriegsrechts möglichen Berechtigung zum Einsatz von dem Ausgang einer umfassenden Nutzen/Schaden-Kalkulation abhängig zu machen. Im sittlichen Sinne läßt sich nämlich der qualvolle Tod auch nur eines einzigen Unbeteiligten nicht so ohne weiteres gegen die Integrität eines Staates aufrechnen. Würde daraus unmittelbar auch ein Rechtsgrund auf dem Gebiet des Kriegsrechts folgen, so wären Kriege spätestens seit der Erfindung einer Artillerie, welche das Bombardement von befestigten Städten und Häfen ermöglichte, schlechtweg Unrecht gewesen. Daraus, daß ein solcher Rechtsgrund nicht besteht, folgt jedoch keineswegs, daß es überhaupt keine Rechtsgründe gegen den unbegrenzten Gebrauch der neuen Waffen gibt, welche dem Kriegsrecht als solchem zugehören. Aus der Sicherung der eigenen Integrität kann kein Staat ein Recht dazu herleiten, seinerseits in einen Vernichtungskrieg gegen seine Feinde überzugehen oder die Nebenfolge einer solchen Wirkung gar auch für angrenzende Staaten einzugehen. Der Gebrauch der Waffe müßte also immer sowohl eingegrenzt wie in diesen Grenzen kontrollierbar bleiben. So er über diese Grenzen hinaustendiert, bliebe für den, der über die nukleare Waffe verfügt, als einziger kriegsrechtlicher Akt nur noch die Unterwerfungs-Kapitulation. Die Rechtspflicht zur Erhaltung seiner selbst als Institution begründet zwar alles Kriegsrecht. Aber sie begründet keinen Rechtstitel gegen die Menschheit insgesamt oder gegen die Menschen des feindlichen, eines unbeteiligten oder auch des eigenen Staates. Daraus folgt, daß Kriegsrecht überhaupt niemals ein uneingeschränktes Recht sein kann. Doch das heißt wiederum nicht, daß eigenständige normative Konsequenzen mit ihm gar nicht verbunden sind.

21.
Konflikt der Ergebnisse

Die Fälle des Gebrauchs der neuen Waffe, welche das Kriegsrecht erlauben würde, machen nur einen sehr kleinen Teil der Gebrauchsweisen aus, die durch deren Technologie unmittelbar ermöglicht sind. So sind auch die Fälle der beiden bisher wirklich gebrauchten Bomben durch Kriegsrecht in keiner Weise gedeckt gewesen. Das bloße Faktum der Verfügbarkeit der neuen Waffe hat also Realitäten etabliert, die offenbar dadurch, daß kriegsrechtliche Betrachtungen zu den eigentlich sittlichen, bei klarer Unterscheidung zwischen beiden, hinzutreten, nicht angemessen aufgefaßt und beherrscht werden können.

Zudem sind die Fälle des Gebrauchs, die kriegsrechtlich wirklich gedeckt wären, bisher ohne Rücksicht auf die Langzeitwirkungen des Gebrauchs der Waffe erörtert worden. Diese Folgen führen freilich im Zusammenhang der gewiß untypischen Fälle, die solche Rechtsdeckung wirklich haben, nicht zu absoluter Unvergleichlichkeit. Auch ›herkömmliche‹ Waffen haben Langzeitfolgen für Unbeteiligte. Bomben und Feuerstürme lassen Kinder zu Krüppeln oder zu Blinden werden, sie zerstören Familien, bringen über Blindgänger und Zeitbomben Gefahren für Nachgeborene, und sie können Völker für viele Generationen in ein Leben der Armut und der Unfreiheit stoßen. Allerdings ist der Unterschied auch wieder nicht nur ein gradueller. Und das wird vollends deutlich, wenn die – ohnedies künstliche – Einschränkung der Betrachtung auf solche Gebrauchsfälle aufgehoben wird, die durch das Kriegsrecht rein für sich gedeckt sein würden.

So ist es unabweisbar notwendig, den Gesichtskreis der Besinnung neuerlich auszuweiten. Dennoch hat die Abtrennung zwischen sittlicher und kriegsrechtlicher Beurteilung ein wichtiges Resultat ergeben: Aus der sittlichen Verwerflichkeit des Gebrauchs dieser Waffe folgt nicht unmittelbar ein Imperativ zu ihrem Bann auch in jedem Zusammenhang von Politik. Wie groß auch das Gewicht der Gründe ist, die uns ihren Gebrauch als einen Affront gegen die Menschlichkeit als solche erfahren lassen, – die Gründe sind nicht durchsichtig genug und bei eingehender Betrachtung nicht in jeder Beziehung so überzeugend, daß sie ohne weiteres auch als

letzte Evidenz und unerschütterliche Grundlage gelten können. Die Gründe ergeben sich auf verschiedenen Ebenen, und
Gegengründe sind von ihnen nicht eo ipso entkräftet. So
könnte ein Tabu über den Gebrauch der Waffe nicht unvermittelt auch unbedingte Geltung für sich in Anspruch nehmen. Und das ist nicht etwa allein deshalb der Fall, weil eine
Identifikation mit dem Realitätsprinzip unabweisbar verlangt
ist und weil aus ihr heraus das Prinzip der sittlichen Beurteilung selbst unter einen Grundzweifel gestellt werden muß.
Die Beurteilung aus Prinzipien der Neutralität hinsichtlich
von Richtigkeit führt vielmehr aus sich selbst heraus zu konfligierenden Ergebnissen. Und das muß im Zusammenhang
damit gesehen werden, daß das sittliche Prinzip selbst nicht
vollständig begriffen ist, wenn es zu einer Entgegensetzung
gegen die durch die neue Waffe konstituierte Weltlage
zwingt, die nichts als unmittelbare Konfrontation und Verweigerung ist. Ein sittliches Tabu wäre allein für sich nicht
stark genug und nicht sicher genug begründet, um die Bedrohung zu verstehen und dann auch glaubhaft und wirksam zu
wenden, welche längst und unabscheidbar in die Weltlage
eingegangen ist. Die Abwendung dieser Bedrohung muß also
von noch anderem zu erhoffen sein als von der Bestärkung
der Primärevidenz, die uns zu der zweifellos richtigen Einsicht führt, daß auch der begrenzte Gebrauch der nuklearen
Waffe im Kern des sittlichen Bewußtseins auf keine Weise zu
rechtfertigen ist.
Daß ein unbedingter sittlicher Imperativ nicht in jeder Situation auch unvermittelt soll geltend gemacht werden können,
scheint freilich zunächst einmal eine anstößige Aussage zu
sein. Sie ist in hohem Maße dessen bedürftig, aus einer ethischen Theorie begründet zu werden, die zugleich das sittliche
Bewußtsein in einer Weise versteht, die von ihm selbst her
entwickelt ist und auch von ihm selbst angenommen werden
kann. Eine solche Theorie hätte zuerst einleuchtend zu machen, daß jene Aussage nicht etwa auf die Dementierung der

Unbedingtheit des Imperativs hinausläuft. Wir haben schon dazu angesetzt, das Profil dieser Theorie zu entwickeln. Eine Minimalbedingung dafür, daß sie nicht vor der unvermittelbaren Alternative zwischen Unbedingtheit der Geltung und ihrem Dementi zum Erliegen kommt, kann nur erfüllt werden, wenn dem sittlichen Bewußtsein als solchem die Notwendigkeit zu einer Entwicklung und somit eine durchaus dynamische Verfassung zugesprochen werden kann und muß. Doch ist noch nicht untersucht worden, wie sich diese Dynamik ausbildet und welche Folgen sie für die sittliche Besinnung im nuklearen Zeitalter hat. Mit der ethischen Primärbeurteilung auf der einen Seite und der Beurteilung im Rahmen des Kriegsrechts auf der anderen sind nur zwei Beurteilungsweisen ausgearbeitet worden. Beide Beurteilungsweisen ergeben sich aus der Anwendung des Prinzips der Neutralität. Daß sie dennoch zu verschiedenen Ergebnissen führen, kann zunächst daraus erklärt werden, daß die Anwendungsbereiche des Prinzips voneinander unterschieden sind und daß diese Bereiche auf einer möglichen Skala von Anwendungsbereichen eine Extremstellung haben: Im einen Fall werden Handlungssituationen von Individuen beurteilt, im anderen sind staatlich organisierte Großgesellschaften schon als Ausgangspunkt für die Beurteilung vorausgesetzt. Nicht nur bleibt deren Verhältnis zueinander zuerst unbegriffen. Die Dynamik des sittlichen Bewußtseins, aus der heraus allein beide vielleicht zu einer Einheit zusammengeführt werden könnten, muß allererst noch zum Thema werden.

III. Die Anwendung –
Verlegenheiten und Perspektiven

22.
Die Verfügbarkeit der Waffe ist unwiderruflich

Wohl aber hat sich schon ergeben, daß die kriegsrechtliche in ganz anderer Weise als die Primärbeurteilung von *Tatsachen* ihren Ausgang nimmt. Auch die Primärbeurteilung hat, wie jede ethische Urteilsfindung, in Realitäten des Lebens ihren Anwendungsbereich, – in diesem Falle die Tatsache der Möglichkeit gewaltsamer Auseinandersetzung zwischen Handelnden. Doch die kriegsrechtliche Beurteilung geht von viel komplexeren Tatsachen aus, – von der staatlichen Organisation des Rechts und von dem Antagonismus zwischen selbständigen Staaten.

In diesem Zusammenhang ist nun an jene andere Tatsache zu erinnern, welche in der ethischen Besinnung auf die nukleare Bedrohung von wesentlicher Bedeutung ist. Je nach dem Gewicht, das man dieser Tatsache zumißt, und je nach dem Grad der Beachtung, welche sie erfährt, ergeben sich weit voneinander abliegende Orientierungspunkte für die Beurteilung der Weltlage. Die Tatsache als solche sollte freilich gar nicht strittig sein: Sie ist dadurch gegeben, daß das Wissen über die thermo-nuklearen Prozesse und somit die Kenntnis von der Herstellbarkeit der neuen Waffe *unwiderruflich* in jede Weltlage eingehen, auf die wir in vernünftiger Erwägung des Möglichen und des Wahrscheinlichen in Zukunft noch vorausschauen können.

In einer Situation, in der sich Großmächte mit nuklearem Überpotential darum bemühen, die Zahl und die Entwicklung ihrer Waffensysteme unter Kontrolle zu bringen, wird wohl leicht übersehen, daß der nuklearen Abrüstung durch diese leicht zu konstatierende Tatsache deutlich eine Grenze markiert ist. Sie wird empfindlicher werden, wenn die Zahl der zu nuklearer Rüstung fähigen Staaten weiter angewachsen ist. Die sogenannte Proliferation, die Weiterverbreitung der nuklearen Potentiale, läßt sich nämlich nicht aufhalten, sondern nur verlangsamen und mit dem Ausbau von Kontrollinstanzen begleiten. Wir haben also auf eine Weltsituation vorauszusehen, in der sich auch kleine Mächte mit nuklearer Produktionskapazität gegenüberstehen. Stehen wir doch schon heute kurz vor der Schwelle solcher Situationen (Indien/Pakistan, Israel/Irak oder Ägypten, und nur wenig weiter hergeholt: Großbritannien/Argentinien oder Frankreich/Libyen und Südafrika/andere afrikanische Staaten). Auch Konflikte, in denen ein nuklear bewaffneter Kleinstaat Feinden gegenübersteht, welche nicht über die neue Waffe verfügen, lassen sich sehr leicht voraussehen. Es ist im übrigen bekannt, daß die Gefahr des Einsatzes der Waffe in solchen asymmetrischen Situationen am größten ist, wie sie ja auch das erste und einzige Mal in einer solchen Situation – durch kein Kriegsrecht gedeckt – eingesetzt worden ist. Keine der Großmächte könnte es dahin kommen lassen, daß die eigenen Arsenale nicht mehr ausreichen, um in solchen Konfliktfällen eine überlegene Gewalt in den Machtkalkül einbringen zu können. Dazu kommt die Gefahr, die von Bürgerkriegen in nuklear bewaffneten Staaten ausgehen kann. Die Kontrolle über den Gebrauch der neuen Waffe kann in solchen Situationen zerfallen, so daß zwischen ihnen und einem nuklear bewaffneten Terrorismus ein kontinuierlicher Übergang einträte. Und noch ein ganz anderer Übergang bleibt denkbar: Instabile Staaten können unter die Kontrolle eines Machthabers kommen, von dem man nicht wissen könnte, ob er seine Pläne etwa unter Einschluß der Möglichkeit verfolgt, die neue Waffe im Falle seines eigenen Scheiterns notfalls auch gegen die Menschheit als ganze wirken zu lassen.

So denkt man also gewiß nicht grundsätzlich, wenn man die gegenwärtige politische Gesamtsituation mit der Weltlage identifiziert, die durch die Verfügbarkeit der neuen Waffe eingetreten ist. Die Krisen der Zukunft zeichnen sich über Bevölkerungswachstum, Ressourcenknappheit und Klimaveränderung auch schon so weit ab, daß Konfliktfälle, in denen eine Partei a fond perdu kalkuliert, mehr als marginale Möglichkeiten sind, die zu vernachlässigen wären. Insofern ist davon auszugehen, daß selbst Phasen eines wirklichen und allgemeinen Verzichtes auf alle nuklearen Waffen nur Durchgangsphasen wären. Solche Staaten, die ihre eigene Sicherheit nicht durch Anlehnung an andere Mächte zu gewinnen vermögen, können also gar nicht umhin, sich zumindest ihrer Fähigkeit zur nuklearen Wiederbewaffnung in kürzester Zeit zu versichern. Doch damit geht unabwendbar einher, daß ein Apparat erhalten wird, der diese Wiederbewaffnung besorgen kann und der zugleich auch die jeweils wirksamsten Mittel beherrscht, die zu einer solchen Wiederbewaffnung oder während der Zeit, in der sie erfolgt, aufgeboten werden müßten.

Es ist also sinnlos, sich in eine Welt vorauszudenken, aus der nukleare Information und nukleare Machtpotentiale gänzlich verschwunden sind, – es sei denn, man denke sich zugleich in eine Epoche ohne moderne Wissenschaft zurück. So sehr auch der Gebrauch der neuen Waffe zu verwerfen ist, – aus der sittlichen Einsicht folgt nicht, daß der Zustand, in dem die Frage nach den Bedingungen ihres möglichen Gebrauchs kontinuierlich gestellt bleibt, selbst auch noch einem sittlichen Verdikt unterworfen werden kann. Würde man dieser Folgerung nachgehen, so könnte man fast ebensogut die Verhältnisse unter sittliche Kritik stellen, die in der Welt insofern herrschen, als in ihr Kernkräfte überhaupt bestehen, als diese Kräfte der technischen Beherrschung nicht entzogen sind und als wissenschaftliche Erkenntnis und deren technische Verwertung in ihr möglich sind und weitergeführt werden. Wer die Tatsache als solche verurteilt, daß mit der Verfügbarkeit der Waffe zu rechnen ist, könnte weiter gezogen werden bis hin zu einem Verdikt gegen das Natursystem und gegen den Geschichtsgang, in dem die Rationalität des Menschen freigesetzt wurde, welche beherrschbare Kräfte auch wirklich als solche durchschaut hat. Daran zeigt sich, daß es wohl zur inneren Form des sittlichen Bewußtseins selber gehören muß, Verhältnisse anzuerkennen, die für seinen eigenen Blickpunkt rein nur faktische und kontingente sind, die also nicht für sich schon (etwa als ›Böses‹ oder ›Widerstand‹) eine wie immer geartete Beziehung zur sittlichen Orientierung des Handelns haben. Und daraus folgt wohl schon, daß sie von sittlich Handelnden nur dann umgestaltet werden können, wenn zugleich die ihnen selbst innewohnenden Entwicklungstendenzen auch im Lichte der Frage beachtet werden, ob es überhaupt möglich ist, ihnen diametral entgegenzuwirken.

Wir müssen also die Unbedingtheit der sittlichen Forderung anerkennen und zugleich die Tatsache akzeptieren können, daß wir in eine Welt gebunden sind, in der selbst noch der Gebrauch der neuen Waffe nicht unter jeder Bedingung ohne jede Deckung zumindest durch Rechtsgründe ist. Und in einem damit müssen wir anerkennen, daß aus dem sittlichen Urteil nicht die Folgerung gezogen werden kann, es bestehe eine ebenso unbedingte Pflicht, aus dem Zustand der Verfügbarkeit der Waffe für alle Zeiten herauszufinden. Darum müssen wir – und zwar durchaus in der Absicht, dem sittlichen Primärurteil schließlich doch reale Geltung und Wirkung zu verschaffen – versuchen, diese Situation anders denn überhaupt nur als Ärgernis, Paradoxie und Endzeit der Humanität zu verstehen. In einem damit ist der Versuch zu machen, in dem sittlichen Bewußtsein selbst, dessen Stabilität durch die Situation als solche bedroht ist, die Ansätze zu einer Orientierung über diese Situation und zugleich über sich selbst zu finden. Denn nur in einem mit einer solchen Orientierung wird die sittliche Primäreinsicht mit der Einsicht in nicht zu eliminierende Bedingungen der Handlungssituation zu einer in sich stimmigen Handlungsart zusammengeführt werden können.

23.

Verkürzungen des Problems

Es gibt eine Reihe von Argumentationen, die allesamt eine große und sogar offenkundige Berechtigung haben und die doch dazu geeignet sind, die Verlegenheit abzuschwächen, in der sich das sittliche Bewußtsein findet, das mit der neuen Weltlage konfrontiert ist.

Die atomare Bewaffnung eines Staates vermindert dramatisch die Wahrscheinlichkeit, daß er von anderen Staaten in einen Krieg gezogen wird. Denn die Aussicht auf einen Sieg, der zugleich einen realen Gewinn einbringt, tendiert dann gegen null, während das eigene Risiko schnell bis zur Aussicht auf Selbstzerstörung ansteigt. Man bezeichnet den Einfluß der neuen Waffe auf die negative Bilanz in Kriegskalkulationen als ›Abschreckung‹, – ein Begriff, der schon seit langem eine der Theorien über die Rechtfertigung der Strafandrohung im Strafrecht gekennzeichnet hat. Auf die ›abschreckende‹ Wirkung der Waffe stützt sich die Hoffnung, daß ihre Verfügbarkeit überwiegend zum Guten wirkt und daß sich diese Art ihrer Wirkung als dauerhaft erweisen wird. Würde nur diese Wirkung zu bedenken, also allein ein gesicherter Zustand der Kriegslosigkeit zu erwarten sein, dann würde wohl die Existenz der Waffe auch im sittlichen Sinne leichter angenommen werden können. Zwar ist auch die Drohung mit ihr sittlich anstößig. Wenn aber wenigstens der, der bedroht, immer auch wüßte, daß das, womit er droht, niemals geschehen wird, könnte er sich vielleicht doch entschuldigt wissen, – zumal im Blick auf das Gut der friedenstiftenden Folgen. Wer denen entgegen argumentiert, die aus sittlichen Gründen oder aus kollektivem Lebensinteresse für die Beendigung aller nuklearen Bewaffnung eintreten, hat also einen leicht zu durchschauenden Grund, sich immer zuerst auf die friedenstiftende Wirkung der Abschreckung zu stützen, die auch noch den ›herkömmlichen‹ Krieg und die ihm eigenen Schrecken eindämmt.

Ihm muß dann aber dies entgegengehalten werden: Die Gefahr, aus der Bewaffnung werde man über Zufälle, Fehlkalkulationen und die latente Bereitschaft, eine globale Katastrophe hinzunehmen, in den wirklichen Waffengebrauch hineingleiten, wird von ihm unangemessen als geringes Restrisiko beschrieben. Der immer mögliche eine Fall des Versagens der Wechselbedrohung gegen den Krieg hat nämlich im Vergleich mit den wahrscheinlicheren Friedensfolgen des Kalküls der Bedrohung doch ein inkommensurables Gewicht. Seine Wahrscheinlichkeit wächst zudem, wenn auch nicht nach einfachen Gesetzen der Statistik, über die Zeit, mit der Zahl der nuklear bewaffneten Staaten und mit der Instabilität der globalen politischen Situation.[1] Aus der Tatsache, daß sich große und an der Erhaltung ihrer Macht und ihres relativen Wohlstandes interessierte Staaten über lange Zeit des Gebrauchs der Waffen enthalten haben, könnte eine kleinere Drittmacht nämlich gerade die Folgerung ziehen, daß sie beim wirklichen Gebrauch der Waffe nunmehr ihrerseits ein nur geringeres Risiko laufen werde. Rechnet man also mit langen Zeiten und sieht man die Wahrscheinlichkeit negativer Entwicklung in der global-politischen Lage über diese Zeiten, so wird das Risiko hoch. Es scheint darum die Elimination aller nuklearen Bewaffnung zu gebieten. Doch eben dies

---

1 Joseph S. Nye Jr. diskutiert die Anwendbarkeit des Gesetzes der großen Zahl auf die Weltlage, demzufolge angeblich bei noch so geringer Wahrscheinlichkeit eines nuklearen Krieges die Wahrscheinlichkeit über sehr lange Zeit gegen 100% tendiert, vgl. ›Nuclear Ethics‹, zitiert u. S. 253, Kapitel 5.

ist, wie gezeigt wurde, im Zeitalter der prinzipiellen Verfügbarkeit der Waffe niemals ganz und verläßlich zu erreichen.

Aus der Theorie der Strafe wie auch aus der Debatte über die Strategien der Abschreckung ist zudem die Erwägung bekannt, daß allenfalls die Androhung sehr erheblicher Folgen die Kalkulationen eines entschlossenen und zugleich listenreichen Täters hinreichend beeinflußt. Es ist darum nicht wahrscheinlich, daß die pazifizierende Wirkung der Verfügbarkeit der Waffe auch dann einträte, wenn der, der sie besitzt, ihren Gebrauch allein für solche Fälle im Sinn hat, die nach dem Kriegsrecht noch als legitim beurteilt werden könnten. Auch ein solches Risiko ist sehr hoch, aber vielleicht doch hinnehmbar für einen Aggressor mit weit gesteckten Zielen. Er kann zudem darauf setzen, daß der Angegriffene von einem begrenzten Gebrauch der Waffe durch seine, des Aggressors, Drohung abgehalten wird, die sich an solche Einschränkung gerade nicht bindet. ›Abschreckung‹ geht also verläßlich überhaupt nur von dem wirklichen Schrecken eines kaum noch limitierten Gebrauchs der Waffe aus, – vom eigentlichen Terror in der Vorstellung eines wirklichen Untergangs unter massierten Kernexplosionen. Wenn aber die pazifizierende Wirkung der Waffe von solchen Implikationen abhängig ist, so muß der, der mit ihr droht, nicht nur einen schlechthin verwerflichen Gebrauch ankündigen. Er muß auch auf ihn vorbereitet sein und seine Gegner zudem davon überzeugen, daß damit zu rechnen ist, er sei dazu imstande, zu gerade diesem Gebrauch auch wirklich zu greifen.

Man darf sich nicht darüber hinwegtäuschen, daß der gegenwärtig wirksame Schutz des Friedens durch Wechseldrohung de facto auf Drohungen und Risiken solcher Art beruht. Zwar wissen wir nicht, ob die Hemmungen gegen einen Krieg zwischen den Großmächten auch ohne die neuen Waffen schließlich hinreichend groß gewesen wären. Wenn wir aber, wofür sehr viel spricht, diesen Waffen die eigentlich pazifizierende Wirkung zuschreiben, so beruht sie auf der berechtigten Furcht vor einem Gebrauch, der alsbald über die Grenzlinien der militärischen Planung und der Nutzenberechnung hinausschießt, – des Nutzens auch für den Staat, der die Waffen im Gegenschlag einsetzt. Die Kalkulation mit der Abschreckung schließt also, und zwar sogar als ihr wesentliches und als das für sie charakteristische Bestandstück, die Kalkulation mit der eigenen Irrationalität und sogar der eigenen Unsittlichkeit ein. Man sieht das genauer an folgendem Überlegungsgang, zu dem Gregory Kavka als erster, und überzeugend, die Grundzüge entwikkelt hat:[2]

Die Drohung mit der neuen Waffe dient dazu, einen Gegner vom Gebrauch der Waffe abzuhalten. Wenn der Gegner nun doch die Waffe einsetzt, so hat er einen Grund, dies mit massiver Zerstörungskraft zu tun. Denn damit wäre der, der zuerst getroffen wurde, um möglichst viele seiner Potentiale zum Gegenschlag gebracht. Und er wäre vermutlich auch nicht mehr imstande, durch den Gebrauch der Waffe auf einen militärischen Sieg auszugehen. Würde er dennoch, gemäß der Androhung, nunmehr das Restarsenal seiner Waffe gegen den Angreifer einsetzen, um ihn selbst mit gleicher Zerstörungskraft zu überziehen, so würde er kein politisches Ziel mehr verfolgen. Er würde den Angreifer nur noch bestrafen oder ihm den Genuß eines Sieges verderben, den er aus krimineller Rücksichtslosigkeit erzielte.

Aber dabei müßte er nun selbst gegen die unbeteiligte Bevölkerung des Angreifers auf verbrecherische Weise vorgehen, ohne dafür wenigstens doch den einen Grund zu haben, es sei

---

2 Vgl. u. S. 257. Die Paradoxie von Kavkas Schlußfolgerung, daß die ethisch vertretbare Politik der Abschreckung konsequent nur dann verfolgt werden kann, wenn sie die Bereitschaft zur Selbstkorruption einschließt, gibt Anlaß zur Untersuchung von komplexen Beziehungen zu sich selbst, die eine Folge höherer Stufen der Reflektiertheit des Handelns sind und für die eine solche Konsequenz nicht mehr unvermittelt eintritt.

um den Sieg in einem Konflikt gegangen. Er könnte auch nicht geltend machen, daß er nur ausführt, wozu er vorab entschlossen sein mußte, als er die Gegendrohung ergehen ließ.[3] Denn es ist nicht vernünftig, einen Entschluß auszuführen, mit dem kein Nutzen verbunden ist und der zugleich zu sittlich verwerflichen Handlungen führt. Würde aber der Gegner und künftige Angreifer auch wissen, daß sein Widerpart alle diese Überlegungen anstellen und ihnen folgen wird, so entfiele die abschreckende Wirkung der Gegendrohung. Derjenige, der so bedroht wird, würde damit rechnen können, daß die Drohung gar nicht ausgeführt würde. Er würde sie also nicht ernst nehmen; und so bestünde gar keine Abschreckung.

Aus all dem folgt, daß der Mechanismus der Abschreckung um so wirksamer ist, je mehr es den in Wechseldrohung begriffenen Parteien gelingt, die andere Seite davon zu überzeugen, daß sie selbst sich im Falle eines Überraschungsschlages gegen sie unvernünftig und bösartig verhalten würden. Und das gelingt dann am besten, wenn die jeweils andere Seite davon überzeugt wird, daß der Gegner schon jetzt die Absicht hat, sich im Falle des Versagens der Abschreckung genau so zu verhalten. Damit stellt sich die Frage, in welcher Weise eine Person oder eine Institution im Zusammenhang einer rationalen Kalkulation Entschlüsse fassen und festhalten kann, deren Ausführung weder rational noch sittlich vertretbar sein würde. Diese Frage wird einbegriffen von dem weiter ausgreifenden Problem, von welcher Art die Verfassung der Handlungssubjekte unter der nuklearen Drohung eigentlich ist und in welcher Weise sie ein konstitutives Element der neuen Weltlage ausmacht. Später wird auf dies Problem zurückzukommen sein. Eine Situation aber, in der sich zusammen mit einer lebensbedrohenden Gefahr auch noch solche Fragen der Intentionslenkung und Intentionskontrolle stel-

3 Wie D. Gauthier behauptet, vgl. u. S. 257.

len, gibt wenig Grund zu einer frühen Beruhigung bei dem
Gedanken an hinreichend verläßliche politische Wechsel-
abhängigkeiten. Man kann sich nicht darauf verlassen, daß
Abschreckung für sich allein und in sich selbst nichts als Friedenssicherung ist. Wenn daraus aber dennoch nicht die Folgerung gezogen werden kann, das Unmögliche zu tun und die
Waffe, welche die abschreckende Wirkung entfaltet, gänzlich
zu beseitigen, so drängt sich nunmehr die Notwendigkeit
einer anderen Folgerung auf, die in die entgegengesetzte
Richtung weist: nicht hinter die nuklearen Bedingungen der
Abschreckung zurückzugehen, sondern über sie hinauszukommen dadurch, daß die Potentiale der Abschreckung in
eine Friedensordnung eingebunden werden, die ihrerseits
nicht mehr geradezu auf der Abschreckung als solcher, sondern auf der wechselseitigen Zustimmung zu ihrer Einbindung beruht. Mit dieser Schlußfolgerung hat sich zum ersten
Mal die Perspektive erschlossen, in die über den Gang der
Untersuchung auch alle weiter noch zu gewinnenden Gründe
weisen werden.

24.
Überleben der Menschheit unbedingtes Gebot?

Wir haben nun noch zwei weitere Argumentationen zu betrachten, die, anders als die vorausgehenden, die faktische
Problemlast nicht möglichst niedrig ansetzen wollen, welche
aus der Verfügbarkeit der neuen Waffe hervorgeht. Sie gehen
vielmehr umgekehrt darauf, in einer komplexen Situation die
Klarheit sowohl der sittlichen Beurteilung wie auch einer
Handlungsperspektive zu erhöhen. In beiden Fällen wird von
der Grundprämisse ausgegangen, daß ein Handeln, welches
auch nur das Risiko eingeht, zuletzt auch noch die Existenz
der Menschheit selbst zu zerstören, unter gar keinen Umständen gerechtfertigt werden kann.

Es ist schwer, all das zur Klarheit zu bringen, was sich uns mit dem Gedanken verbindet, nicht kosmische Katastrophen, sondern ihr eigenes Können und Handeln möchte die Menschenart von der Erde verschwinden lassen. Er löst den Schrecken eines Endes aus, in dem auf niemanden mehr noch irgendeine Hoffnung zu setzen ist; er läßt die Einsicht in die Nichtigkeit aller menschlichen Dinge aufdämmern, die von einer ihnen gegenüber gleichgültigen Natur in die Selbstzerstörung gezogen werden, – und vieles mehr, dem später noch nachzugehen sein wird. Es muß außer Frage stehen, daß sich sowohl die Realität wie das Bewußtsein des nuklearen Zeitalters um den Gedanken von eben dieser Möglichkeit ausbilden. Und so sollte man die Wirkung, die von ihm ausgeht, nicht durch solche Erinnerungen auffangen wollen, die vielleicht mit einfachem Recht in das Leben eines jeden Einzelnen gesprochen werden können wie etwa der, daß das »Leben der Güter höchstes nicht« sei. Es ist wohl wahr, daß dem ›Überleben‹ in unserer Zeit eine veränderte Bedeutung und ein ganz neues Wertgewicht zugewachsen ist.[4] Es ist nunmehr wirklich Ziel, nicht nur Befund, – aber nicht nur deshalb, weil die Mentalität der Familie oder des braven Soldaten Schwejk alles Wissen von höheren Zielen aus ihren Froschperspektiven heraus unterminiert hat. ›Überleben‹ ist vielmehr zu einem Gedanken aufgestiegen, der aus den allgemeinsten Weltverhältnissen Halt und Dringlichkeit gewinnt. Und infolgedessen ergeben sich Verlagerungen in der Zuordnung von Werten und Gütern auch für die, welche dem Sog zur Kontinuierung der bescheidenen Vergnügungen des Lebens nicht einfach nur nachgeben, der aus jenen Verhältnissen allerdings auch hervorgeht.

Trotz alledem hat das Überleben der Art homo sapiens auch unter den neuen Verhältnissen nicht den Rang eines mit

4 Vgl. u. S. 237, zum Aufstieg von ›Selbsterhaltung‹ zu einem Grundgedanken der modernen Philosophie im übrigen vom Vf. ›Selbstverhältnisse‹, Stuttgart 1982, S. 83–130.

nichts zu vergleichenden Gutes oder Imperativs. Und man muß auch daran zweifeln, ob, so wie Derek Parfitt meint, der Tod des letzten 1 % der Menschheit gegenüber dem Tod von 99 % das größere Übel wäre.[5] Es ist nicht einmal ganz schwer, sich eine Situation auszumalen, in der *gegen* das Überleben der Menschheit zu optieren wäre, – und zwar in klarer Einsicht der sittlichen Richtigkeit einer solchen Entscheidung: So etwa dann, wenn ein wahnsinniger und barbarischer Weltenherrscher, für den der Gedanke, der letzte Herrscher überhaupt zu sein, von überwältigender Eindringlichkeit ist, dies verlangen würde und durchsetzen könnte: Entweder alle Menschen zu sterilisieren oder alle Kinder zu ermorden, mit der Ausnahme von 1 %. Mit der zweiten Option wäre das Überleben der Menschheit garantiert, und doch wäre sie offenkundig sittlich unannehmbar. Denn die lebenden Menschen und die Lebensmöglichkeit der Kinder sind gegenüber dem Leben der Art das inkommensurabel höhere Gut. Die Alternative selbst, die in der Absicht gestellt wurde, die Menschen möchten mit dem Tyrannen gemeinsam das monumentale Datum des Abschlusses der Menschheit wählen, würde im übrigen eher einen letzten verzweifelten Aufstand gegen ihn auslösen.

Dies und ähnliche Beispiele seien nicht weiter erwogen. Beispielfälle, die das Ende der Menschheit betreffen, kann man ohnehin nur mit einem Unbehagen ausdenken, das sich aus dem Mißverhältnis zwischen Federgeschäft und Todesgeschick ergibt. Doch genügt, was gesagt wurde, um uns nicht vergessen zu machen, daß uns das nukleare Zeitalter eine Last auferlegt, die keiner, der in ihm lebt, selbst herbeigewünscht oder herbeigeführt hat: Wir können der Frage nicht mehr schlechtweg ausweichen, unter welchen Bedingungen wir bereit und womöglich sittlich dazu genötigt wären, das Ende der Menschheit zu riskieren. Und wir müssen ebenso fragen,

---

5 Derek Parfitt, ›Reasons and Persons‹, Oxford 1984, S. 453/54.

mit welchen Gedanken wir in ein solches Ende gehen würden, wenn es allen Bemühungen zum Trotz über uns gekommen wäre.[6]

25.
Der Nuklearpazifismus
und die Abschätzung der Folgen

Man kann der ersten dieser Fragen selbst dann nicht entkommen, wenn man aus der Größe und dem Schrecken des Übels
die Folgerung zieht, der Nuklearpazifismus sei als politische
Option geboten. Versteht man unter ihm den Nichtgebrauch
der neuen Waffe rein für sich, so ist damit nur die sittliche
Primärpflicht noch einmal formuliert, – nunmehr nicht allein
wegen der Bedrohung für unbeteiligte Dritte, sondern im Bewußtsein davon, daß die Waffe die Existenz der Menschheit
bedrohen kann. Doch insoweit ist noch keine politische Stel-
lungnahme erreicht, die innerhalb einer Situation bezogen
werden soll, welche durch die Verfügbarkeit der Waffe charakterisiert ist. So könnte sich der Nuklearpazifismus also
nur als ein Programm verstehen, das dahin wirken will, daß
die Nationen der Welt auf nukleare Waffen verzichten. Aber
auch dann wäre er noch nicht aus Überlegungen entlassen,
welche anderes betreffen als die Frage, wie sich dieses Ziel
möglichst schnell und umfassend erreichen läßt. Daß es nicht
zur definitiven Abschaffung wirklich aller nuklearen Waffen
unter Einschluß auch der Fähigkeit, sie schnell wiederherzu-
stellen, führen wird, ist zuvor schon gezeigt worden. Insofern ist der Nuklearpazifismus nur solange ein Programm,
das sich in realistischer Beurteilung der Weltlage verfolgen
läßt, wie Nuklearwaffenfreiheit allein als ein idealer Zustand
gedacht wird, dem die wirkliche Weltlage möglichst weit *an-*

6 Vgl. u. S. 245 f. u. S. 267.

genähert werden soll. Wer den Nuklearpazifismus in diesem Sinne vertritt, darf aber bei der Erwägung seiner Handlungsart durchaus nicht von den Folgen abstrahieren, die sich aus Stadien in dem Prozeß der Abschaffung der Waffen ergeben, den der Nuklearpazifist einleiten und bis zum möglichen Ende treiben will.[7] Versteht es sich doch nicht von selbst, daß mit jedem Schritt der Verminderung der nuklearen Arsenale, auch mit den einseitigen, ebenso auch die Kriegsgefahr schrittweise abnimmt. Solche Schritte können destabilisieren und darum selbst auch zur Auslösung von bewaffneten Konflikten führen, die zunächst ohne nukleare Waffen ausgetragen werden, die aber dann doch in einen nuklearen Krieg hinübergleiten. So könnte der Nuklearpazifismus, gewiß wider Willen, über eine Nebenfolge eben das mitbewirken, was er unbedingt vermeiden wollte. Dem ist noch hinzuzufügen, daß auch von dem Endzustand, der allenfalls erreicht werden kann und in dem die Verfügbarkeit der nuklearen Waffen so weit zurückgedrängt wie irgend möglich ist, durchaus nicht feststeht, ob er es ist, in dem auch die Wahrscheinlichkeit eines nuklearen Krieges die allergeringste ist.

Solange also der Nuklearpazifismus sich nicht auf ein Gebot stützt, das unbedingt und somit ohne Ansehen irgendwelcher Folgen und Weltlagen auch unmittelbar in Handeln umgesetzt sein will, – solange er sich also über die Abschätzung von Folgen begründen will, solange ist er auch in dieselben Folgekalkulationen verstrickt, welche von der Strategie der Abschreckung zu ihren Gunsten geltend gemacht werden. Er beurteilt die Folgen nur in den jeweiligen Umständen auf andere Weise. Es mag sein, daß in gewissen Situationen und Regionen der Erde die Option, die aus den nuklearpazifistischen Grundorientierungen folgt, diejenige ist, die mehr zur Abwehr der Menschheitsgefahr beiträgt. In anderen Situatio-

---

7 Hier und im Folgenden befasse ich mich kritisch mit der Position von Ernst Tugendhat, vgl. u. S. 256.

nen wird er dagegen wirklich und durchaus auch absehbar die Gefahr des Ausbruchs nuklearer Konflikte sogar noch vergrößern. Schließlich lassen sich auch Situationen denken, in denen das beste Resultat dann eintritt, wenn beide Begründungsweisen gleichzeitig einen gewissen Einfluß auf das politische Verhalten der Staaten gewinnen. Dann ist es nicht eine bestimmte Politik, sondern die objektive Folge mehrerer politischer Einflüsse, welche die erwünschte Wirkung hat. Doch diese Möglichkeit kann die nicht irritieren, die von Kompromissen im allgemeinen auch dann Gutes erwarten, wenn sie nicht darauf beruhen, daß man in einer Debatte zu einer gemeinsamen Meinung gefunden hat. Eine nuklearpazifistische Argumentation wird aber dann widersprüchlich, wenn sie die Stärken zweier Positionen, die miteinander unvereinbar sind, zur gleichen Zeit für sich in Anspruch nimmt und wenn sie dabei auch gleich noch davon ausgeht, daß sich aus beiden hinsichtlich der neuen Waffe genau dieselbe Folgerung herleitet: die ethische Primärpflicht, die als in jedem Falle zu respektierende Handlungsanweisung verstanden wird, und die an Konsequenzen orientierte Berechnung der bestmöglichen Handlungsanweisung in Absicht auf die Erhaltung des Lebens der Menschheit. Die Besinnung auf die Lage der Menschheit im nuklearen Zeitalter hat eben dies zu einem ihrer wesentlichsten Resultate, daß eine solche einfache Harmonie zwischen einem unbedingten sittlichen Imperativ und einem wohlerwogenen Kalkül des strategischen Handelns außerhalb des Bereiches unserer begründeten Hoffnung liegt. Würde der Nuklearpazifismus dies anerkennen, so müßte er sich in eine andere Position verwandeln: Von dieser Position her ließe sich nur noch geltend machen, daß ein Handeln, das sich als nuklearpazifistisch ausgibt, in einer bestimmten Weltlage die größte Aussicht auf wirkliche Pazifizierung hat. Das aber ist nicht mehr Nuklearpazifismus im Grundsatz, sondern eine sittlich begründete Strategie, die sich ebenso wie andere von der Diagnose einer bestimmten globalpolitischen Situation und den in ihr gegebenen Handlungsaussichten her begründen muß.

26.
Primärpflicht und Weltlage

Diese Erkenntnis setzt einen Markstein für sittliche Besinnung. Er orientiert zugleich über die Aufgaben einer ethischen Theorie, deren Anlage nicht unmittelbar zur Folge hat, daß sie vor der Problemlage des nuklearen Zeitalters bald versagt und, statt sich in deren Analyse einzulassen, nur den sittlichen Imperativ mit gesteigertem Nachdruck geltend macht.

Freilich ist es wahr, daß jeder nukleare Krieg und mehr noch die Nuklearkatastrophe nicht nur irgendein Übel sind, das in das Rechtssystem und in das sittlich gebildete und geordnete Leben der Menschheit einbricht. Betrachtet man sie als Handlungen von Individuen, so sind sie ein Geflecht von Untaten, deren Ausmaß auch in den gesuchtesten Phantasien nur schwer überboten werden kann. Man kann in ihnen leicht auch Angriffe gegen alle Rechtssysteme und gegen alle Institutionen sehen, in denen sittliche Neutralität und Güte verankert sind. Denn sie würden den rechtlich geregelten Umgang und die Fähigkeit zu sittlicher Lebensführung überall dort niederschlagen, wo sich solche Handlungen ausbreiten. Während ehedem gesagt werden konnte, daß der Krieg einige der Tugenden des Menschen und seine selbstlose Opferbereitschaft aufruft und zur höchsten Entfaltung bringt, würde dieser Krieg nur noch im Austragen seiner Folgen dem Edelmut und der Tapferkeit einen Raum geben, deren Ort aber der unausweichliche Untergang wäre. Es kann also keine sittlichen Imperative geben, die mit größerer Klarheit fordern, daß etwas zu unterlassen sei, als der Imperativ, der die Vermeidung des nuklearen Krieges zur Primärpflicht macht.

Dem steht nun aber entgegen, daß die Überlegungen, welche von der Verwicklung des Handelnden in historische Realitäten ausgingen, dem Ergebnis nicht ausweichen konnten, daß es Situationen geben kann, in denen nicht nur die Drohung mit der neuen Waffe, sondern sogar ihr wirklicher Gebrauch nicht mehr schlechtweg verworfen werden können, – in denen gesagt werden muß, daß ihr Einsatz womöglich rechtlich begründet sein und auch nicht offenkundig und in jeder Beziehung als sittlich verwerflich gelten kann.

Diese beiden Resultate stehen in einem krassen Gegensatz zueinander. Und da es nicht möglich ist, ihm zu entkommen, müssen entweder Zweifel an der Aussagekraft der sittlichen Beurteilung aufkommen oder aber ein vertieftes Verständnis eben des sittlichen Bewußtseins gewonnen werden, das in eine solche aporetische Situation gelangt, ohne doch in ihr dazu verurteilt zu sein, zerfallen zu müssen. Ist auch das zweite Resultat aus korrekter Prüfung aller Argumente hervorgegangen, dann ist es jedenfalls unmöglich geworden, den sittlichen Imperativ der Primärpflicht weiterhin frontal gegen die Wirklichkeit der nuklearen Weltlage aufzurichten und angehen zu lassen. Umgekehrt ist es ebenso unmöglich, die sittliche Primärpflicht für einen bloßen Schein zu erklären, ohne daß damit zugleich auch dem sittlichen Bewußtsein die Kompetenz bestritten wird, eine der horrendesten Verletzungen seiner Prinzipien als solche überhaupt zu beurteilen. Es ist klar, daß dies darauf hinauslaufen würde, dem Prinzip der sittlichen Neutralität jede Geltung jenseits der befriedeten Sphären der Familien und der bürgerlichen Gesellschaften zu bestreiten, was wiederum nichts anderes als das Dementi seines gesamten Geltungsanspruches wäre. Wer nämlich einmal weiß, daß sittliche Urteile überhaupt nur unter der Bedingung der Entlastung von Notlagen in sein Handeln eingreifen dürfen und können, der kann praktisch jederzeit für sich den Bestand einer solchen Notlage geltend machen und beanspruchen, auf diese Weise zwar wohl nicht sittlich richtig zu handeln, aber doch so zu handeln, daß, was immer er tut, keinem sittlich begründeten Verdikt mehr zu unterwerfen ist.

Es gibt also nur eine Möglichkeit, die Realität des Gegensatzes anzuerkennen, ohne damit in die Konsequenz genötigt zu werden, das sittliche Bewußtsein selbst für irreal und unfundiert erklären zu müssen: Man muß dem sittlichen Bewußtsein selbst die Möglichkeit zu einer Vertiefung und Verwandlung zuschreiben. Diese Vertiefung müßte zur Folge haben, daß das sittliche Bewußtsein die Primärpflicht anerkennen und an ihrer Gültigkeit festhalten kann, *ohne* zugleich darin aufzugehen, diesen Imperativ gegen die Realität der neuen Weltlage aufzurichten und in einem damit die Lage, die Handlungszwänge nach sich zieht, nunmehr auch als solche zu verurteilen und den Austritt eines jeden, der guten Willens ist, aus dieser Weltlage kategorisch einzufordern. Doch muß ihm die Möglichkeit einer solchen Verwandlung in seiner Eigenschaft als sittlichem Bewußtsein zugesprochen werden können. Und darum würde ihm eine Verwandlung dann gerade nicht zugesprochen sein, wenn ihm nur angesonnen würde, sich der Realität in dem Maße zu unterwerfen, in dem sich dies als unausweichlich erweist, und immer dann zu sich selbst zurückzufinden, wenn sich in der Wirklichkeit eine Nische auftut, in der die ihm eigene Perspektive in Hinsicht auf die Richtigkeit des Handelns wiederum einzugreifen vermag. Den destruktiven Folgen, welche die Unausweichlichkeit jenes Gegensatzes für die Beglaubigung des sittlichen Bewußtseins hätte, läßt sich also nur entkommen, wenn dem sittlichen Bewußtsein jene Dynamik der Entwicklung zugesprochen werden kann und muß, von der schon die Rede war, – eine Dynamik, welche es aus seiner inneren Verfassung heraus in einen Stufengang der Vertiefung seiner selbst verweist, – und zwar so, daß auf einer solchen Stufe seiner Entfaltung die beiden Glieder jenes Gegensatzes umgriffen werden können, ohne daß die Evidenzen, die auf jeder seiner beiden Seiten haben geltend gemacht werden können, abgeschwächt oder zurückgenommen werden müssen. Diese schwierige Aufgabe zu lösen ist eine Minimalbedingung, unter der eine Ethik steht, welche eine Orientierung über die Richtigkeit einer Handlungsart auch in Beziehung auf eine Weltlage, und insbesondere auf diese Weltlage, zu geben vermag.

27.
Lichtpunkt sittlicher Orientierung

Das Bewußtsein, aus dem die sittliche Primärbeurteilung hervorgeht, ist der Ausgangspunkt aller sittlichen Besinnung. Der Gang der Ausbildung, den das sittliche Bewußtsein nimmt, ist auch insofern als Vertiefung zu bezeichnen, als es die Primärevidenzen seiner Neutralität niemals preisgibt. In allen Stufen dieses Ganges sind sie einbegriffen und auf neue Weise zur Geltung gebracht. Was dagegen aufgegeben werden muß, ist die Unmittelbarkeit der Konfrontation von Imperativ und Realität, die sich daran zeigt, daß die Unbedingtheit eines Imperatives immer als verletzt und mißachtet gelten muß, der nicht in jeder Situation unmittelbar das Handeln auch wirklich bestimmt.

In Konfliktsituationen, die von der Art sind, daß beide Handlungsalternativen unter verschiedenen, aber jeweils in ihrer Weise auch sittlich berechtigten Gesichtspunkten anzuerkennen sind, kann das sittliche Bewußtsein nicht in jener Konfrontation verharren. Denn ihm ist nun die Möglichkeit entzogen, vom sicheren Felsgrund seiner Beurteilung aus in eine Welt zu blicken, die zwar nicht seiner Macht, wohl aber seinem Wissen und Wollen nur gegenübersteht. Ihr nicht nur unterworfen zu sein, heißt für es nunmehr, in einer Weise in sie einzugreifen, die innerhalb ihrer den Primärevidenzen des Urteils allererst die Aussicht darauf eröffnet, respektiert und verwirklicht werden zu können – und zwar ohne Verwicklung in weitere Konflikte. Wenn das primäre sittliche Bewußtsein für sich allein noch nicht dazu ausreicht, die eigenen Imperative gegenüber der Welt in voll bestimmte Handlungsanweisungen umzusetzen, so muß ihm Unvollständigkeit zugeschrieben werden. Es ist (metaphorisch, aber angemessen gesprochen) ein *Lichtpunkt*, an den sich alle sittliche Orientierung anzuschließen hat.[8] Als solcher ist es ein verläßlicher und beständiger Ausgangspunkt der Besinnung. Aber es klärt nicht auf über alle sittlich relevanten Aspekte in den komplexen Zusammenhängen, innerhalb deren sich eine sittlich begründete Handlungsart auszubilden hat. Von ihm her muß sich allererst eine Verständigung entfalten, die eine Übersicht gibt nicht nur über alle Dimensionen berechtigten Handelns, sondern auch über die eigene Verfassung des sittlichen Bewußtseins in seiner Beziehung zur Domäne jenes Handelns, – und zwar unter Einschluß der historischen und der politischen Weltlagen.

Unser Überlegen ist nunmehr auf einen Stand gekommen, der es möglich und ebenso auch notwendig macht, die Analyse der Verfassung des Kerns des sittlichen Bewußtseins wieder aufzunehmen. Sie wurde begonnen, um eine Regel formulieren zu können, aus deren Anwendung der Gebrauch der neuen Waffe sittlich beurteilt werden kann. Und sie führte bereits dahin, drei Dimensionen im Kern des sittlichen Bewußtseins zu unterscheiden. Es wurde auch schon deutlich, daß sie aus inneren Gründen jeweils für sich in eine Entwicklung kommen können, die sie schließlich in Konfliktlagen mit den anderen Dimensionen zieht. Die drei Dimensionen sind die der Regelbeurteilung, der sittlichen Motivation und der Absichten eines sittlich bestimmten Handelns.

In der Folge haben wir uns auf die zweite und dritte dieser Dimensionen zu konzentrieren. Es hat sich früher schon gezeigt, daß die Regelbeurteilung selbst und als solche in Konflikte führen kann, – sowohl beim Abwägen verschiedener

8 Vgl. u. S. 259 f.

Handlungsmöglichkeiten, die allesamt richtig wären, wie auch beim Gebrauch von Regeln der Neutralität unter verschiedenen Ausgangsbedingungen, – so wie etwa in der sittlichen Primärbeurteilung einerseits, im Völkerrecht andererseits. So wurde schon deutlich, daß das sittliche Bewußtsein nicht dadurch stabil werden kann, daß es nur darauf beharrt, seine Primärbeurteilung müsse unmittelbar das wirkliche Handeln bestimmen. Doch aufgrund dieser Einsicht allein läßt sich noch nicht begreifen, in welcher Weise und aus welchen Gründen im sittlichen Bewußtsein eine Vertiefung und Verwandlung Platz greifen kann. Und das erklärt sich wieder daraus, daß der Kern dieses Bewußtseins eben mehr einschließt als die Dimension der Regelbeurteilung. Verwandelt es sich überhaupt, so in allen seinen Dimensionen und aus Gründen, die aus ihnen allen hervorgehen.

28.
Die sittliche Primärmotivation

Die sittliche Regelbeurteilung von Handlungen kann nur dann im Handeln einer Person wirksam werden, wenn sie auch in die Motivationen des Handelnden eingreift. Überdies haben wir gesehen, daß die Beurteilung als solche nicht nur die Handlungen, sondern auch die Motive des Handelnden selbst betrifft. Sittlich richtig ist nur ein Handeln, das aus einem Interesse an der Verwirklichung der richtigen Handlungsweisen und Handlungsziele erfolgt. Man kann also davon ausgehen, daß der Gedanke von einem Ausgangs-Lichtpunkt und einem Kern des sittlichen Bewußtseins immer auch einen Gedanken von der sittlich richtigen Motivation einschließt.
Die Klärung dieses Gedankens gehört zu den am meisten vernachlässigten Themen der neueren Ethik, während sie in deren klassischen Perioden eines ihrer zentralen Probleme war. Es gibt weder ein gesichertes Wissen noch auch eine gegen

Befremdlichkeit gesicherte Sprache, in der bisher diese Klärung unter Theoriebedingungen der Gegenwart wieder aufgenommen werden konnte. Doch kann man über Bewußtseinslagen, die handlungsrelevant sind, nichts Haltbares wissen, wenn die Motivationsprobleme außer Betracht bleiben.[9]

In der sittlichen Primärmotivation gehen zwei Faktoren zusammen: Respekt für Gründe, aber auch eine entgrenzte Identität der Person. Die Regel der sittlichen Beurteilung ist ein Prinzip, das Neutralität gegenüber den Interessen des Einzelnen ermöglicht und zugleich fordert. Sie bliebe gegenüber dem wirklichen Handeln machtlos, das ihm nur gelegentlich und immer nur dann entsprechen würde, wenn die eigenen Interessen ohnehin in etwa dieselbe Handlung nahelegen, wenn nicht in der Rationalität des Beurteilungsprinzips auch eine Kraft gelegen wäre, die dahin wirkt, daß die Reflexion auf eigene Interessen zum Stillstand kommt. Sie ist nicht grundverschieden von der Kraft, die auch für unbefangene theoretische Reflexion die Voraussetzung ist. Auch Denken würde immer wunschgerecht bleiben, wenn die Ergebnisse der Reflexion nicht der Steuerung des Denkens durch Wünsche Einhalt gebieten könnten. Nur ist der Zusammenhang zwischen Neutralitätsprinzip und Handlungsimpuls im sittlichen Bereich viel enger. Das Neutralitätsprinzip macht sich unmittelbar in der Besinnung des Handelnden auf die mögliche Richtigkeit seiner Handlungen geltend und hebt diese Besinnung über Fragen der Zweckgerechtigkeit hinaus.

Aber Motivationsfragen sind immer auch Fragen der Motivations*stärke*. So mag zwar die neutrale Handlungsbeurteilung einen Bruch in die naturwüchsige Selbstverständlichkeit eines praktischen Denkens bringen, das nur die eigenen Interessen

---

9 Beachtet ist dies in Thomas Nagels ›The Possibility of Altruism‹, Oxford 1970, und ›The View from Nowhere‹, Oxford u. a. 1986.

des Handelnden verfolgt. In wirkliches Handeln umgesetzt ist damit das Ergebnis der Beurteilung noch lange nicht. Man muß also annehmen, daß der Öffnung für das Beurteilungsergebnis auch ein positiver Handlungsimpuls entspricht. Er müßte stark genug sein dafür, daß sich um ihn eine Handlungsart ausbilden kann, welche die gleiche Konstanz und Stabilität hat, die auf der Seite der Beurteilung rein als solcher durch die Einheit und Allgemeinheit der Beurteilungsregel repräsentiert ist. Ein Handlungsimpuls solcher Art kann nicht aus irgendeinem naturwüchsigen Interesse hervorgehen. Darum kann er nur mit der Verfassung der Person verbunden sein, die Gründe erwägt und Handlungsweisen zu organisieren vermag. Kraft der Begründungen, welche eine solche Person erwägen kann, ist ihre Orientierung auf einen Bereich verwiesen, der über die jeweilige Lebenssphäre der Person weit hinausgreift, in der ihre Interessen ihren Ursprung und ihre Ausrichtung haben. Und die Neutralität des sittlichen Beurteilungsprinzips verlangt zudem von dieser Person, daß sie sich selbst unter einem Gesichtspunkt zu betrachten weiß, der alle Handelnden und die Bereiche ihres Handelns ebenso einbegreift. Sich als Person in dieser Weise zu entfalten und zu stabilisieren, kann dem Leben einer Person ein Ziel geben, das auch durch seine Motivationskraft alle anderen Handlungsimpulse aufwiegt. Man kann von dieser Motivation auch nicht sagen, daß sie der Einsicht des Richtigen nur äußerlich beitritt und ihr eine Kraft gibt, die dem, was in der Einsicht selbst gefordert wird, eigentlich fremd bleibt. Das Ziel, eine Person zu sein, in der jene Einsicht einen Ort ihrer Verwirklichung hat, ergibt nämlich ein Motiv, das von der Einsicht abgelöst nicht einmal denkbar wäre. So könnte man auch denken, daß sich dieses Ziel seinerseits nur daraus erklärt, daß die Forderung der sittlichen Neutralität in der praktischen Orientierung eines Menschen sozusagen Wurzeln geschlagen hat. Und daran ließen sich neuerliche Betrachtungen über das anschließen, was Freiheit in Beziehung

auf das Wollen als solches, und was somit innere Freiheit ausmacht, von denen hier aber abgesehen wird. Es genügt, den
Zusammenhang zwischen sittlicher Einsicht und der Verfassung einer handelnden Person einsichtig gemacht zu haben.

29.
Verwandelte Motivation

In eben diesem Zusammenhang liegt nun aber der Grund dafür, daß sich das sittliche Bewußtsein über die Motivations-
seite seiner Richtigkeit hinaus weiter entwickeln und vertiefen muß. In der sittlichen Grundmotivation ist nämlich in
eben der Weise ein Ansatz zu einer Zweideutigkeit gelegen
wie in der sittlichen Grundbeurteilung ein Ansatz zur Kollision zwischen Handlungsweisen und -zielen. Die sittliche
Motivation schließt sich an die Neutralität des Gesichtspunktes der sittlichen Beurteilung an. So ermöglicht sie eine Handlungsart, über die Personen eine Verfassung gewinnen, welche sie zur durchgängigen Übereinstimmung mit sich selbst
bringt. Und diese Identität gewinnen sie eben dadurch, daß
sie ihre naturwüchsigen Interessen hintanzustellen wissen
und insofern in eine Übereinstimmung auch mit einem universalen Zusammenhang kommen, der objektiv im Sinne von
›richtig‹ ist und in dem alle Handelnden miteinander verbunden sind. In diesem Sinne ist er ein Weltzusammenhang, nicht
ein solcher nur innerhalb einer besonderen Lebenslage.
Aber diese Identität, die aus der Preisgabe einer naturwüchsigen Selbstzentrierung hervorgeht, kann doch nicht auf eine
Dauer gestellt werden, die in der sittlichen Beurteilung selbst
noch als richtig gelten kann. Die Neutralität, welche über das
sittliche Urteil zum Nukleus der Verfassung einer Person
wird, kommt vielmehr in einen Konflikt mit der neuen Form
des Interesses an sich selbst, das durch die sittliche Orientie-

rung des Handelns allererst ermöglicht worden ist. In die Handlungssituationen, die sich in ihrem Leben ergeben, tritt die Person ein mit dem einzigen Interesse an der Richtigkeit ihres Verhaltens, – insofern in einem Gegensatz zur Welt insgesamt und mit einer Besorgnis, die sich zwar durch ihren Grund, nicht aber durch die Richtung ihrer Grundintention von ihren naturwüchsigen Lebensinteressen unterscheidet. Und so tendiert das Interesse an der Richtigkeit des eigenen Handelns dahin, schließlich zur Vorherrschaft über die reine Sachlichkeit ihrer sittlichen Einsicht zu kommen. Die Extremgestalt dieser Bewußtseinslage ist bekannt aus der moralisierenden Selbstbezogenheit des pubertierenden Jugendlichen. In ihr bilden richtige Urteilsfindung und die aggressive Betonung der eigenen Integrität ein nicht auflösbares Syndrom.

Eine solche Motivverfassung kann aber selbst nicht mehr als sittlich richtig anerkannt werden. Denn in ihr hat sich das sittliche Interesse, das auf Neutralität begründet ist, selbst noch zu einem Eigeninteresse an der Kraft und der Entschränkung der einzelnen Person verkehrt. Schon darin ist die Notwendigkeit begründet, daß sich das sittliche Bewußtsein auch auf der Seite der Motivation verwandelt – und zwar so, daß die Selbstgenügsamkeit und das primäre Eigenrecht der sittlichen Beurteilung im motivierten Handeln der Person erneut, aber auf andere Weise und damit erst eigentlich, Platz greifen.

Verwandeln aber muß es sich so, daß einerseits die Neutralität der Beurteilung erhalten bleibt, daß sich aber andererseits die Distanz zwischen den Weltgehalten und der Identitätsfindung der Person auflöst. Nun ist die Neutralität des Urteils eine solche, die verlangt, daß andere Personen, die in Handlungssituationen einbezogen sind, in der gleichen Weise wie ich selbst bei der Bestimmung meiner Handlungsart berücksichtigt werden müssen. Infolgedessen wird die Aufhebung der Selbstzentrierung, die auf der sittlichen Primärstufe fortbesteht, zuerst das Verhältnis zu diesen Personen verwandeln. Dies geschieht dann, wenn sie nicht nur deshalb Rücksicht erfahren, weil die sittliche Richtigkeit es verlangt. In den Gedanken sittlicher Richtigkeit geht vielmehr nun ein Verhältnis des Handelnden zu solchen Personen ein, in dem sie selbst als Zentren eigenen Lebens und Handelns zugleich auch das Zentrum der Handlungsorientierung dessen ausmachen, der sich zu ihnen verhält. Ihr Leben ist nicht mehr nur in Handlungssituationen einbezogen, die für den, der sein eigenes Handeln an sittlicher Richtigkeit orientiert, zu Applikationsfällen der Grundregel des Richtigen werden. Als sittlich richtig gilt nun eine Intention, etwa die der praktischen Fürsorge, kraft deren der Handelnde auf das ganze Leben des anderen ausgerichtet und eingelassen ist. Auf diese Weise ergibt sich aus dem Gedanken der sittlichen Richtigkeit die wichtige Folgerung, daß, wer guten Willens ist, konkrete und zugleich sittliche Lebensbedingungen mit anderen Menschen eingehe.

Dies Ergebnis kann wie ein Paradoxon anmuten, gar wohl wie ein Rückfall in Motivationen, welche von der sittlichen Neutralität unberührt sind. Man kann nämlich meinen, es sei eines der natürlichsten Bedürfnisse des Menschen, in selbstlosen Bindungen eine Erfüllung zu finden. Und doch ist es eine offenkundige sittliche Wahrheit, daß der nicht guten Willens ist, der nicht imstande dazu ist, erfüllende personale Beziehungen einzugehen (wie Freundschaft, an die Personalität des Anderen gebundene Liebe, oder Einbindung in Institutionen, die zugleich Personenverbände sind).

Für den, der in solchen Beziehungen steht, vermehren sich freilich auch die sittlichen Konfliktquellen. Denn Bindungen begründen Ansprüche und Rechte auf besondere Rücksichten. Sie stehen zu dem primären Neutralitätsprinzip in einer Spannung, die sich niemals ganz aufheben läßt. Zugleich beruhen solche Bindungen aber doch auf der Anerkennung des Primärprinzips sittlicher Beurteilung, so daß sie also nicht verstanden werden können als Dementi und Aufhebung von dessen Anspruch. Selbstlos in irgendeinem Vernunftsinn können solche Bindungen nämlich nur dann sein, wenn sie in *jeder* Person ein Zentrum sehen, an das sich solche Beziehungen anschließen können und sollen. Insofern bleibt die (besondere) sittliche Soziabilität an (allgemeine) sittliche Solidarität gebunden, wenngleich nicht über das Mißverständnis, als gebiete es die sittliche Neutralität dann, wenn sie sittliche Motivation zur sittlichen Bindung vertieft hat, eine solche vertiefte Beziehung schlechthin zu allen Personen einzugehen. Der tätige Respekt vor den Bindungen anderer und die Einsicht, daß kein Mensch jedermanns Freund sein kann, sind voneinander zu unterscheiden, nicht aber voneinander abzutrennen. Jener Respekt ist nur die andere Seite der Verständigungsart dessen, der die Distanz zu allen Handelnden aus ihm selbst in konkrete Bindungen verwandelt hat.

Aus all dem folgt, daß wir bereits in Beziehung auf die verwandelte Motivation von einer zweiten Stufe des sittlichen Bewußtseins sprechen müssen. Sie ist die höhere Stufe insofern, als auf ihr den Gründen zu einer Verwandlung des sittlichen Bewußtseins nachgegeben ist, welche auf der Primärstufe selbst einsichtig werden. Der Sache nach handelt es sich aber um eine Vertiefung, eine Befestigung und eine Ausdehnung zumal. Auch von einer Ausdehnung muß die Rede sein. Denn die sittlich relevanten Tatsachen werden auf dieser Stufe vermehrt. In einem damit ändert sich die innere Organisation des sittlichen Bewußtseins. Das sittliche Wissen geht nunmehr von der Anerkennung der Tatsache aus, daß es sich der Aufgabe nicht entziehen kann, auch gegenläufige Tendenzen der Beurteilung in einem einzigen Wissensstand zusammenzuhalten und in einer in sich homogenen, aber nicht uniformen Handlungsart zusammenzuführen.

Damit wird für die sittliche Motivation deutlich, was zugleich ein allgemeines Prinzip für die entfaltete sittliche Handlungsart ist: Es kann keine Stabilität für das sittliche Bewußtsein geben, die nicht den Charakter einer *Synthese* hat.[10] In der Synthese, welche im Gang der Entwicklung der sittlichen Motivation auf der zweiten Stufe zu vollziehen ist, wird das sittliche Engagement in der selbstlosen Bindung vereinigt mit der sittlichen Neutralität in der Anerkennung aller bindungsfähigen Weltzentren, – nicht spannungslos, aber im Wissen davon, daß beide gleichermaßen und aus einem einzigen Grunde unaufgebbar und legitim sind.

30.
Verwicklung in wirkliche Verhältnisse

Sittliches Primärwissen bildet sich aus in Distanz zur Welt. Das heißt nicht, daß es, gegen die Welt isoliert, eine auf sich beschränkte Eigensphäre ausmacht. Sein Anspruch richtet sich vielmehr *an* die Welt. Und die Kriterien seiner Richtigkeit gehen darauf, in der Welt durch das Handeln von Personen eine ihnen gemäße Ordnung wirklich werden zu lassen. Was sich aber in einer solchen Relation konstituiert, kann doch zu dem, auf das es einerseits wesentlich bezogen ist, andererseits auch in der Distanz dessen verharren, der an keine Verhältnisse gebunden ist, alle Verhältnisse der Prüfung unterwirft und sein Handeln allein an deren Ergebnis orientieren will.

In solchem Sinne ist das sittliche Primärbewußtsein zwar auf die Welt, in der zu handeln ist, bezogen, aber nicht in sie verwickelt. Für die zweite Stufe des sittlichen Bewußtseins ist es dagegen charakteristisch, seine Verwicklung in faktische Verhältnisse nicht nur hinzunehmen und als Ausgangspunkt

---

10 Die Bedeutung von Synthesen für die Verfassung und die Stabilität des Wertbewußtseins hat zuerst Nicolai Hartmann in seinem heute zu Unrecht ignorierten Werk ›Ethik‹ aufgezeigt (1. Auflage Berlin 1925, Kapitel 61).

für die sittliche Lebensgestaltung zu betrachten. In solche Verhältnisse verwickelt zu sein hat vielmehr einen positiven Sinn, – ist etwas, das selbst sittliche Richtigkeit und den Status eines Zweckes, nicht nur den eines Ausgangspunktes für alle Zwecksetzungen hat, der selbst allen Zwecksetzungen als formaler Beurteilungsgrund vorgeordnet ist. Eine solche Wirklichkeit ist freilich nicht irgendein faktisches Verhältnis. Sie ist immer ein Lebensverhältnis von Personen, somit eingegangen und ausgestaltet von Handlungszentren und wirklich nur, insoweit deren Wille in ihm gegenwärtig ist. Gleichwohl bestehen solche Verhältnisse überhaupt nur dann, wenn die Distanz des Willens zu ihnen eingezogen ist. Und das hat zur Folge, daß im Bereich der sittlichen Motivationen Einstellungen und Antworten aufkommen können und müssen, denen vom Standpunkt der Primärstufe des sittlichen Bewußtseins aus, wenn er geschlossen und selbstgenügsam wäre, der sittliche Charakter abgesprochen werden müßte. Zum Sicheinlassen und Eingelassen-Sein gehören wesentlich die gesteigerte Sensibilität für die Lebensbewegungen von vertrauten Personen, die Wertbesetzung von Zusammenspiel und gemeinsam gewonnenem Gelingen und die Fähigkeit zu der Bindung, die ihren umfassendsten Ausdruck in der Dankbarkeit findet.[11] Zwar läßt sich all dies auch als Pflicht aus der Perspektive der Primärmoral rekonstruieren.[12] Doch müßte dabei ein Wissen davon, daß solche Verhältnisse sittlichen Charakter besitzen, in Anspruch genommen werden, das aus anderem Ursprung kommt. Und zugleich würde die Rekonstruktion doch so ausfallen, daß in ihr die Intentionen gerade verfehlt und verstellt sind, kraft deren die Verhältnisse wirklich sittlichen Charakters sind.

---

11 Vgl. vom Vf. ›Gedanken zur Dankbarkeit‹, in: Oikeiosis, hrsg. v. R. Löw, Weinheim 1987.
12 So etwa Kant in seiner ›Metaphysik der Sitten, Tugendlehre‹, §§ 32/3.

Die sittliche Motivation ist neben der Beurteilung unter der sittlichen Primärregel die zweite Dimension des Kerns des sittlichen Bewußtseins. Wir haben gesehen, daß und in welcher Weise sie sich aus der Logik ihrer eigenen Verfassung heraus verwandelt. Zwar ist nur der Anfang der Dynamik und des Ganges dieser Verwandlung in den Blick gekommen. Doch damit kann die Untersuchung wieder Anschluß finden an die Problemlage, welche sich aus der Verfügbarkeit der neuen Waffe ergibt. Fragen, welche die Motivation betreffen, sind erst dann noch einmal aufzunehmen, wenn sie sich aus dieser Problemlage selbst heraus erneut aufdrängen. Denn die Dynamik, welche in der zweiten Dimension des sittlichen Bewußtseins ihren Grund hat, ist nicht um ihrer selbst willen erwogen worden. Sie ermöglicht es vielmehr, daß das Bild von der Verfassung sittlichen Bewußtseins in Beziehung auf die nukleare Problemlage deutlich und stimmig genug werden kann. Denn es besteht eine Entsprechung zwischen der Verwandlung der zweiten Dimension und der Veränderung und der Notwendigkeit zu einer Synthese höherer Stufe, die das sittliche Bewußtsein aus Gründen eingehen muß, welche in der dritten seiner Dimensionen ihren Ort haben. Diese dritte Dimension ist die der Orientierung des Handelns auf Ziele. Sie ist auch die wichtigste Quelle von Konflikten innerhalb der sittlichen Beurteilung.

Diese Entsprechung ist insoweit eine formale, und zwar eine solche in der Form des Bewußtseins, das sich in beiden Dimensionen ausbilden muß. Die Richtungen, in denen sich Motivation und Zielorientierung zu vertiefen und zu verwandeln haben, divergieren dagegen zunächst einmal voneinander. Die Motivation muß zu einer Verankerung in konkreten Lebensbindungen kommen. Die Zielorientierung des Handelns veranlaßt dazu, weiträumigere und schließlich sogar globale Zusammenhänge in das praktische Bedenken und Planen einzubeziehen. Wir können also nicht alles Erwägen von Zielen relativ werden lassen auf die Voraussetzung, daß sie zu verwirklichen nichts anderes hieße als der *eigenen* sittlichen Lebensbindung zu dienen. Haben wir doch gesehen, daß diese Bindung selbst sittlich nur dann genannt werden darf, wenn sie mit der Anerkennung aller der Lebenszentren und -bindungen gleicher Art einhergeht, wenn sie also in der Vereinzelung, ohne die eine Bindung gar nicht eingegangen ist, zugleich doch universales Bewußtsein bleibt. Auch diese Universalität ist von der Weiträumigkeit der Ziele und somit der Pläne des Handelns noch immer zu unterscheiden. Zwar haben wir Grund zu erwarten, daß dennoch eine Verbindung zwischen beiden Bewußtseinsweisen besteht und entstehen muß. Doch kann sie nicht die der einfachen Abhängigkeit der Zielorientierung von der Lebensbindung sein.

Die Entsprechung zwischen beiden ergibt sich vielmehr daraus, daß beide gleichermaßen auf die Anerkennung begründet sind, daß sittliches Leben als solches in wirkliche Verhältnisse verwickelt ist. Am Beginn der Primärstufenmoral kann diese Anerkennung noch nicht geschehen. Die Primärregel der Beurteilung beherrscht hier den sittlichen Bewußtseinsstand. Daraus ergeben sich zwei Überzeugungen: Zunächst gelten unbedingt die Imperative der Richtigkeit von Handlungen, die unabhängig von allen Zwecken getan oder unterlassen werden müssen. Ihnen sind alle sittlichen Ziele nach- und untergeordnet. Und so gilt weiterhin, daß diese Ziele, die selbst aufgrund der Primärbeurteilung die richtigen sind, ohne jede Verletzung der Richtigkeit von solchen Handlungen zu verfolgen sind und auch verfolgt werden können, die als solche unbedingt geboten sind. Diese Überzeugungen lassen sich zusammenfassen als die Gewißheit, daß man immer weiß, was zu tun richtig wäre, daß man sodann auch immer das Rechte zu wollen vermag und daß, was dem Sieg des Rechten entgegensteht, nur mangelnder Mut und schwacher Wille der Menschen sein kann.

Schon auf der Primärstufe selbst ergeben sich aber bald Gründe, an der strikten Unterordnung der Ziele unter die Richtigkeit der Handlungen zu zweifeln und sie zu lockern, – und zwar wiederum aus Gründen der sittlichen Angemessenheit, nicht etwa nur um die Gespanntheit zu mindern, mit der sich die Primärstufenmoral den Weltverhältnissen entgegenstellt. Diese Lockerung beginnt mit der Einsicht, daß es Ziele gibt, die nicht nur richtig, sondern auch vordringlich sind, und daß es notwendig werden kann, sich ihretwegen zu Handlungen zu entschließen, die, rein für sich betrachtet, unrichtig wären. Diese Einsicht wird durch die Erfahrung bestärkt, daß die Primärregel Kollisionsfälle auch von strikten Verbindlichkeiten nicht auflösen kann. Solche Erfahrungen können dazu veranlassen, daß eine Person die ethischen Imperative nur noch für einen der Faktoren hält, die sein Leben bestimmen, so daß er sie also so regionalisiert und relativiert wie etwa das Bedürfnis zu kultivierter Lebensführung. Insofern sie aber Erfahrungen sind, welche das sittliche Bewußtsein selbst betreffen, haben sie eine andere Konsequenz. Wer in solche Konfliktlagen gerät, kann immer noch anerkennen, daß er in ihnen eine legitime Forderung wirklich verletzt. Und das wird ihn dazu führen, die Richtung des Handelns, die er eingeschlagen hat, möglichst gründlich zu bedenken. Weiter wird er vor denen, die er durch das Handeln, für das er sich entschied, verletzt, diese Entscheidung immer begründen wollen, ohne zu meinen, daß er sich damit dann auch schon exkulpiert habe. Und er wird darauf bedacht sein, daß ein Ziel, um dessentwillen er sich so entschied und so handelte, wie er es tat, von ihm möglichst selbstlos verfolgt wird und daß das Gute, das sich ergibt, wenn das Ziel erreicht werden konnte, möglichst für sich selbst spricht.

Eine auf solche Weise verwandelte Grundorientierung ist in der gleichen Weise eine Synthese wie die Motivation, die aus dem Übergang zur Sekundärstufe des sittlichen Bewußtseins hervorging. Und es wäre von Interesse zu sehen, an welchen Punkten und auf welche Weise sich die Synthese in der Orientierung der Handlungen mit der in den motivierenden Einstellungen verbinden kann. Doch dem ist hier nicht nachzugehen. Denn die Umbildung des Bewußtseins, die zunächst aus der Kollision von Zielen und Handlungsimperativen sowie aus Kollisionsfällen unter der Primärregel hervorgeht, greift auf andere Problemfelder des Handelns aus. Und so erreicht sie auf diese Weise auch die sittliche Problemlage, die durch die Verfügbarkeit der neuen Waffe in unserer Welt eingetreten ist.

IV. Handeln in einer Weltlage

32.
Handeln in politischen Verhältnissen

Auf vielerlei Weise kann sittliches Handeln in wirkliche Verhältnisse eingebettet und verwickelt sein. Die sittliche Motivation, welche konkrete Lebensbedingungen zu ihrer Sphäre hat, ist selbst der Grund dafür, daß eine in sich sittlich verfaßte Wirklichkeit entsteht, aus der sich nunmehr Handlungen begründen. In Handlungskollisionen erweist sich die Komplexität der Handlungssituationen, in denen ein Handelnder steht, als unkontrollierbar durch den guten Willen, der ausgeht von der Möglichkeit, sein Handeln von der Primärregel her zur Eindeutigkeit zu organisieren. So ergibt sich hier die Verwicklung mit Wirklichem in der umgekehrten Richtung der Abhängigkeit: Nicht die Folgen selbstgesetzter Verhältnisse, sondern die Komplexität der Welt, die allem Handeln voraus besteht, läßt den Handelnden seine Abhängigkeit anerkennen. Die Verwicklung in Wirkliches, die im Zusammenhang mit Zielen des Handelns anzuerkennen ist, hat diese zweite Verfassung. Wir haben früher schon gesehen, wie schnell Zielplanungen des guten Willens in die Lage kommen, weiträumig ausgreifen zu müssen.[1] Wer auch nur für die Seinen verläßlich zu sorgen versucht, muß Entwicklungen erwägen, die erst viel später und unbeeinflußbar für ihn eintreten mögen. Ob er einen Bunker baut, Gold hortet, seine Kinder Russisch, Arabisch, Karate oder Börsenstrategien lernen läßt, wird er nach solchen Erwägungen entscheiden. Diese Erwägungen schätzen Wahrscheinlichkeiten ab und sind insofern nicht selbst ein Erwägen von Zielen. Sie setzen die

---

1 Vgl. o. S. 34.

Weltverhältnisse und deren Entwicklung als gegeben voraus, und so sind die Konsequenzen für die eigenen Pläne überwiegend defensiv. Aber sie gehen beinahe kontinuierlich dazu über, auch ein Handeln, das politisch ist, in das Erwägen einzubeziehen. An den Wunsch, gewisse Entwicklungen möchten eintreten, schließt sich leicht die Unterstützung derer an, denen man zutraut, sie zu bewirken. Und Vertrauen in die Verhältnisse, in denen sich das eigene Leben vollzieht, schließt zumindest die Stützung der Institutionen unmittelbar ein, in die sie einbegriffen sind, – also dessen, was ehedem ›das Vaterland‹ hieß.

Es ist eine Trivialität, daß individuelles Planen, das Gutes anrichten will, politische Verhältnisse einzubeziehen hat. Die meisten Menschen stellen sie so in Rechnung, als wären sie über sie verhängt, vielleicht auch ihnen glückhaft zugewachsene Gegebenheiten, – und vieles ist wahr darin. Aber zugleich ist die Sphäre des politischen Handelns unmittelbar mit den Grundgedanken verbunden, welche ihr eigenes Handeln richtig und ihr Wollen gut macht: Es ist die Sphäre, kraft derer Recht von faktischer Macht gedeckt sein kann. Man kann nicht sagen: gedeckt ist. Denn es gibt Macht, die auch die Rechtspflege nur zur Sicherung ihres Bestandes mißbraucht, die also Unrechtsregime ist. Wer ihr entkommt oder gegen sie ankämpft, wird aber immer Zustände erreichen wollen, die Recht auch durch Macht sichern. Der gute Wille muß also aus sich selbst heraus an dem ein Interesse haben und nehmen, was ihm beim Entwurf seiner Pläne zugleich auch als bloßes Faktum entgegenkommt.

Tritt er aber nun in den Gesichtspunkt ein, der das Handeln der politischen Mächte bestimmt, so begegnet er erneut der Verwicklung des Wollens in Wirkliches, die er ebenso als die Situation seines eigenen Handelns anzuerkennen hat.

Das Recht eines Staates, sich und die Verfassung, in der er besteht, zu behaupten, ist nicht unbegrenzt. Es wäre sogar widersprüchlich, ihm ein solches Recht gegen alle anderen

Rechte und gegen das Leben seiner Mitglieder zuzuschreiben. Die Selbsterhaltung des Staates und seiner Institutionen nach innen und außen ist dennoch ein Rechtstitel, der hergeleitet werden kann aus der Zustimmung zur Staatseinrichtung, die ihrerseits mit dem Willen aller seiner Mitglieder intern und somit notwendig verbunden ist. Wir haben aber schon gesehen, wie aus der Vielfalt der Staatenwelt, die ein Ergebnis der Geschichte ist, auf der einen Seite und aus dem Rechtsprinzip, das die Selbsterhaltung der Staaten deckt, auf der anderen jener Konflikt entsteht, den das Völkerrecht selbst noch als eine Minimalform von Rechtsverhältnis zu fassen und zu regeln sucht.

Was der einzelne Handelnde für sein sittliches Leben nicht jederzeit einsieht, gilt doch jederzeit als Voraussetzung des politischen Handelns in Beziehung auf Staaten: Die faktischen Verhältnisse sind in allem vernünftigen Projektieren der Ausgangspunkt. Sie lassen sich nicht eliminieren und nur mit größten Schwierigkeiten und langem Atem mehr als nur an der Oberfläche verändern. Und die Veränderung zum Schlimmen, gar zur Katastrophe, wird leicht wahrscheinlicher als ein verläßlicher Gewinn, – ein Gewinn wohl gar zum Guten hin. Daraus folgt, daß Staaten wirklich zuerst um ihren Bestand besorgt sind, daß sie zu seiner Sicherung alle geeigneten Mittel unter ihre Kontrolle zu bringen suchen und daß die größte Gefahr der Instabilität von zu weitgehenden Befürchtungen ausgeht, die eigene Stabilität möchte in Frage gestellt sein, – vielleicht nur langfristig und von weither, aber doch absehbar und somit bedrohlich.

Die Logik dieses Verhältnisses macht die eine Seite einer Problemlage aus. Auf ihrer anderen Seite steht die Einsicht in die bloß faktischen Bedingungen, aus denen das Verhältnis hervorging, und das, was allen Menschen als vernünftiges Ziel einleuchtet: verderbliche Folgen, welche dieses Verhältnis nach sich zieht, nicht einfach nur eintreten zu lassen und hinzunehmen. Aus dem, was nur faktisch überkommen ist und

was doch auf Grundtatsachen des terrestrischen Lebens beruht, soll die bestmögliche Lebensform gewonnen werden.
Die großen Hoffnungen und Projekte der Menschheit sind in
den Raum zwischen diesen beiden Polen hinein entworfen
worden. Ihre Rationalität ist also immer danach zu beurteilen, inwieweit sie beiden Polen zugleich Rechnung getragen
haben.

33.
Umgestaltung von Weltlagen

Die Polarität in der Problemlage hat zur Folge, daß sie auf
zweierlei Weise verfehlt werden kann: durch eine Handlungsart, die eine Weltlage ohne Einsicht in die Grenzen der
eigenen Gestaltungskraft und in Nebenfolgen umzubilden
versucht, aber auch durch die gefährliche Weisheit derer, die
in den bestehenden Verhältnissen immer auch dann noch die
überlegene Vernünftigkeit erkennen, wenn sie jederzeit an
den Rand einer Katastrophe treiben können und wenn sie
nichts enthalten, das dieser Katastrophe entgegenwirken
würde. Missionarisches Pathos ohne Augenmaß ist nicht weniger gefährlich als eine Immobilität, die aus der Unfähigkeit
kommt, über bestehende Verhältnisse hinauszudenken.
Zudem ist, wenn Weltlagen in Frage stehen, Handeln nicht
mehr Aktion oder Interaktion nur von Individuen. Es greift
in Institutionen ein und hat also deren Bestandsbedingungen
und Beweglichkeitsgrenzen zu bedenken. Und es erfolgt zumeist auch im Namen solcher Institutionen und somit innerhalb von Grenzen, die durch sie gesetzt oder vorgegeben
sind. Nur Gedanken und das freie Wort können über alle solche Grenzen hinweggreifen. Die freie Assoziation von Menschen kann zum Handeln innerhalb der Institutionen drängen, es aber nicht ersetzen, ohne seinerseits zu einer Gefahr
für die Rationalität des Projektes zu werden, um dessentwil-

len sich die Assoziation gebildet hatte. Stehen Weltlagen in Frage, so muß sich die Besinnung immer auch auf der Ebene vorgebildeter Wirkungs- und Handlungszusammenhänge und insofern im Blickpunkt einer historischen Grundorientierung halten und entfalten.

Es gibt Weltlagen, vor denen es besonders schwer wird, dieser Wahrheit Rechnung zu tragen. Und das könnte kaum deutlicher sein als in unserer Situation, die durch die Verfügbarkeit der neuen Waffe charakterisiert ist. Jeder versteht, warum wir, hätten Wünsche in Beziehung auf Weltlagen ein Vernunftrecht oder ein Versprechen einer höheren Macht auf ihrer Seite, uns wünschen würden, an der Stelle dieser Waffe möchte ein anderer Mechanismus entdeckt und eine andere Waffe erfunden worden sein, – eine Dornröschenwaffe etwa, die alle Bewegungen von Angreifern einfriert, aber kein Leben und schon gar nicht die gesamte Lebensmöglichkeit der Menschen zerstören kann. Aber daraus folgt nicht, daß ihre Abschaffung für uns noch ein mögliches Handlungsziel sein könnte. Die Gefahr, die von ihr ausgeht, kann nur zurückgedrängt, ihre Verfügbarkeit kann nur eingedämmt und dann auch zu dem noch möglichen Guten genutzt werden. Wirkt sie dann als Friedensmittel, so doch niemals auf unzweideutige Weise und nicht so, daß man den Umständen, aus denen sie hervorging, zum Dank einen Tempel würde errichten wollen. So bleibt also kein anderer Weg, als auch in dieser Weltlage die Balance zwischen Veränderungswillen und Realitätssinn zu halten und auszugestalten. Die Fähigkeit, eine solche Balance zu gewinnen, ist ein Grundzug der Rationalität eines Handelns in Beziehung auf Weltlagen. Ist der Weg zurück hinter den Ausgang der Weltlage kein mögliches Ziel für einen sittlich begründeten Plan politischen Handelns, dann sind wir mit allen Plänen in die entgegengesetzte Richtung gewiesen: Um der Abwendung der Bedrohung willen, die unabscheidbar von der Weltlage gegeben ist, muß die Weltlage umgestaltet werden, – und zwar so, daß aus dem

Bewußtsein der Größe und der Unabwendbarkeit der Bedrohung innerhalb der Weltlage eine andere Lebensordnung gewonnen wird, die zugleich eine Friedensordnung ist.

34.
Erlaubnisgesetze in der Rechtstheorie

Ein solches Handeln bewegt sich, in Institutionen eingebunden, im Zwischenbereich mehrerer Dimensionen der Beurteilung. Es geht auf die Bewahrung und Verwirklichung von Gutem und greift zugleich in die Domäne ein, in Beziehung auf die Rechtsprinzipien gelten und zu beachten sind. In der Tradition des Denkens sind nun für beide Bereiche auch Regeln erwogen worden, die für solche Situationen gelten, in denen das Handeln nicht darauf ausgehen kann, das als richtig Erkannte alsbald und somit als sein allernächstes Ziel zu verwirklichen. In der Staatsrechtstheorie gibt es den Begriff des Erlaubnisgesetzes, in der politischen Philosophie das Prinzip des Besten, das unter jeweils gegebenen Bedingungen zu erreichen ist.

Durch *Erlaubnisgesetze* werden Verhältnisse anerkannt, die zwar an und für sich nicht rechtens sind, die aber unter den gegebenen Bedingungen nur bei Gefahr der Verletzung höherer Rechtsgüter beseitigt werden können.[2] Wo solche Anerkennung erfolgt, ist mit dem Prinzip, nach dem sie geschieht, zugleich auch die Rechtspflicht gesetzt, die Verbesserung der Verhältnisse zu betreiben. Wenn man diesen Begriff auch im Völkerrecht anwendet, so ist immer zu bedenken, daß es Rechte gibt, die durch Erlaubnisgesetze nicht relativiert werden können. So können zum Beispiel alle die Kriegsformen, die schlechtweg rechtswidrig sind, nicht nach Erlaubnisgeset-

---

2 Hier und im Folgenden beziehe ich mich (zum Teil kritisch) auf den Vortrag von R. Brandt, der u. S. 257 zitiert ist.

zen als rechtens betrachtet werden. Vielleicht ist es aber möglich, den Besitz von Waffen, die dann, wenn sie verwendet würden, mit Sicherheit strikte Rechte verletzen, im Sinne der Erlaubnisgesetze für erlaubt zu halten. Und eher noch scheint es möglich zu sein, den Besitz solcher Waffen zu erlauben, die so konstruiert sind, daß sie bei genau beschränktem Gebrauch in den schon definierten Notfällen keine Rechtsverletzungen ergeben. Sollte man meinen, daß auch Waffen, die mit Sicherheit nur unter Rechtsbruch zu verwenden sind, doch besessen werden können, dann würde mit der Erlaubnis auch die Pflicht verbunden sein, sie so schnell wie möglich durch Waffen des zweiten Typs zu ersetzen. Mit der Erlaubnis für sie wäre wiederum die Pflicht verbunden, durch Anweisungen und die Aufbauweise der Truppen dafür zu sorgen, daß die Waffe wirklich nur unter den genannten Bedingungen gebraucht werden würde.

Es wäre gewiß zu wünschen, daß es möglich ist, die nukleare Bedrohung unter dieser Rechtskategorie eindeutig zu ordnen. Doch die Weise, in der sich um die Verfügbarkeit der neuen Waffe eine Weltlage ausgebildet hat, läßt diese Hoffnung nicht zu. Würde man sagen, daß per Erlaubnisgesetz nur die Drohung durch den Besitz der Waffe, nicht aber ihr Gebrauch abgedeckt ist, so gilt der Einwand, daß die Drohung nicht glaubhaft ist, wenn sie nicht durch die Bereitschaft zum wirklichen Gebrauch gedeckt ist. Denn bloßer Bluff, den Individuen vielleicht recht gut inszenieren könnten, wird unmöglich, wenn Institutionen und somit zahlreiche Personen einbezogen sind, die zudem regelmäßig durch andere ersetzt werden müssen. So wird man dazu gedrängt, auch nur solche Drohungen per Erlaubnisgesetz zuzulassen, denen ein genau begrenzter Gebrauch entspricht. Nun haben wir zwar früher schon gesehen, daß es wirklich Fälle gibt, in denen die Rechtlichkeit des Gebrauchs der Waffe auch nach Prinzipien des Völkerrechts nicht bestritten werden könnte. Doch dies sind Extremfälle der Bedrohung des Bestandes eines Staates.

Daraus, daß auch mit ihnen zu rechnen ist, ergibt sich einer der Gründe gegen die Möglichkeit einer Ächtung und vollständigen Beseitigung der Waffe. Daß es solche Fälle gibt, kann also gerade nicht als Grund für die Rechtlichkeit der allgemeinen Wirkung der Verfügbarkeit der Waffe geltend gemacht werden, die ›Abschreckung‹ genannt wird. Die Drohung, welche diesen Effekt hat, ergibt sich nämlich nicht schon aus der Möglichkeit zu einem streng limitierten Gebrauch der Waffe gegen militärische Machtzentren in nationalen Notlagen. Sie geht vielmehr von der Verfügbarkeit als solcher aus und damit von der Fähigkeit zu einem sowohl massiven wie diffusen Einsatz, mit dem dann zu rechnen ist, wenn einmal die Empörung über einen Angriff und die Furcht vor einer drohenden Niederlage dahin zusammenwirken, daß rechtliche und auch sittliche Bedenken weggespült sind, – mit nicht mehr abschätzbaren Folgen auch für den Angreifer selbst. Ein solcher Gebrauch kann eben auch von Waffen eines Typs gemacht werden, die nicht (wie die frühen Wasserstoffbomben) ausschließlich zu widerrechtlichem Gebrauch geeignet sind. Und selbst dann, wenn diese Terrorwaffen restlos ersetzt wären, würde die Abschreckung immer von der Möglichkeit zum massiven und somit unrechtlichen Gebrauch nunmehr der Waffen ausgehen, die in extremen Notlagen auch in rechtlich vertretbarer Weise eingesetzt werden könnten.

So muß man also die mögliche Rechtlichkeit des Besitzes der Waffe von ihrer abschreckenden Wirkung logisch trennen. Und die letztere beruht auf der Befürchtung (auf seiten des möglichen Angreifers) und der bedingten Bereitschaft (auf seiten dessen, der die Waffe gebrauchen würde) eines schlechtweg widerrechtlichen Gebrauchs. Weil die physikalische Basis und somit die Natur der Waffe es ausschließen, daß sie besessen werden kann, ohne daß mit ihrem Besitz auch die Wirkung der abschreckenden Drohung verbunden ist, kann der Gedanke von Erlaubnisgesetzen nicht so weit durchgreifen, daß sich aus ihm eine zufriedenstellende Regelung der Weltlage ergibt, die durch die Verfügbarkeit der neuen Waffe charakterisiert ist. Denn der Besitz der Waffe wird immer Implikationen haben, welche durch ein Erlaubnisgesetz nicht gedeckt sein können.

Doch folgt aus der Gedankenfolge, die sich an das Prinzip der Erlaubnisgesetze anschließt, noch eine Konsequenz für die Situation, in der die bloße Verfügbarkeit einer Waffe die völlige Rechtlichkeit des Gesamtverhaltens ausschließt: Es sind Maßnahmen anzustreben, welche die Freisetzung der widerrechtlichen Implikationen in wirklichen Handlungen so unwahrscheinlich wie möglich machen. Und solche Maßnahmen dürfen sich nicht etwa in der bloßen Stabilisierung der gegenseitigen Abschreckungswirkung erschöpfen. Eine solche Stabilisierung wäre nichts weiter als die Festsetzung der Widerrechtlichkeit, die in den strategischen Kalkül einbezogen ist, auf dem Niveau, das sich aus dem Gegenspiel der strategischen Pläne auf seiten aller derer ergibt, welche über die Waffe verfügen. Ist also die Verfügbarkeit der Waffe eine unabwendbare Tatsache, so kann man über dies Niveau nur dadurch hinausgelangen, daß man ihre Verfügbarkeit der ausschließlichen Kontrolle durch diejenigen entzieht, die sie gebrauchen würden. Und so ergäbe sich auch in rechtlich nicht vertretbaren Verhältnissen doch immer noch ein Rechtsgebot hinsichtlich der Folgerung aus einem solchen Zustand: die Zugriffsmöglichkeiten auf die verfügbare Waffe unter denen, welche de facto über sie verfügen, so miteinander zu verflechten, daß ein Zugriff, der auf einen widerrechtlichen Gebrauch hinausliefe, als praktisch ausgeschlossen gelten darf.[3] Damit ist aber die Frage gestellt, wie solche Institutionen beschaffen sein sollten und wie sie sich dann etwa auch verwirklichen lassen.

3 Vgl. u. S. 223.

35

Das Gute innerhalb einer Weltlage

In ihren politischen Theorien unterscheiden Philosophen schon seit Platon zwischen der an sich guten Organisation des Zusammenlebens von Menschen und dem Guten, das unter den obwaltenden Umständen wirklich erreichbar ist.[4] Wenn es möglich ist, diese Umstände durch eine grundsätzliche Betrachtung zu bestimmen, so geschieht das im Blick auf das, was eine ›Weltlage‹ genannt worden ist.

Die Diagnose einer solchen Weltlage sollte dazu imstande sein, invariante Grundbedingungen aufzuzeigen und nachzuweisen, daß bei deren Veränderung auch gänzlich veränderte Lebensverhältnisse eintreten würden. Es ist kaum je zu verantworten, eine solche Veränderung durch ein Handeln nach Plan anzustreben. Viele haben ein solches Veränderungshandeln für ganz unmöglich erklärt, und zwar deshalb, weil es niemals imstande wäre, die Wirkungen und die Nebenfolgen dieser Wirkungen eines solchen Handelns selbst einigermaßen verläßlich zu erkennen. Einer der Gründe, die zur Entwicklung einer Geschichtsphilosophie geführt haben, ergab sich aus der Einsicht, daß der historische Wandel von Weltlage zu Weltlage kein Resultat des planvollen Handelns ist, daß er aber wohl im nachhinein verstanden und vielleicht auch antizipierend begriffen werden kann, was bedeuten würde, daß der antizipierte Wandel selbst in die Anleitung zum Handeln eingehen kann. Solches Handeln würde dann nicht das Gute überhaupt, wohl aber das absehbar Beste zu seinem Ziel haben. Aber die Meinung, man könne, angeleitet durch Theorie, eine grundlegend andere Weltlage in Gedanken vorausnehmen, ist seit langem unsicher geworden und im Rückgang begriffen. Mit ihr schwin-

---

4 Vgl. Leo Strauss, ›Naturrecht und Geschichte‹, engl. Chicago 1953, deutsch Stuttgart 1956.

det auch die Möglichkeit, sich durch praktische Veranstaltungen wenigstens partiell auf einen solchen Übergang und Wandel vorzubereiten.

In einem damit ist auch die Neigung dazu beinahe ganz verschwunden, die schlechthin gute Organisation menschlichen Zusammenlebens überhaupt auch nur zu erdenken. Die vorwärts und ebenso die rückwärts orientierten Utopien gelten nicht einmal mehr als Beschreibung von Zuständen, in denen sich die schönsten Hoffnungen der Menschen erfüllen und in denen sich ihr guter Wille verwirklichen könnte. Zu viel ist verstanden von den komplexen Bedingungen und Folgen gesellschaftlicher und ökonomischer Organisationsweisen. Zwar sind nur auf Solidarität oder Intimität begründete Lebensformen noch immer Bilder von großer Anziehungskraft. Aber die Erkenntnis der Bedingungen, unter denen eine auf Rationalität und Reflexion begründete bewußte Lebensweise zugleich ein befriedetes und befriedigtes Leben sein kann, ist zu weit fortgeschritten, als daß es im Ernst noch möglich wäre, auf die Verwirklichung jener Bilder die eigene, wie immer abstrakte und handlungsferne Hoffnung zu setzen. Nur *ein* Entwurf, der über alle Weltlagen hinausgreift, ist unaufgebbar geblieben: Es sollen Verhältnisse erreicht werden, in denen Menschen nicht schon aufgrund eben dieser Verhältnisse selbst Unrecht getan wird und innerhalb derer sie zu ihrem Recht kommen können und also vor willkürlicher Gewalt geschützt sind. Dieser Entwurf ist nicht Utopie, da er weder ein erfülltes Leben noch ein Leben verspricht, das der Bosheit und der Not entzogen ist. Auch noch im Untergang der Menschheit, der ihr durch kosmische Prozesse oder Katastrophen auferlegt werden kann, könnten dem Unrecht wirksam Grenzen gesetzt sein.

Von einem unter den gegebenen Umständen besten möglichen Leben kann dennoch die Rede sein, – und zwar unter zwei unterschiedlichen Voraussetzungen: Nach der einen Denkart muß die Abfolge der Weltlagen, in die Völker, Kulturen und dann die Menschheit als ganze eintreten, Prozessen zugeschrieben werden, die zu komplex und von zu vielen und verschiedenartigen Faktoren determiniert sind, so daß sie sich nicht erklären lassen. So muß man die Begriffe vom Guten, die eine Komponente von Gelingen und eine Komponente vom richtigen Wollen einschließen, immer sogleich auf die Grundbedingungen einer Weltlage beziehen. Aus dieser Beziehung mag dann verstanden werden können, in welchem Umfang sich die mit diesen Begriffen verbundenen Lebensziele in einer gegebenen Weltlage verwirklichen lassen. Die andere Denkart ist auf der Voraussetzung begründet, daß sich einige allgemeine Entwicklungstendenzen der Lebensorganisation begreifen lassen, die über mehrere Weltlagen hinweggehen, die vielleicht sogar die Menschheitsgeschichte als ganze wenigstens zu überschauen erlauben – wenn es denn auch unmöglich bleibt, diese Entwicklung im Rahmen einer geschichtsphilosophischen Gesamttheorie zugleich auch zu erklären. Nun stellt jede Tatsache, die mit dem Wissensstand der Menschheit verbunden ist, zugleich auch eine Bedingung dar, von der vermutet werden muß, daß sie auch in veränderten Weltlagen eine determinierende Bedeutung hat. Und so werden diese Tatsachen immer auch als Konstanten für ein Denken zu berücksichtigen sein, das künftigen Weltlagen vorausdenkt.

Zunächst aber werden solche Tatsachen in Rücksicht darauf zu bedenken sein, welche Veränderungen *innerhalb* einer gegebenen Weltlage von ihnen ausgehen oder im Anschluß an sie angestrebt werden müssen. Denn die Selbigkeit einer Weltlage ist nicht mit der Konstanz der Lebensorganisationen zu verwechseln, die in ihr etwa vorherrschen müßten. Man hat vielmehr zwischen einer Dynamik zu unterscheiden, die Weltlagen übergreift, und einer anderen Dynamik und mit ihr einer Abfolge von Stadien, welche eine und dieselbe Weltlage aus sich selbst und innerhalb ihrer selbst freisetzt oder aber ermöglicht und einzuleiten verlangt. Es ist wichtig, diesen Unterschied sicher vor Augen zu haben. Wenn er vernachlässigt wird, so muß auch die Aufgabe verfehlt werden, einem Handeln, das in einer gegebenen Weltlage aufgrund der Imperative des Guten sowohl möglich wie auch geboten ist, die angemessene Orientierung zu geben. Die Folge davon würde sein, daß aus durchaus begründetem konkretem Anlaß zu historischem Handeln innerhalb einer Weltlage dem utopischen Denken eine Einbruchstelle geöffnet wird. Und daraus könnte sich leicht ergeben, daß das Mögliche und auch wirklich Unabweisbare gerade nicht erreicht wird, – diesmal nicht aus Immobilität, sondern wegen eines Handlungsentwurfs, der die durch die wirkliche Weltlage festgelegten Bedingungen aktivistisch überfliegt, womit er nicht nur zum Scheitern, sondern zum Bewirken von ungewolltem Unheil verurteilt ist.

Durch die Verfügbarkeit der neuen Waffe läßt sich eine Weltlage charakterisieren. Es ist zwar wahr, daß sie ein Produkt der mathematischen Naturwissenschaft und der auf sie begründeten Technik ist. So ist sie also auch von den Bedingungen her ermöglicht, welche diesem Unternehmen intern zugrunde liegen. Insofern ist die neue Waffe nur eine von weither abgeleitete Folge des Aufkommens der modernen Rationalität. Doch auf der anderen Seite hat ihre Verfügbarkeit weitgehende Folgen bei der Ausbildung einer politischen Gesamtkonstellation. Es wird sich zudem bald zeigen, daß sich an sie ein verändertes Bewußtsein von den Existenzbedingungen der Menschheit anschließt. Beide Gründe genügen zusammengenommen dafür, in der Verfügbarkeit der Waffe eine Grundtatsache zu sehen, welche eine besondere Weltlage konstituiert.

Zugleich steht sie aber im Zusammenhang mit einer doppelten Dynamik, die aus dieser Weltlage hervorgeht. Die Waffe nötigt zunächst einmal unabweisbar zur Umgestaltung der Weltlage selber, – auf der Grundlage der Voraussetzungen, welche diese Lage ohnedies konstituieren. Die Bedrohung,

die von ihr ausgeht, muß sich auswirken in den Lebensverhältnissen und Lebensorientierungen. Und sie muß dazu führen, daß neue Institutionen teils entstehen und teils geschaffen werden, in denen die Bedrohung eingegrenzt und so weit
wie möglich aufgehoben werden kann. Da aber die Verfügbarkeit der neuen Waffe mit dem Stand des Wissens der
Menschheit von den Naturprozessen unmittelbar zusam-
menhängt, setzt sie auch ein Datum für jeden Gedanken von
einer Zukunft, die durch andere Weltlagen bestimmt sein
könnte. Jede Weltlage, die sich überhaupt noch als möglich
denken läßt, müßte entweder aus der Kontinuität mit dem
Prozeß des Wissenserwerbs, der schon vor Jahrtausenden begann, herausgetreten sein, oder sie müßte sich in einer Weise,
die wir nicht vorausnehmen können, selbst auch auf die Verfügbarkeit der neuen Waffe mitbegründen. Für die wirkliche
Sicherheit des Lebens macht es einen großen Unterschied, ob
die Waffe unter Kontrolle gebracht werden kann, ob sie also
wirklich dauerhaft ein Mittel der Friedenssicherung sein kann
und ob sie das auch dann noch bleibt, wenn die bloße Drohung mit ihrem unlimitierten Gebrauch nicht mehr die
Grundlage aller politischen Stabilität in der Beziehung unter
den Staaten ist. Aber selbst wenn der Zugriff auf sie extrem
erschwert sein sollte und wenn sie nur noch in verschlossenen
Arsenalen für die schnelle Remontage in extremen Notfällen
bereitstünde, – die Tatsache ihrer Existenz hat auch dann,
grundsätzlich betrachtet, immer noch dasselbe Gewicht. Sie
dokumentiert die Fähigkeit der Menschheit, sich aus der ihr
eigenen Ingeniosität gegen die eigene Existenz wenden zu
können. Und dieses Datum, das nicht wird vergessen werden
können, zwingt die Bahnen der Verständigung ebenso wie die
der wirklichen Organisation des Lebens in Richtungen, welche sich von dem Datum dieses ihres Ausganges her bestimmen müssen. Ein Gedanke vom Guten in den Lebensverhältnissen, die unter den obwaltenden Umständen zu erreichen
sind, muß also zur Forderung von deren Verwandlung füh-

ren. Dennoch kann er auch die verwandelte Weltlage nur als eine Lage innerhalb des Zeitalters denken, das durch die Verfügbarkeit der nuklearen Waffe zu charakterisieren ist.

36.
Zweifel im Blick auf die Weltlage

Wir haben nun hinreichend erklärt, was es heißt, im Handeln von der Verwicklung von Handlungssituationen in eine Weltlage auszugehen. Und es zeigt sich, daß eine Betrachtung, welche sich ganz an Rechtsbegriffen orientiert, und die Besinnung auf eine Handlungsart, die sich von der Regel und den Zielen der sittlichen Primärstufe her ausbildet, in etwa in die gleiche Richtung weisen. In beiden Perspektiven erweist es sich als notwendig, Verhältnisse, die weder als richtig noch anders denn als bedrohlich beurteilt werden können, dennoch als unabwendbar anzuerkennen, im Ausgang von ihnen aber daraufhin zu denken und zu wirken, daß diese Verhältnisse zum Besseren und zu einer ihnen entsprechenden Vernunftform hin umgestaltet werden.

Wir haben zuvor schon gesehen, daß eine Situation wie diese dem sittlichen Bewußtsein nicht einfach nur als ein Skandal gelten muß. Es zeigte sich nämlich bei der Untersuchung der sittlichen Motivation, daß auch für sie, wenn auch in anderer Weise und aus anderen Gründen, die Notwendigkeit zu einer Verwandlung besteht, die dazu führt, ihre Verwicklung mit Realitäten anzuerkennen und diese Verwicklung dann auch produktiv werden zu lassen. Was die Motivation betrifft, so wird man leicht zugeben können, daß diese Verwandlung zu einer Vertiefung des sittlichen Bewußtseins führt. Und insofern muß auch ohne weiteres gesagt werden, daß mit dem Schritt über die sittliche Primärstufe hinaus nicht etwa die Fundamente aufgehoben werden, auf denen das sittliche Bewußtsein begründet ist. Das sittliche Bewußtsein wäre vielmehr selbst deformiert, wenn es nicht aus sich selbst heraus in diesen Übergang eintreten würde. So ist damit zugleich gesagt, daß der Übergang nicht nur durch es gedeckt, sondern aus den in seine Verfassung eingebildeten Prinzipien auch verlangt und als die höhere und reifere Form seiner selbst bestätigt ist.

In Beziehung auf die Weltlage, die durch die Verfügbarkeit der neuen Waffe bestimmt ist, und in Beziehung auf die Form des Handelns, die sie verlangt, war ein Ergebnis von solcher Eindeutigkeit durchaus nicht zu erwarten. Zwar wird man sehen, daß die Motivation solchen Handelns nur auf einer Ebene der Entfaltung der sittlichen Motivationen selbst stabil werden kann, welche den Übergang weg von der Primärstufe der sittlichen Verständigung schon vollzogen hat. Es ist auch einsichtig, daß die Form dieses Handelns ganz ebenso wie die der Motivation die Gestalt einer Synthese haben muß. Denn die Regeln und Ziele der Primärstufe werden nicht außer Kraft gesetzt. Es wird ihnen vielmehr unter anderen Bedingungen und somit auf neue Weise auch weiterhin Rechnung getragen. Was aber die Situation von der grundsätzlich unterscheidet, die sich aus der Verwandlung der Motivation des sittlichen Bewußtseins ergab, ist der Umstand, daß die neue Handlungsart nicht sogleich auch als die im sittlichen Sinne tiefere und bessere beschrieben werden kann. Sie ist nämlich abgenötigt von Tatsachen, die dem sittlichen Bewußtsein nur als Daten vorgegeben, die aber nicht selbst auch sittliche Tatsachen sind. Und so wird das Handeln, das diesen Daten und ihrer Unabwendbarkeit entspricht, zunächst einmal rein nur als Einpassung in Verhältnisse beschrieben werden müssen, in denen es sich nur dann orientieren kann, wenn es alle Ressourcen einsetzt, die aus anderen Quellen seiner Entwicklung zu Gebote stehen. Und damit ist eingeräumt, daß das Datum selbst nicht ein Anlaß zur Vertiefung des sittlichen Bewußtseins, sondern nichts als nur eine Herausforderung für es ausmacht. Ein Skandal schlechthin wäre diese Situation nur dann, wenn das sittlich orientierte Handeln in Verhältnisse geraten wäre, in denen es offenkundig um allen möglichen Halt und um alle seine Glaubwürdigkeit gebracht wäre. Aber die Herausforderung ist doch tiefgehend und dramatisch. Wie kann von sittlich orientiertem Handeln noch die Rede sein, wenn es unter für es eigentlich schlechthin nicht annehmbaren Bedingungen eine neue Handlungsart entwickeln muß? Wie kann es seiner selbst in einer solchen Situation sicher sein, – wie noch auf die Verläßlichkeit der Prinzipien bauen, auf die es begründet ist?

Vor solchen Fragen bildet sich auf dem Stand, zu dem unsere Besinnung gelangt ist, eine Alternative aus, die dazu zwingt, im Gang dieser Besinnung noch weiter voranzukommen: Es ist entweder möglich, daß sich das sittliche Bewußtsein und das Verständnis, das es von sich selbst hat, im Blick auf jene Fragen noch weiter vertieft. Oder man muß am Ende doch noch konstatieren, daß die Spannung zwischen der Weltlage und den Orientierungen des sittlichen Bewußtseins so weit geht, daß aus ihr eine Krise des sittlichen Bewußtseins als solchem hervorgeht. Die Möglichkeit zu einer sittlichen Lebensorientierung und einer Handlungsart, die in ihr fundiert ist, wäre dann durch die Weltlage selbst unterminiert und um ihre Glaubwürdigkeit gebracht, – und zwar sowohl vor sich selbst wie vor denen, die im vorurteilslosen Blick in die Realitäten dieser Weltlage in ihrem Denken und Handeln auf eine Weise entsprechen, die alle Begründungen, welche einer Ethik zugehören können, aus Vernunftgründen verweigert und aufgrund von tiefgehenden historischen Erfahrungen längst auch schon hinter sich gelassen hat.

V. Nihilistische Potentiale

37.
Moderne Wertkritik und nukleare Waffe

Katastrophen tangieren das sittliche Bewußtsein. Sind sie selbstverschuldet, so können sie in eine Verzweiflung treiben, die von Selbstvorwürfen ausgeht und von ihnen durchherrscht ist. Wer aber nicht im Aberglauben gefangen ist, der weiß, daß Katastrophen auch unverschuldet über Menschen hereinbrechen können. Die Wellen der Pest und der großen Erdbeben sind solche Katastrophen gewesen. Auch was von Menschen verschuldet wurde, kann über andere als eine solche Katastrophe daherkommen. Immer wieder ist der Krieg als ein Übel erfahren worden, das Menschen zwar auslösen, von dem sie aber gleichzeitig selbst auch geschlagen sind. Leiden, die im Übermaß und gleichgültig gegen Wert und Leistung auferlegt sind, ziehen in den Zweifel, ob sittliche Prinzipien nicht inkommensurabel sind zu allem, was den Lauf der Welt bestimmt. Und wenn dann noch beobachtet wird, daß der schlitzohrige Schurke aus Katastrophen davonkommt oder gar noch seinen Gewinn zieht, dann kann in denen, die diesen Katastrophen erliegen, die Verzweiflung auch noch die ursprüngliche Gewißheit in ihren Strudel hineinziehen, daß sittliche Urteile aus anderem als einer schönen oder in der Normalität nützlichen Illusion hervorgehen.
Der Sog in diesen Gedanken ist den Menschen sicher seit langem vertraut. Ihm mag Einhalt geboten worden sein aus dem Glauben an einen Ausgleich in einem anderen Leben. Und dieser Glaube mochte um so fester werden, je weniger sich die Indifferenz der Lebensgeschicke gegen die Güte des Menschen noch vertuschen ließ. Aber auch dieser Glaube kann doch in eben demselben Strudel zugrunde gehen. Wir müssen

wohl davon ausgehen, daß ungezählte Leben im Leid und ohne solchen Trost wirklich vergangen sind.

In unserer Weltlage hat diese Folge der Zweifel nun aber noch einen ganz anderen Anhalt, – und zwar aus der Verbindung, die zwei Faktoren miteinander eingehen, die ganz verschiedenen Ursprungs sind und die doch in einer einzigen Konstellation zusammenwirken. Der eine ergibt sich aus der Selbstdistanz, zu der das bewußte Leben der Menschen im Gange seiner neueren Entwicklung fähig geworden ist, der andere aus der Tatsache der Verfügbarkeit der neuen Waffe.

Die Theorieentwicklung der Moderne hat es möglich gemacht und sogar nahegelegt, daß sich das menschliche Leben, und zwar unter Einschluß der Normen für die Richtigkeit seines Denkens und Handelns, aus einer Außenperspektive und dann als einen Prozeß betrachtet, der wie irgendein natürlicher Prozeß abläuft und nach denselben Gesetzen wie dieser. Es ist schwieriger, den Standpunkt dieser Betrachtungsweise einzunehmen als den Standpunkt, von dem aus Vorgänge der materiellen Natur in Theorien beherrscht werden können. Denn er setzt voraus, daß man zuerst das bewußte Leben aus seiner Innenperspektive heraus vollzieht, daß man dann aber diese Perspektive neutralisiert und sie selbst noch in einer Weise erklärt, die ihr selbst fremd bleibt. Aber diese Doppelperspektive hat doch eine Vorgestalt in der Unterscheidung zwischen sinnlich erfahrbaren Gegebenheiten und objektiven Vorgängen. Und diese Unterscheidung muß schon gemacht sein, wenn eine physikalische Erklärung überhaupt zustandekommen soll. Über sie geht die neue distanzierte Selbsterklärung des bewußten Lebens aber entscheidend dadurch noch hinaus, daß sie auch noch die Maßstäbe der Richtigkeit von Denken und Handeln einer solchen naturalistischen Erklärung unterwirft. Diese Erklärung hat damit die Eigentümlichkeit, einerseits die Unvermeidbarkeit von Denkweisen im unmittelbaren Vollzug des Lebens zuzugeben und sogar einsichtig zu machen, sie aber andererseits aller ihrer Geltungsansprüche zu entkleiden.

Diese Betrachtungsart ist nicht von Theorien allein gestützt und also nicht nur für Theoriekundige zugänglich. Sie ist nahegelegt durch die Lebensverhältnisse selbst, – durch die Großräumigkeit der ökonomischen Abhängigkeiten und der Auswirkung von verselbständigten, sich selbst reproduzierenden Bürokratien, durch die schnell wachsende Bedeutung von technischen Apparaturen, von deren Funktionieren die Erhaltung des Lebens abhängt, durch die Spannung zwischen der Intimität innerhalb der Kleingruppe, in der Menschen ihre Wertorientierungen gewinnen, und der Anonymität und der Routine in der versachlichten Arbeitswelt, in die sie dann eintreten müssen und in der sie sich zu behaupten haben, durch den Widerspruch zwischen der Rhetorik und den wirklichen Motiven und Mechanismen der Machterhaltung in den modernen Staaten, die sich doch nur über permanente öffentliche Zustimmung als Institution stabilisieren können, für die mit gänzlich anderen Vorgaben ständig geworben wird. All das und vieles mehr muß dann, wenn es nicht wie selbstverständlich hingenommen wird, als Folge und Modus einer grundsätzlichen Distanz zwischen spontan entworfenen Lebenszielen und den wirklichen Lebensbedingungen erfahren werden. Die Reflektiertheit im Wissensbegriff und die Tatsachen der wirklichen Reproduktion des Lebens und der Gesellschaft ergeben somit ein durchaus stimmiges Gesamtbild.

In dieses Bild fügt sich die Tatsache der Verfügbarkeit der neuen Waffe mühelos ein. Sie ist die erste Waffe, die unmittelbar aus der physikalischen Wissenschaft, und zwar aus deren am weitesten vorangetriebenen Theoriebereichen und Experimenten hervorgegangen ist. Sie nutzt Kräfte, die sich in der Alltagswelt der Menschen nirgends manifestieren. So ist sie schon von ihren Möglichkeitsbedingungen her mit der modernen Theorieentwicklung und mit der Reflektiertheit unmittelbar verbunden, die auch zu deren Voraussetzungen gehört. Daß sie Kräfte nutzt, welche innerhalb der Atome wirken, hat zur Folge, daß die Explosionen der Waffe nicht irdischen, sondern stellaren Prozessen entsprechen. Auch die Folgen dieser Explosionen können von kosmischer Natur sein: Sie können das höhere Leben auf dem Planeten, das aus einer Kombination zahlreicher und sehr unwahrscheinlicher Faktoren hervorging, zum Verschwinden bringen. In jedem Fall tritt in dieser Waffe ein Zusammenhang hervor zwischen elementaren Kräften, die in den Elementen der Materie wirken, und den höchsten Organisationsweisen im materiellen Kosmos, dem gesellschaftlich organisierten Leben von Personen in einer Kultur, – und zwar so, daß jene Kräfte diesem Leben nicht nur die entfernte Grundlage sind, sondern daß sie unmittelbar in es einwirken und daß sie es aus Gründen bedrohen, die aus der gesellschaftlichen und der kulturellen Entwicklung selbst hervorgegangen sind.

Wer über die Tatsache der Entdeckung dieser Waffe nachdenkt, wird in der Ambivalenz von zumindest zwei Gedanken auf sie reagieren: im Erstaunen über die Entdeckung, die in ihr zur physischen Gewalt umgestaltet ist, und im Erschrecken darüber, daß diese Gewalt über eine Höchstleistung, welche aus der Distanz zu allen primären Weltinterpretationen heraus erbracht wurde, nunmehr in die Verfügung der Menschen und gar ihrer Politiker gelangt ist. Daß eine Lebensweise in dieser Art über ihren eigenen Bestand disponieren kann, und zwar durch Maßnahmen, die in ihrem Vollzug ebenso einfach wie unwiderruflich geworden sind, war zuvor eine von niemandem bedachte oder gar erwartete Möglichkeit. In dies Erschrecken geht bald auch die Überlegung ein, es sei nur schwer vorzustellen, daß, was auf diese Weise real möglich geworden ist, doch niemals wirklich geschehen werde. Zur Lebensart des Menschen und mehr noch zu den Implikationen des modernen Bewußtseins gehört es doch, alles das, was ihm möglich ist, auch zu erkunden und somit irgendwann geschehen zu lassen. Und wenn auch die stärksten Gründe dafür sprechen, in diesem Falle das Geschehen des real Möglichen abzuwenden, so scheint dies, daß es dennoch ausgelöst wird, noch immer eine Wahrscheinlichkeit zu haben, die keineswegs zu vernachlässigen ist, – ungewollt oder über den Willen von irgendwem, der sich jenen Gründen entzogen hat. Insofern aber damit zu rechnen ist, kann man schlußfolgern, daß die Menschheit nunmehr unter Bedingungen existiert, deren Verfassung sich mit einem sich selbst zerstörenden Mechanismus vergleichen läßt. Und so kann man in der Verfügbarkeit der Waffe geradezu eine Demonstration für die Wahrheit der Einsicht sehen, daß das Menschenleben, jenseits aller Entwürfe, an denen es sich orientiert, zuletzt und in Wahrheit doch nur wie ein objektiver Ablauf zu betrachten ist. Es folgt Gesetzen, die weder selbstgegeben noch von innen heraus zu beherrschen sind. Und eben dies war die These, welche durch die Reflektiertheit der modernen Weltbeziehung in den Bereich dessen gelangt ist, was als wahrheitsfähig zu gelten hat.

38.
Formen der Apokalyptik

Man kann einwenden, daß zu vielen Religionen und kosmologischen Weisheitslehren apokalyptische Visionen gehörten: Im Untergang dieser Welt sollte sich das Reich des Gottes begründen oder in der Feuersbrunst der Welt würden sich deren Kräfte immer wieder neu formieren, aus denen dann ein neuer Weltbau hervorgehen kann und wird. Und es ist wahr, daß niemand sich leichter mit dem Gedanken an die Katastrophe, die heraufkommen mag, vertraut machen kann, als die, die ihre Gedanken in solchen Lehren Halt finden ließen. Doch die neue Waffe entstand aus einem anderen Verständnis der Kräfte, die in den Atomen der Materie wirken.

Was die Menschheit sich selbst zerstören ließe, ist nichts anderes als das, was als solarer Prozeß zugleich ihr Leben ermöglicht. Insofern wäre die Katastrophe der Menschheit nicht auch die Katastrophe eines Weltbaus, sondern ein Dokument der Gleichgültigkeit der Natur gegen sie. Für eine Deutung aus der Apokalyptik, die den transzendenten Gott zum Ausgang hat, ist die Waffe noch weniger geeignet. In ihr scheint sich die Vernunft des Menschen, das vermeintlich höchste Gottesebenbild, gegen sich selbst zu kehren, indem sie ihre Basis, das menschliche Leben, aus der Welt eliminiert und damit auch alle weltübergreifenden Geltungsansprüche eben dieser Vernunft in ihrer Haltlosigkeit aufzeigt. Auch dieser Gedanke hat zwar eine Expressivität, die ihm auch einen Anschluß an die apokalyptischen Visionen verschafft. Und sicher entspricht ein solcher Untergang der Menschheit den Bildern, die in solchen Visionen zur Anschauung gekommen sind. Doch wäre die Apokalypse, welche die neue Waffe einleiten kann, noch am ehesten ganz welt- und natur-immanent zu denken: ein Untergang, wie der vieler Arten und symbiotischer Systeme, den die materielle Natur der Menschheit und mit ihr allen Illusionen bereitet, an die sie ihr Leben hat binden wollen und müssen. Und gewiß würde dem Untergang kein neues Reich, kein neuer Lebenszyklus folgen.[1]

39.
Nihilismus und nihilistische Aktion

Die Folge der Zweifel, in die der Gedanke an die Potentiale der neuen Waffe zieht, ist nicht nur in der Reflektiertheit des modernen Bewußtseins fundiert und nicht eine Abfolge nur

---

[1] Günther Anders hat in: ›Die atomare Drohung‹ (vgl. u. S. 257), S. 170 ff., diese Unterschiede eindrucksvoll verdeutlicht.

theoretischer Reflexionen. Da die Zweifel die sittlich-praktische Lebensorientierung tangieren, können sie auch in diese eindringen und sie so ins Wanken bringen. Zudem hat der Gedanke an die Potentiale der Waffe eine Ausdruckskraft, die ihn Anschluß an die apokalyptischen Visionen der Menschheit finden läßt. Man wird also davon auszugehen haben, daß dieser Gedanke auch unmittelbar zum Ausgang einer ihm gemäßen Form von Praxis werden und in eine solche Praxis umgesetzt werden kann. Wir nennen sie den *praktizierenden Nihilismus*.[2]

›Nihilismus‹ nennt man nicht etwa eine metaphysische Spekulation, die den Gedanken von einem ›Nichts‹ mit dem Gedanken vom ersten Grunde identifiziert. Dieser moderne Begriff bildet sich vielmehr von der Einsicht her aus, daß sich auch scheinbar unerschütterliche Überzeugungen doch als grundlos und so als ›nichtig‹ erweisen können. Und er charakterisiert Lehren, die auf ein Dementi der Richtigkeit und der Geltung schlechtweg aller Überzeugungen hinauslaufen, aus denen heraus ein bewußtes Leben geführt werden könnte.

Als der Begriff zuerst in Gebrauch kam, wurde er auf philosophische Lehren in der Absicht angewendet, mit seiner Hilfe schlagend zu zeigen, sie seien unhaltbar und gänzlich haltlos. Doch würde der Begriff nicht gebildet worden sein, wenn nicht das Bewußtsein im Spiele gewesen wäre, daß die so kritisierten Lehren eine Möglichkeit des Denkens und der Welterfahrung zum Ausdruck bringen, denen man etwa auch Wahrheit zusprechen könnte oder gar müßte. So wurde ›Nihilismus‹ zu einer möglichen oder gar wirklichen Lebensorientierung. Zwar bekannten sich nur wenige zu ihr. Doch schon seit zweihundert Jahren hatten viele sie in ihrer Welt-

---

2 Vgl. u. S. 304 f. Nietzsche hat von einem ›aktiven Nihilismus‹, einem ›Nein-tun‹ gesprochen, – und ihn nicht nur diagnostiziert, sondern nahezu gepriesen (›Aus dem Nachlaß der Achtziger Jahre‹, hrsg. v. K. Schlechta, München 1969 und Frankfurt u. a. 1972, S. 855).

diagnose als die latente Grundorientierung ihres Zeitalters bezeichnet und offengelegt.

Wo dies geschieht, da wird bald auch gesehen, daß es eine Praxis geben kann, die in sich nihilistisch verfaßt ist. Zunächst hat man sie in einer Lebensart gefunden, die sich indifferent gegenüber allen Fragen nach Wesentlichem und nach Maßstäben der inneren Richtigkeit eines Handelns verhält. In einer solchen Praxis greift der Nihilismus sozusagen nur Platz. Er wird nicht durchdacht, bewußt übernommen und als Grundlage einer Praxis gewollt und angenommen, welche auf die erschreckende Wahrheit der Nichtigkeit mit einem gesteigerten Aktivismus antwortet. Zwar wäre es auch möglich, die Wahrheit nur zu begreifen und vor ihr nur so zu erstarren, wie dies aus Charles Darwins letzten Lebensjahren berichtet ist. Doch gehört es zum überkommenen Bild von der Angemessenheit eines Lebens zur Wahrheit, daß in ihm das Erkannte in irgendeiner Weise auch eingeht in die Projekte der Lebensführung. Und es ist möglich, in eben dieser Weise auch noch die nihilistische Einsicht maßgebend werden zu lassen für eine sogar gesteigerte Praxis und nicht nur dafür, daß die Fähigkeit zum Projektieren von Praxis zerbricht.

Dann aber können aus der Folge der Zweifel, die in den Nihilismus münden, auch noch Exzesse und Verbrechen gegen die Menschheit eine Bestätigung dafür herleiten, daß sie dem, was zuletzt wirklich ist, eigentlich nur Raum geben. Denn solche Exzesse können in dem Gedanken vollzogen werden, daß sie nur aktivisch dem entsprechen, was die von den meisten gemiedene und von anderen nur im Erschrecken registrierte ganze Wahrheit ist. Wohl als erster und lange vor Nietzsche hat Marquis de Sade diesen Zusammenhang gesehen und als Programm formuliert: »Nur zu, mein Freund, Du kannst sicher sein, daß (die Natur) nicht so wahnwitzig gewesen ist, uns die Macht zu geben, ihre Pläne zu durchkreuzen oder sie in ihrem Gang zu stören. Wir sind nur die blinden Werkzeuge ihrer Eingebungen, und gäbe sie uns ein, das Universum in Brand zu stecken, so bestünde das einzige Verbrechen darin, sich zu weigern.«[3] Es ist nicht Zufall, daß sich diese Proklamation in de Sades pornographischem Hauptwerk findet. Die nihilistische Praxis kann sich in dem Feld entfalten, das durch von Vorurteilen befreite Luststeigerung, durch Kühle und Entschlossenheit einer Erkenntnis, die auch Untaten legitim macht, und durch das Bewußtsein begrenzt ist, man vollziehe im Handeln nur die Gesetze, denen die Natur selbst unterworfen ist und denen sie uns unterwirft.

Doch gibt es auch die oberflächlich noch domestizierte, die verhohlene Zustimmung zur entfesselten Gewalt, die sich an ihrer Monumentalität weidet und in der Identifikation mit ihr eine sonst verbotene Lust empfindet, während sie beides mit dem Interesse, das aus Abscheu kommt, oder mit edlen Zielen, denen auch Exzesse sollen dienen können, zu rechtfertigen weiß.

Die Psychologie kann die Ambivalenz solcher Zustände gut beschreiben. Aus den Berichten über amerikanische Reaktionen auf die Nachricht vom Besitz und Abwurf der Atombombe ist ihre Auswirkung vielfach dokumentiert.[4] Das Zusammenwirken von beidem, – der ihrer Natur nach nihilistischen Aktionen und der lustbetonten Erregung, die sie auf sich zieht, – erklärt, daß dann, wenn erst einmal die Hemmschwellen gegen beide gefallen sind, Akte der Barbarei fast ungehindert aufkommen und sich multiplizieren können.

3 So de Sade in ›La Philosophie dans le boudoir‹ von 1795, am Schluß der letzten Rede des Dolmacé, wenige Seiten vor dem Schluß.
4 Paul Boyer, ›By the Bomb's Early Light‹ New York 1985.

40.
Aggressionsformen, zumal Selbstaggression

Nach den Kriegen dieses Jahrhunderts ist kein Mangel an Beispielen dafür. Doch der Typus der nihilistischen Aktion ist weit eindrucksvoller belegt durch die Vernichtungsakte gegen Wehrlose. Ihre nihilistische Intention trat wohl allein in der nationalsozialistischen Ausrottungspolitik zuletzt auch ganz offen als solche hervor. Aber auch andere Vernichtungsakte, zuletzt die der Roten Khmer, sind ohne die, wiewohl verhohlene, Wirksamkeit einer solchen Intention nicht zu erklären. Es ist kaum daran zu zweifeln, daß sich die Zerstörungskraft der neuen Waffe, die einem Vertilgungsmittel gleichkommt, leicht mit den Vernichtungsaktionen zusammensehen läßt, die schon zur geschichtlichen Tatsache geworden sind.

Mit der neuen Waffe hat aber die Möglichkeit zur nihilistischen Praxis eine neue Dimension erhalten. Die Exzesse der Machtentfaltung im Bombenkrieg gegen die Städte und die Vernichtungsaktionen gegen Wehrlose unterschieden sich auf vielerlei Weise voneinander. Im Krieg gingen auch die Flugzeugbesatzungen ein Risiko ein, und es war zudem immerhin möglich, sich aus übergeordneten Zielen gerechtfertigt zu glauben, die man auch für sittlich richtige Ziele halten konnte. An den Vernichtungsaktionen konnten nur die anders als gezwungen teilnehmen, die sich an moralische Maßstäbe nicht gebunden fanden. Aber beide Aktionen hatten doch miteinander gemeinsam, daß sie sich gegen Feinde oder gegen Leben richteten, die vermeintlich ohne Wert waren. In das Geflecht der Motive ging also in irgendeiner Weise immer auch die Aggression *gegen andere* ein. Noch mehr aber kann die Vertilgungswaffe in einer Mischung von Aggression und verächtlicher Indifferenz gegen die Opfer gebraucht werden, – zumal dann, wenn ihr Staat über diese Waffe nicht verfügt. Es spricht auch viel dafür, daß die neue Waffe am leichtesten

gegen einen Gegner einzusetzen ist, der ihr nichts entgegenzusetzen hat.

Würde aber die Waffe gegen einen atomar gerüsteten Gegner
eingesetzt und somit ein wirklicher Atomkrieg ausgelöst, so
könnte dabei auch noch die Aggression *gegen sich selbst* im
Spiel sein. In vielen Akten der Selbstzerstörung und in einigen Praktiken der Selbsttötung ist die Aggression, mit der ein
Mensch sich gegen sich selbst wendet, das bestimmende
Motiv. Ein Mensch kann das Leben, das ihn mit Qualen überzieht oder mit einer Verwirrung bedroht, aus der kein Entkommen ist, ersticken wollen, – und zwar in dem Bewußtsein, nur dies noch aus einem Asyl intakter Freiheit heraus
tun zu können. Wird die Selbstaggression dominant, so wird
auch der Sog in solches Handeln noch zwingender und sich
selbst zugleich auch verschlossener sein. Solche Akte können
von ganzen Gruppen ausgeführt werden. Unsere Zeit hat zumindest ein Beispiel kollektiver Selbsttötung gesehen, ohne
daß über die Motivsyndrome, aus denen dieser Akt hervorging, viel Aufschlußreiches zu hören gewesen wäre. Doch sicherlich können eben diese Syndrome auch in die Akteure
staatlichen Handelns einfließen.

Solche Motivsyndrome sind sicherlich tief im psychischen
Potential des Menschen verwurzelt, so daß sie also auch in
früheren Kriegen und Katastrophen zur Auswirkung kamen.
Doch nun können sie eine bedrohliche Verbindung mit der
nihilistischen Schlußfolgerung aus der modernen Reflektiertheit eingehen. Wer diese Schlußfolgerung einzusehen meint,
dem ergibt sich ein Grund der Rechtfertigung für seine Aggression gegen die Menschheit. Und in der Folge dessen
könnte schon ein geringeres Aggressionspotential genügen,
um die Hemmung aufzulösen, welche der Einleitung des
wirklichen atomaren Krieges Widerstand bietet. Es ist nicht
schwer, die Reflexionskette nachzuvollziehen, die eine solche
Handlungsart begleiten würde: Die Selbstinterpretationen
der Menschen, durch die sie sich an Normen binden, sind

haltlos. Inzwischen sind sie auch von denen, die Macht aus-
üben, kaum noch geglaubt. So regeneriert sich eine Lebendigkeit, die nur nach Einfluß und Genuß hascht, von Generation
zu Generation, ohne Aussicht auf eine im Ausdruck starke,
auf tiefe Gedanken gestellte Lebensform. Diese Menschheit
überzieht die Erde und alles stillere Leben mit ihrem gehaltlo-
sen Lärm und ihrem banalen Genuß und Verbrauch. Wir wissen auch, daß das Leben dieser Art ohnehin begrenzt ist. Die
Lebensbedingungen für die höheren Säuger werden sich ver-
schlechtern. Irgendwann wird die Erde in die Sonne stürzen.
Was also steht dagegen, die Zeit des unausweichlichen Endes
vorzudatieren? Zumindest darf man es doch riskieren; und
irgendwann werden einige, welche die Macht dazu haben,
ohnedies und wahrscheinlich aus derselben Gedankenfolge
heraus zum unlimitierten Gebrauch der neuen Waffe greifen.
Wer es aber jetzt tut, der gewinnt eine singuläre Stellung in
der Menschheitsgeschichte. Denn seine Aktion ist von der
Art, daß sie überhaupt nicht noch einmal getan werden kann.
Er entspricht im übrigen nur einer Situation, die nicht gewählt wurde und die doch unabwendbar besteht. Und zugleich sorgt er dafür, daß die Menschheit ihrem Untergang
nicht nur verfällt, daß dieser Untergang vielmehr von ihr wissend eingeleitet wird, – und zwar durch eben den, der durchschaut, was wirklich ist, und der sich von dem Fatum nicht
hat ziehen, sondern führen lassen.

41.
Künftige Situationen

Es ist wichtig, in eine solche Reflexionskette und in die Bewußtseinslage, die sie trägt, denkend einzudringen, um die
Quellen und die Größe der Gefahr richtig zu ermessen. Eine
solche Bewußtseinslage mit ihrer lustverwirrten Affirmation
der Katastrophe muß sich nicht ausformulieren, um dennoch

in sich klar und hinter Oberflächenbegründungen, die etwa zustimmungsfähig wären, die eigentlich wirkende Kraft zu sein. Man kann wohl sagen: Aber das sind doch Gespinste eines gestörten Lebens, das man fernhalten kann und muß von den Mechanismen, welche den Zugang zur neuen Waffe sperren. Das ist wohl wahr, berücksichtigt aber nicht, daß die Gespinste durchaus nicht ohne Stützung in Tatsachen und Denkweisen sind, die von innen heraus in die moderne Bewußtseinsstellung einbrechen können. Auch darf man doch nicht davon ausgehen, daß die neue Waffe von zivilisierten Großmächten unter Kontrolle gehalten wird. Denn sie bedrohen sich mit dieser Waffe nicht nur in halbem Ernst, wie immer sie darauf hoffen, daß sich der atomare Krieg umgehen läßt. Im übrigen leben wir noch in der Eingangsphase der Epoche, die durch die Verfügbarkeit der Waffe geprägt ist. Die Besinnung darf sich also nicht eingrenzen auf die Situation, welche in dieser Eingangsphase herrscht. Ihre Verbreitung hat sich zwar sehr verlangsamt, aber doch nicht hindern lassen. Noch ist sie eingeschränkt auf Staaten, die von einer der Großmächte vollständig abhängig sind. Und deren Wille zur Selbsterhaltung und zur Erhaltung ihres noch jungen Dominiums hat auch in gefährlichen Krisen den Frieden doch schließlich erhalten. Daß sich diesseits ihrer Rivalität aus ihren gemeinsamen Interessen auch ein gemeinsames Kontroll-Regime über die atomaren Bewaffnungen in anderen Ländern bilde und als wirksam erweise, ist die beste Aussicht, die sich auf mittlere Frist schon abzeichnet. Doch sind leicht Situationen auszudenken, in denen ein solches Regime zerfällt, – in Krisen, die durch Naturkatastrophen, durch die Destabilisierung einer Großmacht über innere Unruhen oder durch was immer ausgelöst werden möchten. Das atomare Waffenprivileg der Großmächte wird schon heute von mehreren Schwellenmächten nicht anerkannt. In einer solchen Situation könnte leicht ein Konflikt zwischen atomar bewaffneten Sekundärmächten beginnen. Der Irak hat in einem, durch Fehlkalkulationen begonnenen, reinen Grenzkrieg das Giftgas eingesetzt, das selbst Hitler nicht als Kriegswaffe, wohl aber als Vertilgungsmittel gebrauchte. Man kann sich leicht ausmalen, wieviele Herrscher zur neuen Waffe greifen würden, wenn sie sie besäßen und wenn sie in Konflikte gerieten, die sie, ihren Staat, ihre Macht und womöglich ihr Volk im Ernste in den Untergang ziehen könnten.

Einem Schriftsteller, der sich im Genre der atomaren Katastrophenromane betätigt, dürfte es dann auch nicht schwerfallen, die Bewußtseinslagen der Generale der Raketengruppen, der Piloten und der Oberleutnante in den Kontrollstellen der Silos zu erkunden. Die Kommandierten würden wohl noch stolz sein können auf den Grad ihrer Pflichterfüllung und Opferbereitschaft, da sie ja mit ihrem Gehorsam zugleich auch den Tod auf ihre eigenen Familien ziehen. Die Kommandierenden möchten dem Typus des fehlorientierten Primärstufenmoralisten oder dem Typus des Nihilisten näherstehen, der nun die Gelegenheit hat, auch als Aktivist in die nihilistische Praxis hineingezogen zu werden. Der erste mag aus der verwickelten Problemlage zwischen Pflichtbegriff und Rechtsbegriff in der moralischen Primärorientierung zu der falschen Schlußfolgerung gelangt sein, der Einsatz der Waffe sei nunmehr ein Fall des Handelns, der durch das sittliche Bewußtsein gedeckt ist. Und daraus würde er unbedrängten Gewissens zum Einsatzbefehl übergehen. Der andere mag schon längst den Schein in der moralischen Lebensorientierung durchschaut haben und nun in der Lage sein, auch den wirklichen Gang der Dinge dieser Einsicht preiszugeben. Man kann sich weiter fragen, welchem Typ oder welcher ambivalenten Mischung beider Begründungen die Generalität der Großmächte oder der Mittelmächte näherstehen wird, von denen auf längere Frist, so weit wir absehen können, am ehesten die Gefahr ausgehen wird, sich selbst und dann auch die Großmächte in den Strudel des atomaren Krieges hineinzuziehen.

42

Orientierung in Gedanken

Hat man die Möglichkeiten, mit denen zu rechnen ist, für eine Weile durchdacht und dabei über die eigene Lebensspanne und die politische Konstellation, die heute herrscht, hinausgesehen, so wird es schwer zu glauben, daß die Bomben, die auf Hiroshima und Nagasaki fielen, die einzigen Exemplare der neuen Waffe bleiben werden, die in der gesamten Geschichte der Menschheit gebraucht werden. In einem damit wird man auch die Wahrscheinlichkeit höher ansetzen, daß die Selbstzerstörung von der Menschheit nicht abgewendet werden kann. Um so mehr wird man wünschen, daß sich die Waffe wieder aus der Welt schaffen ließe. Doch dagegen, daß ein solcher Wunsch auch Handlungsanleitung werden kann, stehen alle die Gründe, die schon erwogen worden sind. Es bleibt also keine andere Möglichkeit als die, die Verfügbarkeit der Waffe einzudämmen und unter einer Kontrolle zu halten, die dann immer wieder aufs neue stabil gemacht, auch neu gewonnen und schließlich vielleicht auf lange Zeit in Institutionen, die nicht mehr zurückgenommen werden können, verläßlich gemacht wird. Man wird auch hoffen wollen und in einem gewissen Maße darauf bauen dürfen, daß der Selbsterhaltungswille gegenüber der Bereitschaft zu Aggressionen und Destruktion die größere Stärke hat. Und manche mögen seiner Kraft eben deshalb blindlings vertrauen, weil andere Sicherheiten nicht zu gewinnen sind. Und doch könnte ein solches Vertrauen niemals seiner selbst sicher werden. Es nimmt sich aus wie ein Ausweg der Hilflosigkeit in einer Lage, die oftmals der auf einem schwelenden Vulkan, den man doch nicht verlassen kann, zu gleichen scheint. Denn dies Vertrauen kann der Konstellation nicht Rechnung tragen, die sich zwischen der Verfügbarkeit der neuen Waffe und den nihilistischen Potentialen im modernen Bewußtsein ausgebildet hat. Ist also der Weltlage die Verfügbarkeit der

Waffe nicht zu ersparen, so kann der Bedrohung, die durch jene Konstellation heraufkommt, nicht allein dadurch umfassend genug entgegengewirkt werden, daß die Maßnahmen und Abkommen zu ihrer Abwendung verbessert werden. Es genügt auch nicht, in einer Situation, die gerade durch latente, aber machtvolle Motivationen bedrohlich wird, allein auf eine objektive Vernünftigkeit der Verhältnisse oder darauf zu setzen, daß die Menschheit eigentlich in Gottes Willen oder in der Logik ihrer Geschichte existiert oder geborgen ist, so daß ihr Dasein ihrer eigenen Verfügung entzogen bleibt. Einer Bedrohung, die mit einer Denkart und einer Bewußtseinslage so unmittelbar verbunden ist, kann nur in einem damit begegnet werden, daß der Bedrohung auch Gedanken entgegengesetzt werden; und zwar Gedanken, auf die sich Weisen der Welterfahrung aufbauen, die darum auch in diese Bewußtseinslage eingehen können, – und zwar so, daß dort, wo sie als wahr eingesehen und wirksam werden, die mit dieser Lage verbundenen Handlungspotentiale zum Erliegen kommen, welche die Katastrophe als zustimmungsfähig erscheinen ließ.

Wohl darf man Gedanken nicht zu viel zutrauen, – auch denen nicht, die als solche praktisch sind und die Erfahrungs- und Handlungsweisen organisieren können. Sie sind notwendige, nicht hinreichende Bedingungen dafür, daß die in die Weltlage eingebildeten destruktiven Möglichkeiten nicht freikommen. Gäbe es nicht die Aussicht, daß die neue Waffe unter einer de facto-Kontrolle zu halten ist, so würden auch sie wirkungslos bleiben. Aber eine solche Kontrolle ist doch selbst ein Projekt, das Ziele verfolgt und so von Gedanken angeleitet ist. Insofern kommen Gedanken nicht post festum ins Spiel, – wie ein leerlaufendes Rad an einer von ihm ganz unabhängigen Sicherheitsmaschine. Was sich wie eine solche Maschine etwa ausnehmen mag, ist seiner selbst wenig sicher und angegriffen von vielen Seiten. Wer in ihr wirkt, bedarf also der Orientierung auch in Grundsatzfragen. Und je mehr er von dem Dilemma der nuklearen Situation weiß, um so mehr wird er von Selbstzweifeln und davon berührt sein, daß die geläufige Verständigungsart dazu tendiert, sich in schnell vernutzten Formeln zu erschöpfen. Schon manche Krise und Katastrophe unseres Jahrhunderts kam zustande, als die Gedanken guten Willens ihre Sprache vernutzt und ihre Überzeugungskraft verbraucht hatten.

Im Bewußtsein des Ungenügens der Fähigkeiten jedes einzelnen vor einer Problemlage dieser Dimension, aber auch im Bewußtsein dessen, daß die Aufgabe unabweisbar und so von möglichst vielen aufzunehmen ist, müssen wir also die Besinnung weiter voranbringen. Ihr Ziel ist es, über die Richtigkeit einer Handlungsart in der Weltlage die Orientierung zu gewinnen.

VI. Erweiterung der Ethik-Theorie

43

Zweifel im sittlichen Bewußtsein

Wir waren von einer Analyse des Kerns des sittlichen Bewußtseins ausgegangen. In ihm waren drei Faktoren zu unterscheiden, und es zeigte sich, daß es möglich ist, daß sowohl die Motivation wie auch die Zielbeurteilung des guten Willens in eine Entwicklung kommen können, welche sie aus der ursprünglichen Harmonie mit der Beurteilung von Handlungen nach der sittlichen Primärregel herausführt. An eine solche Entwicklung auf seiten der Motivation kann sich eine Vertiefung des sittlichen Bewußtseins anschließen. Und in Beziehung auf sie war von einer zweiten Stufe in der sittlichen Orientierung des Handelns zu sprechen. In ihr ist eine Grundvoraussetzung der Primärstufe aufgegeben, – jedoch so, daß die Primärregel nicht etwa durch eine andere Regel ersetzt wird. Was sie als richtig (in anderer Weise als Recht) bestimmt, bleibt in Geltung. Doch kann nicht davon ausgegangen werden, daß der gute Wille auch unmittelbar dazu ansetzen kann, es zu verwirklichen. In diese Differenz zwischen dem richtigen Tun und dem Bereich von Zielen des Handelns, die sich unmittelbar verfolgen lassen, greift das neue Bewußtsein ein, aus dem sich die zweite Stufe als solche konstituiert. Ihm zufolge muß anerkannt werden, daß sittliches Handeln in wirkliche Verhältnisse verwickelt ist, – nicht allein aus Bedingungen des Lebens, die ihm nur auferlegt wurden, sondern ebenso aus der ihm eigenen Verfassung heraus. Daraus, daß diese Verwicklungen aber verschiedenen Ursprungs sind, ergab sich zugleich, daß in einem mit ihrer Anerkennung auch Zweifel an der Realität der sittlichen Dimension des Lebens selbst aufkommen können. Ganz neue

Gründe zu solchen Zweifeln ergeben sich, wenn die Richtigkeit des Handelns unter Bedingungen der Verfügbarkeit der neuen Waffe in Frage steht.

Zweifel an der Realität eines Lebens, das sich an einem Gedanken der sittlichen Richtigkeit des Handelns orientiert, sind immer schon möglich gewesen. Sie sind dem sittlichen Bewußtsein, insofern es überhaupt mit Reflexionen verbunden ist, auch stets vertraut. Und ohne alle Reflektiertheit ist es unmöglich, den Gedanken einer sittlichen Primärregel selbständig anzuwenden. Insofern »versteht sich von selbst« nur ein Verhalten, das von außen auf sittliche Richtigkeit eingesteuert ist. Eine Form jenes Zweifels formuliert sich gerade mit der Vermutung, daß anderes als durch einen sozialen Druck konditioniertes Verhalten gar nicht denkbar sei, daß also die Irrealität der sittlichen Lebensorientierung in eben der Meinung bestehe, man könne auf andere Weise und zu einer Verhaltensart aus anderem Ursprung verpflichtet sein. Die Geschichte der Ethik wurde geradezu dadurch in Gang gebracht, daß solche Zweifel auch in einer theoriefähigen Form ausgesprochen worden sind: Plato hat sie den Sophisten in den Mund gelegt. Wo immer die philosophische Ethik Bedeutung und Tiefgang erreichte, hat sie sich auch gründlich auf solche Zweifel eingelassen. So kann man nicht erwarten, daß sie in unserer für die moralphilosophische Skepsis besonders hellhörigen Zeit überzeugend zu sprechen vermag, wenn die Ethik diese Zweifel und die Gründe, auf die sie sich stützen, einfach nur ignoriert.

So ist es also nunmehr notwendig, die Analyse des sittlichen Bewußtseins noch um einen Schritt weiterzuführen. Denn es ist bisher kaum ein Ansatz dazu gewonnen, der verstehen läßt, auf welche Weise solche Zweifel in das sittliche Bewußtsein eingreifen und wie das sittliche Bewußtsein selbst ihnen auch begegnen kann, ohne sie nur abzudrängen. Wohl aber ist schon deutlich geworden, wie sich gerade in der modernen Bewußtseinslage und unter der Bedingung der Verfügbarkeit

der neuen Waffe ein Bewußtsein und eine Aktionsart ausbilden, die davon ausgehen, daß die Frage nach Realität oder
Irrealität der sittlichen Primärorientierung negativ entschieden ist. Dabei ist zudem klar geworden, daß der gute Wille
allein und eine Rhetorik, die seine Überzeugungen nur aufs
neue geltend macht, nicht die Kraft haben können, sich in
diesem Bewußtsein und gegen eine solche Aktionsart Gehör
zu verschaffen und in ihm zur Einsicht zu werden. Wenn also
die Analyse des sittlichen Bewußtseins erweitert wird, so
muß dies in Beziehung auf eben die Bedingungen geschehen,
von denen her die skeptische Schlußfolgerung und deren
Übergang in eine nihilistisch verfaßte Praxis sich selbst plau-
sibel werden.

44.
Selbstbeschreibung und Weltbegriffe

Regel, Motiv und Zweck sind Begriffe, die Aspekte des
Handelns bezeichnen. Und ›sittlich‹ ist zunächst einmal ein
Prädikat für Handlungen und eine Handlungsart. So mag
man denken, daß der Bereich der ethischen Fragen mit dem
des Handelns zusammenfalle und so von dem der Tatsachen
abgetrennt sei, darum auch immun gegen Konsequenzen, die
sich aus Tatsachen herleiten. Aber diese Meinung ist aus vielen Gründen unzutreffend, vor allem aber deshalb, weil jede
Handlungsart Annahmen einschließt und Überzeugungen
voraussetzt. Natürlich kann nur gehandelt werden, wenn die
Umstände bekannt sind, in die handelnd eingegriffen werden
soll, und wenn das Handeln auf Ziele ausgeht, die sich verwirklichen lassen und in Beziehung auf die man Umstände
kennt, in denen oder durch die sie wirklich werden würden.
Doch das betrifft den Bereich der jeweils bestimmten Intention des Handelns und somit nicht etwas, was als Tatsache in
den Gedanken des sittlichen Wollens als eines solchen ein-

geht. Man könnte also immer noch sagen, daß das, was die sittliche Handlung zu einer solchen macht, eine von jeder Weltbeschreibung abgehobene, daher eine nur praktische Orientierung ist. Aber das sittliche Bewußtsein ist in noch anderer Weise, und zwar intern, mit Annahmen verbunden, welche die Weltverfassung betreffen. Wenn es diese Annahmen nicht mehr für wahr halten kann, ist es auch in seinem Zentrum instabil und angreifbar, und zwar so, daß es unter Belastung zur Wirkungslosigkeit verurteilt ist und womöglich sogar zerfällt.

Man erkennt diesen Zusammenhang dann am leichtesten, wenn man in der Analyse des sittlichen Bewußtseins ohnehin dahin geführt worden ist, Stufen seiner Entwicklung anzunehmen. Denn der Unterschied zwischen diesen Stufen läßt sich nur dann zureichend bestimmen, wenn der Unterschied zwischen denjenigen Implikationen des sittlichen Bewußtseins verstanden und erklärt wird, die sich unmittelbar aus verschiedenen Gedanken von der Verfassung der Welt als ganzer ergeben. Und dieser Zusammenhang zwischen Handlungsorientierung und Weltbeschreibung ergibt sich nun seinerseits daraus, daß das sittliche Bewußtsein in allen seinen Gestalten eine *Selbstbeschreibung* dessen einschließen muß, der handelt und der sich in seinem Handeln sittlich zu orientieren sucht. Es ist gewiß unstrittig, daß sittliche Forderungen und Kriterien der Richtigkeit des Handelns einen Adressaten haben. Sie haben ihn aber nun nicht in dem Sinne, daß in einer Beschreibung aus distanzierter Warte, etwa in einer Art Gesetzestext mit Kommentar, angegeben wird, für wen solche Regeln in Kraft sind. Sittliche Regeln sind als solche immer nur von dem Standpunkt derer aus zu identifizieren, die sie betreffen. Von außen ließen sie sich überhaupt nur durch kanonische Festlegungen und durch Sanktionen erkennen, also nur indirekt aus Folgen, die von ihnen hergeleitet sind, und so auch nicht in ihrem eigentlichen Charakter. Derjenige, für den sie in ihrem eigentlichen Sinne gelten, muß sich also zu sich selbst, und zwar wissend, verhalten können und immer auch wirklich verhalten, insofern er sich als Adressat einer sittlichen Forderung versteht. Und damit ist dann weiter auch gegeben, daß er sich nicht nur formal, und insoweit im Zirkel, von der Forderung her als der versteht, an den sie ergeht. Er muß sich auch als ein solcher verstehen, der dieser Forderung entsprechen kann – dessen ganze Lebens- und Verhaltensart also so beschaffen ist, daß ihm die Aufgabe, als Adressat auch Akteur aus sittlicher Orientierung zu sein, nicht als fremd und schlechthin unvereinbar mit allem entgegensteht, was die Grundverfassung seines Lebens ausmacht, zu der immer zugleich auch gehört, daß von ihr gewußt wird –, und zwar von dem, der dieses Leben führt. Ohne daß sie sich intern auf eine solche Selbstinterpretation zu stützen vermöchte, würde jede sittliche Lebensorientierung nicht nur unwirksam bleiben. Sie würde nicht einmal verständlich sein.

Man kann dies alles auch ganz einfach ausdrücken, indem man sagt, daß es ein Begriff von der Person sei, durch den eine Weise von sittlichem Bewußtsein vollständig wird. Dann muß man aber in die Bestimmung dessen, was ›Person‹ jeweils meint, alle die Eigenschaften aufnehmen, die dafür vorausgesetzt sind, daß ein Individuum Adressat und Quelle einer sittlichen Lebensorientierung zu werden vermag. So muß sich, zum Beispiel, die Person, die sich gemäß den Kriterien der Richtigkeit orientiert, welche auf der Primärstufe des sittlichen Bewußtseins ausgebildet sind, zugleich und ausdrücklich als Subjekt verstehen: Sie muß sich eine Position zuschreiben, die nicht mit ihren besonderen Lebensumständen oder mit irgendwelchen Lebensumständen zusammenfällt. Die Beurteilungsregel hat nämlich zumindest dieselbe Universalität wie ein Weltbegriff; denn sie gilt gleichermaßen für alle Handlungssituationen. Sie stellt die Person zudem in eine Distanz zu allen Zuständen in der Welt, die sich wirklich vorfinden. Denn sie stellt diese Zustände mit den Handlungssituationen, in die sie eingehen, auch grundsätzlich zur Disposition. Natürlich kann die Person, die zugleich ein anfälliges und vergängliches Lebewesen ist, nur wenige Zustände in ihrer Welt beeinflussen. Dennoch ist ihr Weltbegriff von der Art, daß sich der Unterschied zwischen handlungsrelevanten und handlungsentzogenen Zuständen allein daraus versteht, ob ihre physischen Kräfte in diese Zustände einzugreifen vermögen. Als sittliches Subjekt ist sie aber grundsätzlich in gleicher Weise auf alle denkbaren Situationen eingestellt.

45.
Subjektstellung im Weltbegriff

Es ist leicht zu sehen, daß dieser Weltbegriff nicht in jeder Epoche der Menschheitsgeschichte ausgebildet gewesen ist.[1] Er ist unvereinbar mit Weltbildern, in denen gewisse Orte, Zeiten und Verhältnisse als tabuisiert oder sakrosankt gelten, und ebenso mit solchen, in denen sich die Richtigkeit des Handelns aus kosmischen Gesetzen ergibt oder an Sternkonstellationen sich bemißt. Alle diese Verhältnisse grenzen sowohl den Handlungsbereich wie auch die Anwendbarkeit der sittlichen Primärregel ein. Das heißt zwar nicht, daß auch in Weltbildern, aus denen eine solche Eingrenzung zwingend folgt, die Subjektstellung der Person gar nicht wirksam wäre. Sie ist schon vorausgesetzt, wenn irgendwelche Weltdeutungen entwickelt und angenommen werden. Wohl aber heißt es, daß die Subjektstellung nicht ausdrücklich in die Selbstbeschreibung des Handelnden eingegangen ist. Es wäre ganz unmöglich, dem Kern eines universalistisch verfaßten sittlichen Bewußtseins eine Gültigkeit zuzuschreiben, wenn sich nicht alle Momente, die es konstituieren, auch in jedem bewußten Leben auswirken würden. Daraus folgt aber nicht,

1 Zum Folgenden bis einschließlich Ziffer 48 vgl. u. S. 280 ff.

daß sie auch zu jeder Zeit freigesetzt und über eine Selbstbeschreibung von der Art angeeignet sein müßten, wie sie jenes sittliche Bewußtsein wirklich verlangt. Viele Gründe wirken dahin zusammen, daß eine solche Selbstbeschreibung nur unter besonderen historischen Bedingungen wirklich zustandekommen kann. Zu ihnen gehört nicht nur, daß die formale Rationalität unvollständig entwickelt ist und daß magische, mythische oder symbolische Weltdeutungen einen festen Rahmen für jede mögliche Selbstbeschreibung vorgeben. Wir haben ja gesehen, daß der Kern des universalistisch verfaßten sittlichen Bewußtseins selbst wiederum den Grund für eine weitere Entwicklung in sich enthält. Und so ist es möglich, daß das Wissen von sittlichen Tatsachen, die von einer Primärmoral nicht gedeckt und in ihr nicht begriffen sind, seinerseits einen Grund dafür abgibt, daß der mit ihr verbundene Weltbegriff nicht angenommen wird. Und daraus kann wiederum folgen, daß eine Weltdeutung, die sich noch gar nicht auf die Perspektive des sittlichen Universalismus einlassen kann, doch in den Anschein kommt, ihr wohne eine überlegene Deutungskraft inne. Darum ist es nicht bloß Verirrung, wenn eine Zivilisation, in der jene Perspektive wirklich freigekommen ist, die Sehnsucht nach dem ursprünglicheren Leben nicht zum Verstummen bringen kann. Das Wissen, daß die Primärstufenmoral über sich selbst hinausdrängt, und die Erinnerung an die Epochen früherer Geschichte gehen in dieser Sehnsucht eine Verbindung miteinander ein. Sie muß durchschaut sein, damit der Verlauf eines Entwicklungsganges nicht als der Abfall von einer vermeintlich ursprünglicheren Wahrheit mißdeutet und auf diese Verwechslung dann auch noch ein verworrenes und zerstörerisches politisches Programm begründet wird – sei es das Programm der Rückkehr zu ursprünglicheren Lebensweisen, sei es das utopische Versprechen einer politisch erwirkten All-Versöhnung.

46.
Applikanzbedingungen des sittlichen Bewußtseins

Es wird gut sein, für die Selbstbeschreibung des Handelnden und den Weltbegriff, der mit ihr verbunden ist, einen Terminus einzuführen. Wir nennen diese Dimension des sittlichen Bewußtseins seine *Applikanzbedingung*.[2] Diese Formulierung ist unter anderem auch gewählt, um sie von der Anwendung (der »Applikation«) zu unterscheiden, die dann erfolgt, wenn die sittliche Primärregel gebraucht wird, um die Richtigkeit des Handelns in einzelnen Handlungssituationen zu bestimmen. Eine solche Anwendung findet in der Selbstbeschreibung gewiß nicht statt. Alle Momente des sittlichen Bewußtseins sind vielmehr intern und also notwendig bezogen auf einen Handelnden, der unter einer solchen Selbstbeschreibung begriffen ist oder vielmehr sich selbst begreift. Insofern kann man sagen, daß sie in Beziehung auf ihn ursprünglich zutreffen und daß sie eine Bedeutung haben, *insofern* sie in ihm eine Adresse der jeweiligen Kriterien ihrer Richtigkeit finden. Die Anwendung steht also gar nicht zur Disposition, sondern ist schon erfolgt, indem sich das sittliche Bewußtsein ausbildet. Kraft dieser ihm wesentlich eigenen Applikanz hat das sittliche Bewußtsein eigentlich erst eine Realität: insofern nämlich, als der Handelnde unter einer Selbstbeschreibung es ist, über den dies Bewußtsein einen Ort im Wirklichen gewinnt – und mit ihm zugleich einen Ausgangspunkt zum Eingriff in die wirkliche Welt.
Ist also die Applikanz auch nicht die Folge einer Aktivität, die, wie die Anwendung einer Regel, bewußt eingeleitet und vollzogen werden kann, so ist es doch möglich, daß die Selbstbeschreibung, durch die sie allererst eintritt, instabil wird und schließlich preisgegeben werden muß. Ein solcher Prozeß wird dann eingeleitet, wenn sich der Gedanke von

2 Vgl. u. S. 282 f.

einer Verfassung der Welt, von dem die Selbstbeschreibung ihrerseits nicht abgetrennt werden kann, unter dem Druck von Kenntnissen und Erfahrungen in dem Maße verändert, daß die Selbstbeschreibung des Handelnden nunmehr als eine bloße Fiktion erscheinen muß. Damit wird aber auch dem sittlichen Bewußtsein als solchem die Verankerung in der Realität entzogen. In der Folge kann sich eine Skepsis, die zuvor nur theoretisch hat erwogen werden können, im sittlichen Bewußtsein selbst ausbreiten. Und sie kann dessen Fähigkeit, noch handelnd in die Welt einzugreifen, zum Erliegen bringen. Es mag noch in den Bewegungen des bewußten Lebens wie ein Beiwerk mitgeführt werden, wenn es seine Wirklichkeit schon längst verloren hat; – bis sich zuletzt theoretische These und praktische Orientierung in einem Handeln zusammenschließen, das sich offen gegen die sittliche Lebensorientierung stellt, indem es sie beiseite schiebt oder sie in der nihilistischen Aktion auch durch eine Weise der Praxis aufhebt, welche nicht nur die Wirkungslosigkeit, sondern die Leerheit und Nichtigkeit aller sittlichen Maßstäbe durch eine von ihnen freigekommene Handlungsart unter Beweis stellt. Über die Selbstbeschreibung und den mit ihr verbundenen Weltbegriff ist also das sittliche Bewußtsein sensibel für Verschiebungen der Weltlagen und für Erfahrungen, die zu einer solchen Veränderung führen. Die Untersuchung der Applikanzbedingung des sittlichen Bewußtseins erlaubt es also nunmehr auch, aus seiner eigenen Verfassung heraus zu erklären, was zuvor schon aus der Verfassung der modernen Reflektiertheit hatte verständlich gemacht werden können: daß der Geltungsanspruch und die Kredibilität des sittlichen Bewußtseins im Blick auf die gegenwärtige Weltlage unterminiert werden können.

47

Reflektiertheit und Freiheit

Alle Weisen sittlichen Bewußtseins können in Beziehung auf Applikanzbedingungen analysiert werden. So läßt sich also auch in der zweiten Stufe dieses Bewußtseins, die aus der Primärstufenmoralität hervorgeht, eine Applikanzbedingung aufweisen. Sie ist wirklich auch schon in den Blick gekommen, als die Züge anzugeben waren, welche dieser Stufe eigentümlich sind. Was dem Bewußtsein auf dieser Stufe selbst zuzusprechen war, läßt sich nun auf die Selbstbeschreibung des Handelnden anwenden: Er setzt sich nicht mehr in eine durchgängige Distanz zur Welt, sondern weiß sich in besondere Verhältnisse verwickelt. Er erkennt die Möglichkeit an, in ein moralisches Dilemma zu geraten. In einem damit erkennt er, daß Kontinuität und Stabilität in seiner sittlichen Lebensorientierung nur dann zu gewinnen sind, wenn er die Universalität der Beurteilungsregel mit der Perspektive auf Richtigkeit, die sich aus seiner besonderen Situation in der Welt ergibt, in eine Synthese zusammenführen kann. Die Erkenntnis von der Notwendigkeit einer solchen Synthese schließt die Einsicht ein, daß sittliches Bewußtsein nur durch Umsicht auch in der Beziehung auf sich selbst sowohl der Realität entsprechen wie seinen Grundprinzipien treu bleiben kann. Insofern wird dem sittlichen Bewußtsein auf der zweiten Stufe mit der Synthese in seiner Orientierung zugleich auch ein höherer Grad der Reflektiertheit abverlangt und zugesprochen.

Diese Reflektiertheit wirkt sich nun auch so aus, daß das sittliche Bewußtsein dagegen immun geworden ist, seine ursprüngliche Intention auf Richtigkeit des Handelns in dem Selbstruhm der guten Tat oder auch nur des rechten Wollens zu verkehren. Seine Einsicht, daß das gute Ziel nicht jederzeit auch in der Macht seines Wollens steht, hat also gerade nicht die Folge, daß es in seiner Bemühung geschwächt wird. Denn das hohe moralische Pathos steht wirklich in der Gefahr, daß seine Intentionen zweideutig werden und daß es, wenn die Weltverhältnisse sich als allzu widerständig erweisen, entweder in Verlegenheit oder in eine Anklage gegen diese Verhältnisse übergeht, welche die Konsequenz des rechten Tuns, das überlegte Beharrlichkeit verlangt, zum Erliegen bringen. Die vertiefte Selbstbeschreibung der Person ist also in eben dem Sinn das Ergebnis eines Reifeprozesses, über den die Theorie der Persönlichkeit in der neueren Entwicklungspsychologie mit Hilfe ihrer Methoden vieles ausgemacht hat. Ein politisches Handeln, das in der nuklearen Weltlage das sittliche Ziel der Bewahrung der Menschheit verfolgt, muß mit Konsequenz ungerade und dornige Wege gehen, ohne zögerlich zu werden, und dabei sowohl klaren Blick wie langen Atem haben. So wird es nur in einer solchen vertieften Selbstbeschreibung fundiert und stabil sein können.

In unserer Untersuchung soll das Freiheitsproblem ausgespart bleiben. Sich auf es einlassen hieße ihren Gang in zu große Umwege hineinzuziehen. Doch läßt sich leicht einsehen, daß die Differenz zwischen den beiden Stufen des sittlichen Bewußtseins auch einen Unterschied in der Weise ergibt, in der für den Handelnden über die Selbstbeschreibung Freiheit in Anspruch genommen wird. Die Primärstufe läßt es zu und verlangt es vielleicht, daß ihrem Akteur Freiheit unlimitiert zugesprochen wird. Was nach der Primärregel als richtiges Handeln ausgewiesen ist, das muß er tun. Tut er es aber nicht, so hat er sich der Konsequenz, die aus seiner Einsicht folgt, nur entzogen. Und da dies häufig geschehen wird, bleiben ihm nur der Vorwurf gegen sich selbst und der feste Wille zur Besserung.

Wer moralische Dilemmata kennt und wer seine Verwicklung in Realitäten anerkennt, wird diese Bipolarität zwar vielleicht als letztes, aber nicht als einziges Wort der Selbstverständigung kennen. Wenn nämlich Freiheit als die Fähigkeit definiert ist, in jeder Handlungssituation das im sittlichen Sinne

Richtige zu tun, so tangieren Dilemmata auch den Freiheitssinn. Erkennt man sie an, so wird es zunächst einmal nötig, Freiheit als die Möglichkeit, das Richtige zu tun, auf solche Situationen einzuschränken, in denen sich das Richtige eindeutig bestimmen läßt. Jede solche Einschränkung hat dann aber weitere Konsequenzen. Denn nun wird dieser Freiheit des Tuns vorgeordnet die Bemühung um Orientierung in komplexen Situationen. Und von ihr kann man nicht sagen, daß sie, wie möglicherweise oder vorgeblich die Freiheit des Tuns, unter gar keinen einschränkenden Bedingungen steht. Sie kann nur geschehen nach den jeweils besten Kräften. Wenn aber einmal diese Redeweise zugelassen ist, so muß sie auch angewendet werden können auf den jeweiligen Stand der Ausbildung des sittlichen Bewußtseins im Ganzen und auf den Grad der ihm jeweils eigenen Kraft, sich in solchen komplexen Situationen zu behaupten und zu steigern. So kommt aber in den Freiheitssinn selbst eine Dimension von Entwicklung. Und die alte Rede, daß wir uns bemühen müssen, aber auch können, die sittliche Lebensorientierung zu stärken und zu größerem Einfluß zu bringen, gewinnt eine Bedeutung im Zusammenhang der Bestimmung des Freiheitssinnes als solchem. So ist sie nicht mehr nur Ausdruck der Reaktion auf uns unbegreifliche und eigentlich unsinnige Schranken in der Potenz der Freiheit, die wir uns de facto zuschreiben dürfen. Was aus Freiheit möglich ist, wird also nicht durch den Aufruf, das sittlich Richtige zu tun, unvermittelt auch schon zur Tat. Es wird nur in einen Gang gebracht, der nicht gradlinig und der auf weitläufige Bemühungen ausgelegt ist. In ihm kann sich das sittliche Bewußtsein nur dann halten, wenn das jeweils Nächste nicht die Möglichkeiten übergreift, welche ihm kraft des Bildungsganges zur Verfügung stehen, den es aus eigenem Willen durchläuft. Daraus folgt freilich nicht, daß es seine Schwäche als Grund dafür erklären kann, die weitergehende Forderung und die Folgen seiner Schwäche gingen es im gegenwärtigen Zustand gar nichts an. Seine Schwäche ist ein Entschuldigungsgrund, nicht aber auch ein Rechtsgrund für die Erklärung, von der weitergehenden Forderung gar nicht betroffen zu sein. Auch eine in sich endliche Freiheit läßt sich nur über die Anerkennung alles dessen definieren, was wesentliches Moment des Kerns des sittlichen Bewußtseins ist.[3]

Wie sich freilich eine solche in sich selbst endliche Freiheit denken läßt und wie sie vereinbar ist damit, daß die Regel der sittlichen Richtigkeit von solchen Einschränkungen notwendig abzusehen hat, das könnte nur in einer selbständigen Untersuchung erörtert und vielleicht auch verständlich gemacht werden.

48.
Sensibilität für Kontexte

Nur in zwei Skizzen wurden die Selbstbeschreibungen der beiden Stufen des moralischen Bewußtseins einander gegenübergestellt. Jede der Skizzen könnte ausgearbeitet werden. Und dabei würden auch Ambivalenzen zu erörtern sein, die im sittlichen Bewußtsein dadurch aufkommen können, daß es immer imstande und auf der zweiten Stufe auch dazu genötigt ist, sich auf den Gesichtspunkt der Grundorientierungen beider Stufen einzustellen. Mit all dem würde eine Untersuchungsart weitergeführt, die in der Ethik, zu deren Schaden, außer Gebrauch gekommen ist. Sie ist schon von Platon und dann wieder im späten 18. Jahrhundert entwickelt worden; und sie könnte eine ›Phänomenologie des sittlichen Bewußtseins‹ genannt werden, wenn unter diesem Disziplinnamen nicht die Deskription von stationären Typen des Bewußtseins, sondern die Analyse der Gründe für die Dynamik der

---

3 Zum Vorausgehenden vgl. U. Pothast, ›Die Unzulänglichkeit der Freiheitsbeweise‹, Frankfurt 1980.

Entfaltung des Bewußtseins, und zwar von dessen eigenem Standpunkt aus, verstanden würde. Doch hier kam es nur darauf an zu zeigen, daß sich sittliche Motivationen nur in Beziehung auf die Applikanzbedingung des sittlichen Bewußtseins entfalten können, und zugleich zu sehen, daß die Selbstbeschreibung des Handelnden, durch die eine Applikanzbedingung zu jedem sittlichen Bewußtsein als eine seiner Dimensionen gehört, ihrerseits mit einem Weltbild in einem unauflösbaren Zusammenhang steht. Es ist dieser Zusammenhang, durch den das sittliche Bewußtsein sensibel wird für *Kontexte*, die sich aus Weltlagen und aus Erfahrungen in einer Weltlage ergeben. Daraus ergeben sich Folgerungen für die Besinnung auf die Weltlage, welche durch die Verfügbarkeit der neuen Waffe bestimmt ist.

49.
Verteidigung der Primärstufe?

Das sittliche Bewußtsein kann auf vielerlei Weise in Zweifel an sich selbst gezogen werden. Sein Kern, auf den sich die Primärstufenmoral aufbaut, öffnet aus sich selbst heraus keinen Ansatzpunkt für einen solchen Zweifel. Doch die Entwicklung der modernen Reflektiertheit bringt es in eine Konfrontation mit dem Grund, aus dem auch die bedeutendsten Theorieformen dieser Zeit hervorgingen. Für die Primärstufenmoral ist die Welt die Domäne des sittlich richtigen Handelns, das nach der Primärregel bestimmt und unter Voraussetzung ihres starken Freiheitsbegriffs vollzogen werden soll. Aus der modernen Reflektiertheit kann aber über sie der Verdacht kommen, auf ganz anderen Gründen als denen aufzuruhen, die ihr selbst zugänglich sind. Mit diesem Verdacht wird die innere Verfassung der Primärstufenmoral gar nicht angegriffen. Sie wird aber einbezogen in eine Welterklärung, die sich zunächst auf die Theorie der Ideologien und der psychischen Prozesse gründet, welche das Aufkommen von Ideologien erklären. Und diese Welterklärung kann dann auch noch eine Verbindung eingehen mit der physikalischen Theorie, die keinen Raum läßt für die Annahme von Handlungen, welche anders sind als besondere Beschreibungen von Vorgängen in der materiellen Natur.

Die Primärstufenmoral kann zwar gegen diesen Verdacht auch auf vielerlei Weise verteidigt werden. So kann man versuchen zu zeigen, daß die physikalische Welterklärung nur eine unter vielen ist und daß der moralische Weltbegriff ihr gegenüber im Handeln den Vorrang hat, weil er unmittelbar aus der Weltorientierung des bewußten Lebens hervorgeht. Man kann auch Kant darin folgen, beide Weltbegriffe dadurch miteinander vereinbar zu machen, daß man die eigentlich wirkliche (die moralische) Welt von einer Welt unterscheidet, in der sinnlich vermittelte Erfahrungen nach allgemeinen Regeln geordnet werden. Wie immer die Wahrheitsfähigkeit solcher Argumente zu beurteilen sein mag, – auf die Dauer ist es nicht möglich, die Primärstufenmoral nur durch rein defensive Strategien gegen das moderne Bewußtsein als solches stabil zu machen, also gegen die mit der modernen Reflektiertheit gegebene Denkweise, Normen und die mit ihnen verbundenen Bewußtseinsweisen zu hintergehen, ohne dabei die Beschreibung ihrer internen Verfassung als solche überhaupt in Frage zu stellen. Man müßte also hoffen, daß diese Reflektiertheit überall dort nicht Platz greift, wo Entscheidungen unter sittlicher Orientierung zu treffen sind. Aber in einer Weltlage, in der über den Einsatz der neuen Waffe entschieden werden muß und die nur durch die Drohung mit diesem Einsatz einen Friedenszustand erreicht, ist diese Hoffnung vergeblich.

Sucht man Klarheit über die sittlichen Probleme, welche die Verfügbarkeit der Waffe aufgibt, und hat man eingesehen, daß diese Klarheit nicht über die Forderung gewonnen werden kann, die Waffe aus der Welt wieder verschwinden zu lassen, so hat man bereits den Bereich verlassen, der innerhalb der Primärstufenmoral beherrscht werden kann. Die zweite Stufe des sittlichen Bewußtseins ist aber in ihrer inneren Verfassung selbst durch Verschiebungen im Kontext ihres Weltbildes zu tangieren. Das folgt einfach daraus, daß sie von der Verwicklung des sittlichen Bewußtseins in Weltverhältnisse ausgeht. Da sie also nicht auf die Prämisse begründet ist, die Welt sei verfügbar als die Domäne des richtigen Handelns, muß sie auch grundsätzliche Betrachtungen über diese Verhältnisse als für sich selbst bedeutsam anerkennen. Sie wird damit auf ganz andere Art als die Primärstufenmoral von Erfahrungen und Folgerungen erreicht, die sich in und aus einer besonderen Weltlage ergeben.

50.
Die zweite Stufe im Kontext

Dieses Ergebnis ist nun in die Besinnung einzubringen, welche der Verfügbarkeit der neuen Waffe gilt. Das sittliche Bewußtsein der zweiten Stufe ist für diesen Kontext in doppelter Weise sensibel. Daß die Waffe nicht vergessen gemacht und somit auch nicht zum Verschwinden gebracht werden kann, ist für es zwar nicht in eben dem Maße ein Skandal wie für den Standpunkt der Primärstufenmoral. Dafür ist es aber auf andere Weise offen für die Perspektive, aus der die nihilistische Praxis ihre Evidenzen bezieht. Sie sieht, daß sich das nukleare Desaster keineswegs verläßlich abwenden läßt. Sie nimmt die Mechanismen zur Kenntnis, die bisher den Ausbruch eines Krieges zwischen nuklear bewaffneten Mächten verhindert haben. Der wesentlichste dieser Mechanismen ist die sogenannte Abschreckung, die aber auf der bedingten Bereitschaft zu einem nuklearen Krieg beruht, der in keiner Weise gerechtfertigt werden könnte. Da bloßer Bluff als Mittel der Abschreckung zwischen Staaten nicht wirksam wäre, ist nunmehr nicht nur Klugheit, sondern die wirkliche Bereitschaft zur Untat eine Voraussetzung dafür, daß unter den noch gegebenen Umständen das gute Ziel erreicht wird. Diese Einsicht kann zu der Folgerung führen, daß in der gegebenen Weltlage die Umstände die Herrschaft über die Organisation der Handlungsart gewonnen haben und daß der Wille zur Selbsterhaltung sich auf eine Weise geltend machen muß, die es wiederum unmöglich macht, sittliche Intentionen überhaupt noch wirksam ins Spiel zu bringen. Daran läßt sich leicht die nihilistische Diagnose dieser Verhältnisse anschließen. Zwar folgt daraus noch nicht, daß das sittliche Bewußtsein der zweiten Stufe erlischt. Der Mensch guten Willens kann in die Verhältnisse einzuwirken versuchen. Er kann, wo er die Zeichen des Sturmes erkennt, auch dann Dämme bauen, wenn er von ihnen weiß, daß sie nur begrenzt standhalten, und hoffen, daß der Sturm für diesmal bald vorüberziehe. Diese Handlungsart ist der vergleichbar, die in einer Katastrophe, die wirklich geschah, hilfreich und menschenfreundlich wirkt, obwohl nun kein öffentliches Unglück mehr abzuwenden ist. Aber einem sittlichen Bewußtsein, das, so wie dieses, über keinen Kontext vermittelt werden kann, fehlt die Kraft, den Weltbeschreibungen entgegenzutreten und entgegenzuwirken, die in der Handlungsart derer wirksam sind, welche die Katastrophe einleiten würden und sie, was immer ihre Worte sind, de facto für zustimmungsfähig halten. So folgt aus der ersten Weise der Sensibilität dieser Stufe des sittlichen Bewußtseins für Kontexte, daß es sich in dieser Weltlage nur überzeugungsschwach und mit kaum mehr latenter Verzweiflung an seiner Wirkungskraft geltend machen kann. Die Primärstufenmoral ist für sich selbst durch diese Weltlage nicht in gleicher Weise irritiert. Dafür ist sie aber nicht nur als ganze hintergehbar durch die Zweifel, die nun hinreichend bekannt sind. Vor allem ist sie unfähig dazu, sich auf die Probleme angemessen einzulassen, die aus der Weltlage hervorgehen.

51

Synthese aus Reflektiertheit

Sollte das sittliche Bewußtsein auf seiner zweiten Stufe von
der Grundirritation durch die nuklear bestimmte Weltlage
freikommen, so könnte das nur dadurch geschehen, daß es
sich einen Kontext neu erschließt. Dieser Kontext müßte
dazu geeignet sein, der Weltinterpretation entgegengestellt
zu werden, in der die nihilistische Konsequenz und in ihrer
Weise auch die nihilistische Aktion abgestützt sind. Nur über
einen solchen Kontext könnte es der klugen und milden Resignation entkommen, welche seine Selbstdarstellung und
Handlungsart prägt, die beide gleichermaßen defensiv sind.
Und nur ein solcher Kontext könnte ihm die zweideutige
Bundesgenossenschaft mit denen ersparen, die, ohnedies un-
gläubig gegenüber jeder faktischen Macht des Normativen,
ihre Hoffnungen einzig auf einen bloßen Mechanismus der
Selbsterhaltung der Menschheit setzen, – die Bundesgenossenschaft auch derer, welche die normative Kraft des Faktischen so hoch einschätzen, daß sie meinen, die nuklear bewaffnete Welt werde eine Normalität hervorbringen, die für
sich schon das einzig mögliche Heilmittel gegen die Gefahr
des Desasters sei.

Nun ist aber im sittlichen Bewußtsein der zweiten Stufe
ebenso die Möglichkeit zur Ausbildung eines solchen Kontexts und zur Selbstverständigung in ihm gelegen wie die
Möglichkeit zur Resignation und zu jener zweideutigen Bundesgenossenschaft. Und dieser Möglichkeit hat sich die Besinnung nunmehr zuzuwenden. Es sei begonnen mit der
Erinnerung daran, daß das Bewußtsein dieser Stufe in sich
selbst schon die Verfassung einer Synthese hat – und zwar so,
daß es die Momente, welche es zusammenzuführen hat, auch
je für sich muß im Sinn haben können. Eine derart syntheti-
sche Verfassung schließt Reflektiertheit ein. Denn nur über
sie lassen sich die Momente auch dann, wenn sie für sich er-

wogen und auch wirksam werden, in der Einheit halten, von der sie sich nicht mehr lösen dürfen, soll das Bewußtsein nicht in andere Bewußtseinsweisen zurückgleiten. In eben dieser Weise hält die zweite Stufe an der Gültigkeit der Primärregel fest. Und sie beherrscht ihre Anwendung, ohne daß deren Resultat sogleich auch ihre Handlungsart ganz und gar bestimmen würde. Ähnliches gilt für die sittliche Motivation. Das vertiefte sittliche Bewußtsein durchschaut das Trügerische in den großen moralischen Appellen und in einem Handeln, das versichert, nur von ihnen her bestimmt zu sein. Zu oft ist es in Wahrheit ein Stolz, der sein Recht zwar von der Norm, aber wider deren Sinn ableiten will, oder ein Bedürfnis zu Protest und Widerstand, das sich in der Gestalt des vermeintlich jederzeit reinen und energischen Willens verbirgt. Der wirklich gute Wille, dem es einzig darum geht, das Richtige zu bewirken und Unheil abzuwenden, wird sich mit allen Motiven vertraut machen und sie anerkennen, um sie dann in den Dienst der Sache zu stellen. Von dieser Sache weiß er, daß sie, je schwerer sie zu erlangen und zu sichern ist, Umwege auch bei der Befestigung der inneren Einstellung der Handelnden notwendig macht.

Kraft dieser Reflektiertheit ist nur das vertiefte moralische Bewußtsein dazu imstande, in den moralischen Dilemmata der nuklearen Weltlage die Orientierung nicht zu verlieren. Diese Dilemmata stellen der Fähigkeit zur Balance- und Synthesisbildung freilich eine Aufgabe ganz eigener Qualität. Denn die Drohung mit dem Gebrauch der nuklearen Waffe hat, wie dargelegt wurde, ihre spezifische Wirkung nur dann, wenn sie einen desaströsen und moralisch gänzlich unentschuldbaren Gebrauch einschließt. Wer also mit dieser Drohung und somit auf eine Weise, die nicht auch mit anderen Mitteln der modernen Kriegsführung zu erreichen wäre, einen möglichen Gegner pazifiziert, der setzt in seinen Kalkül auch die Möglichkeit ein, daß er selbst oder die Nation, der er seine Sicherheit verdankt und die er vertritt oder der er selbst zugehört, mit seinem Willen eine Untat begehen könnte. Er muß also eigene Handlungen, die verwerflich sind, für den Fall, daß die Drohung versagt, in seinen Willen aufgenommen haben. Das heißt gewiß nicht, daß er sie dann auch wirklich tun würde. Da er sich aber nicht auf Bluff verlassen kann, heißt es auch wiederum nicht, daß er sie unter keinen Umständen tun oder zulassen würde. Denn dann wäre die Drohung unglaubwürdig und also unwirksam gemacht. Die Weltlage verlangt also von dem, der sich im Ernst auf sie einläßt, eine Handlungsart, welche als Möglichkeit die sittliche Korruption der Akteure in sich einbezieht. Auf den Beginn wirklicher Korruption läuft das nur dann nicht hinaus, wenn der Handelnde die Reflektiertheit seiner Besinnungsart einsetzen kann.[4] Denn in der Selbstdistanz, welche kraft der gesteigerten Reflektiertheit eingerichtet ist, kann er die Grundlage einer Handlungsweise aufbauen, welche mit der Unausweichlichkeit der Selbstkorruption in extremen Handlungssituationen rechnet, ohne ihr damit auch schon verfallen zu sein. Dann wird er aber aus den Umständen, die ihn zur Hinnahme einer solchen Möglichkeit zwingen, nicht auch zynische Konsequenzen ziehen dürfen. Er wird vielmehr aus einem seiner Natur nach sittlichen Wollen heraus die Wahrscheinlichkeit, daß die Bedingung eintritt, für die er seine Fähigkeit zur Untat in den Handlungskalkül eingebracht hat, mit um so größerer Beharrlichkeit immer weiter zu minimalisieren versuchen. Über alle Schwierigkeiten hinweg wird er weiterhin mit kluger Beharrlichkeit versuchen, sich mit dem möglichen Gegner über die Struktur des Dilemmas zu verständigen. Und das kann durchaus so geschehen, daß die Wirkung der Drohung nicht erlischt, daß aber zugleich ein

---

4 Vgl. o. S. 40f. (Gregory Kavkas Analyse der Paradoxie der Abschreckung unterläßt die Untersuchung von möglichen Intentionen zweiter Stufe im Zusammenhang der Ausbildung einer konsistenten Handlungsart, welche den Verwicklungen der nuklearen Weltlage entspricht.)

Konsens darüber erzielt wird, daß nunmehr beide Seiten gemeinsam dem wirklichen Eintreten jener Bedingung entgegenwirken. Dazu gehören alle Maßnahmen, durch die zwischen die politische Krise und die verschiedenen Stufen des Gebrauchs militärischer Gewalt möglichst Zwischenstadien eingebaut werden, die den Automatismus des Übergangs zum unlimitierten Gebrauch der Waffe aufheben. Aber er wird sich nicht auf diese und andere militärstrategische Abwendungsmittel des Desasters auch in Krisenzeiten beschränken. Schon der Versuch, über die Natur des Dilemmas eine Verständigung zu erreichen, ist Teil der Bemühung um eine umfassendere Verständigung über den Kontext des rechten Handelns in einer Weltlage, in der die Verfügbarkeit der neuen Waffe nur eingegrenzt, nicht aber aufgehoben werden kann.

52.
Die Notwendigkeit des neuen Kontexts

Es sind Kriege denkbar, in denen nukleare Waffen nur in den engen Grenzen gebraucht werden, die vom Völkerrecht gezogen werden. Auch diese Möglichkeit wirkt der Kriegsbereitschaft entgegen. Denn selbst wenn sicher wäre, daß ein Staat die Waffe nur in dieser Weise einsetzen wird (oder kann), so ist er doch ein gefährlicher Gegner. Er kann die Kräfte eines Angreifers in einer Weise treffen, die es schwer macht, noch an einen wirklichen Sieg zu denken. Doch die Weltlage ist bestimmt durch die Möglichkeit eines nuklearen Desasters. Denn atomare Waffen, die den begrenzten Gebrauch möglich machen, können in Wahrheit immer auch zu massiertem und dann nicht mehr begrenztem Einsatz kommen. Und auch ein nuklear bewaffneter, aber wirklich nur zu begrenztem Gebrauch der Waffe fähiger Staat könnte von eben diesem Gebrauch durch die Drohung abgehalten werden, daß man ihn mit unbegrenztem Atomkrieg überziehen werde. So wird er also selbst auf einen solchen Gebrauch eingerichtet sein müssen.

Obwohl also der Kalkül in der Konfrontation zwischen nuklear bewaffneten Staaten die wirkliche, wiewohl bedingte Bereitschaft zur Auslösung der Untat des Desasters einschließt, geht die bei weitem größte Gefahr, daß dieses Desaster eingeleitet wird, davon aus, daß in Phasen der Krise – sei es latent, sei es manifest – das Desaster selbst, und zwar als nihilistische Aktion zustimmungsfähig wird. In unserer Zeit werden Kriege kaum noch aus kalter Berechnung geführt, und schon gar nicht, wie für Louis XIV., aus der Freude an der Praktizierung der Kriegskunst als einer der höchsten Künste. Wenn sie aus Zufall oder Fehleinschätzung des Gegners begonnen sein sollten, so lassen sie, gerade wegen der Zerstörungen, die sie alsbald bewirken, Empörung, Haß und Rachedurst aufkommen. Wir waren und sind noch Zeugen von Kämpfen, die von dem Willen gezeichnet sind, den Gegner zu vernichten – die sich also schnell in Mord- und Vernichtungsaktionen verwandeln könnten oder die, zumindest zum Teil, solche Aktionen wirklich sind. In diesen extremen Gefühlszuständen können sich leicht auch die Gedanken festsetzen, aus denen die nihilistische Aktion hervorgeht. Sie ist zunächst einsinnig orientiert, so daß sie also am Gegner und in dessen Vernichtung zugleich die Nichtigkeit aller sittlichen Lebensorientierungen demonstriert. So sie aber einmal freigekommen ist, kann sie sich auf solchem Nährboden bald auch in der Bereitschaft zur Selbstzerstörung manifestieren – wenn nämlich nur noch so der verhaßte Gegner mit in den Abgrund zu ziehen ist – und ebenso zur Zerstörung der Menschheit, die in dem Konflikt beiseite gestanden hat. In der Schlußphase von Hitlers Krieg waren Reden zu hören, die, hätte die nukleare Weltlage schon bestanden, wohl auf eben diese Bereitschaft hinausgelaufen wären.

Wenn das sittliche Bewußtsein, in der Anerkennung der Dilemmata seiner Lage, die Gefahr der Drohung, die es nicht ausschließen kann, zugleich auch abwenden will, so muß es also dieser Möglichkeit einen Damm entgegenbauen. Es selbst kennt die Potentiale der nihilistischen Aktion als die eigentlich bedrohliche Gedankenbahn und Aktionsweise, sofern es sich mit allen Schlußfolgerungen vertraut gemacht hat, die in der modernen Bewußtseinslage und im Blick auf die Verfügbarkeit der neuen Waffe gezogen werden können. Schon die Diagnose, die der nihilistischen Aktionsart gestellt ist, wird viele mögliche Akteure von ihr abhalten. Denn viele werden nur solange in sie gezogen werden können, wie ihre Motive nicht ausdrücklich formuliert sind, womit sie ja zugleich auch unter Begründungsdruck gerieten. Die nihilistischen Aktionen unseres Jahrhunderts haben sich allesamt zunächst einmal hinter vermeintlich noblen Zielprojektionen verborgen gehalten. Aber gegen eine Aktionsart, die doch in Gedanken und bei einer Weltbeschreibung ansetzt, sind weder bloße Verteidigung noch auch die Entlarvung wirkungsmächtig genug. Die Nachfolger de Sades werden durch sie weder aufgehalten noch um den Eindruck gebracht, den sie zu machen wüßten. So müssen also die Gedanken, denen sie folgen, den Widerstand erfahren, der aus einer anderen und tiefer begründeten Weltbeschreibung kommt.

Eines solchen Kontextes bedarf aber das vertiefte sittliche Bewußtsein ohnedies und um seiner selbst willen. Ohne ihn ist es unvollständig in sich und seinerseits nicht davor gefeit, in die nihilistische Perspektive gesogen und zuvor für sich selbst zum bloßen Schein zu werden. Aber es wäre auch gar nicht sittliches Bewußtsein, wenn in ihm nicht die Voraussetzungen für die Ausbildung eines solchen Kontextes lägen. Einige seiner Grundzüge müssen in ihm sogar insoweit wirklich ausgebildet sein, als sie nur formuliert werden müssen, um ihm, sofern es nur nicht durch theoretische Gegengründe irritiert ist, wie vertraute Überzeugungen zu erscheinen. Andere müssen freilich im Blick auf die besondere Weltlage gewonnen werden, in die es sich verwickelt weiß – aber im Ausgang von seiner Bewußtseinsstellung und somit in der Absicht, den ihm schon innewohnenden Kontext zu einer Weltbeschreibung zu verdichten, welche ihm ebenso gemäß ist, wie sie auch der Weltlage, die es anerkennen muß, gerecht wird.

53.
Neuer Kontext und Primärstufe

Das vertiefte sittliche Bewußtsein kann die Welt nicht allein als die Domäne nehmen, in Beziehung auf die es handelt und Ziele verwirklicht, die sich unmittelbar nach der Primärregel bestimmen. Da es seine Verwicklung in wirkliche Verhältnisse anerkennt, müssen in seinem Kontext Selbstbeschreibung und Weltbeschreibung eine Verbindung miteinander eingehen. Damit ist nicht gesagt, daß beide aufeinander zu reduzieren wären. Wohl aber muß die Selbstbeschreibung so erfolgen, daß sie eine Ortsbestimmung des bewußten Lebens in allem Wirklichen und in Beziehung auf die wirkliche Weltlage zuläßt und ergibt. Das vertiefte sittliche Bewußtsein ist darum in anderer Weise als die Primärstufenmoral dazu fähig und auch darauf angewiesen, sich selbst und seine Handlungsart in besonderen Weltlagen von einer Verständigung über diese Lagen durchdringen und modifizieren zu lassen. Allerdings bleibt die Primärstufenmoral von dieser Offenheit für Welt- und Lebensdeutungen, die ihr an ihr selbst nicht eigen ist, zugleich auch nicht unberührt. Denn die Sekundärstufe stellt ja weder eine ganz andere Form von Sittlichkeit dar, noch sind in ihr die Prinzipien der Primärstufe etwa verworfen. Eben darum konnte und mußte von einer Vertiefung des einen sittlichen Bewußtseins die Rede sein. Sofern sie aber erfolgt, werden Grundzüge des Personbegriffs, der primären Motivation und vor allem die Primärregel samt der Bedingungen ihrer Verständlichkeit in die Bewußtseinslage der Sekundärstufe einbezogen. Das hat unter anderem zur Folge, daß der Kontext der Primärstufe, der auf ihr selbst als eine aller Zeit enthobene Wahrheit erscheint, seinerseits in seinen Kontrasten und somit in seiner Besonderheit hervortritt. In einem damit kann dann auch einsichtig werden, daß und in welcher Weise die Grundzüge der Primärstufenmoral, welche in die zweite Stufe über deren Synthese eingehen, nunmehr ihrerseits nur verständlich und glaubwürdig bleiben können in Beziehung auf Momente des Kontextes, der über die Sekundärstufe erschlossen ist. So kann die Sekundärstufe nur in dem Maße die Primärstufe vertieft in sich einbegreifen, in dem der Kontext, den die Sekundärstufe selbst erschließt, zugleich auch ein Kontext für die in ihr bewahrten Grundzüge der Primärstufe ist. In diesem Zusammenhang ist es begründet, daß der Kontext der Sekundärstufe den Personbegriff stabil machen und daß er dem Universalismus der Primärregel einen Anhalt in seiner eigenen Weltbeschreibung geben muß.

Diese formalen Verhältnisse bedürften einer selbständigen Untersuchung. Auch müßte das Spektrum möglicher besonderer Kontexte erkundet werden, innerhalb deren eine Sekundärstufe des sittlichen Bewußtseins zu ihrer Selbstverständigung gelangen kann. Man würde nämlich in eine gänzlich unhaltbare Position geraten, wenn man per Implikation behaupten müßte, ein vertieftes sittliches Bewußtsein sei überhaupt nur in der entwickelten Moderne oder gar in Beziehung auf die moralischen Dilemmata der gegenwärtigen Weltlage möglich. Nur das umgekehrte Abhängigkeitsverhältnis kann behauptet werden, daß nämlich die dieser Weltlage entsprechende Handlungsart in besonderem Maße und in besonderer Weise einer Verständigung bedarf, die über den Kontext der Primärstufe hinausgelangt ist. Im Vorangehenden wie im Folgenden steht allein dieser Zusammenhang im Blick. Und im Folgenden ist nun der Kontext zu erkunden, der es dem vertieften sittlichen Bewußtsein ermöglicht, den nihilistischen Potentialen, die in der Weltlage Grund und Anhalt haben, nicht nur in einer immer schon geschwächten und halb resignierten Defensive gegenüberzutreten.

VII. Der kosmische Kontext und seine Grundlagen

54.
Die kosmologische Dimension der neuen Waffe

Die neue Waffe bedroht die physische Existenz der Menschheit. Sie stellt zum ersten Mal ihr eigenes Dasein ihr selbst zur Disposition, und das im Zusammenhang mit den Realitäten und Prozessen, welche sich bisher noch stets ihrer Kontrolle entzogen haben: ihren Konflikten und Kriegen. So fügt sie sich, wie das Siegel seiner Wahrheit, in das Bild von der Welt, demzufolge Naturgeschehen und Menschengeschick ganz der gleichen Art von unwiderstehlichen Gesetzen unterworfen sind. Was zu lernen ist, kann dann nicht sein, wie Kollektive sich rational organisieren und wie sie Maßstäben des Richtigen zur Geltung verhelfen können. Zu lernen bleibt zuletzt nur, daß der Naturlauf gleichgültig ist gegen alle Selbstbilder, die der Mensch sich dennoch entwerfen muß – und das deshalb, weil er selbst nur Naturprodukt, und eines unter anderen, ist.

Die neue Waffe zerstört, indem sie Kräfte freisetzt, die im Kern der Atome wirken. Sie ist insofern physikalische Waffe in einem Sinn, der für keine andere Waffe zutrifft. Auch dadurch hat sie eine kosmologische Dimension. Man kann sie als das Medium sehen, über das die materielle Natur ihr höchstes Produkt zurückziehen würde aus ihrer Gesamtentwicklung – über die partiale Erkenntnis von der Wirkungsweise dieser Kräfte, die dem Menschen gelang, die er aber seinen eigenen Zielen nicht unterordnen konnte.

Diese kosmologische Dimension verdichtet sich noch, wenn die Waffe in den Zusammenhang gestellt wird, in dem die Entdeckung ihrer physikalischen Grundlagen möglich geworden ist. Die alten Kosmologien hatten die Erde der Menschen im Zentrum des kosmischen Geschehens gesehen. Über eine ganze Folge von Entdeckungen, die man ›kopernikanisch‹ nennen kann, hat sie zu einem ephemeren Kleinstern des Universums herabgestuft werden müssen. Es war eben diese Folge, kraft derer zunächst eingesehen werden konnte, daß dieselben Gesetze die Bewegungen der Sterne und der irdischen Körper beherrschen, und dann auch, daß sich der Bau der Atome aus Gesetzen versteht, ohne die auch die Entstehung der Sterne nicht zu begreifen ist. Es war also ein einziger Entdeckungsgang, durch den ein theoriegestützter Begriff von der Einheit der materiellen Natur gewonnen wurde und über den die Erde der Menschen in eine Randstellung innerhalb des materiellen Universums versetzt wurde.

Die Primärstufenmoral wird die Kosmologie, die sich so ergab, als gleichgültig für ihre Selbstbeschreibung anzusehen haben. Der Normkritik, die sich an die moderne Reflektiertheit anschließt, wird sie zur Bestätigung ihrer Grundthese dienen. So wird sich die vertiefte Sittlichkeit ihr gegenüber nicht indifferent verhalten können. Sie weiß sich in eine Welt verwickelt. Und in die Weltlage, die sich um die neue Waffe ausbildete, ist die Umorientierung des kosmologischen Selbstbildes der Menschheit eingegangen. Verhalten kann sie sich zu ihr allerdings nur aus Gründen, die aus ihrer eigenen Verfassung hervorgehen. Denn ein Wissen und eine Weltbeschreibung, die allein aus einer theoretischen Anstrengung oder einer Bemühung um Deutung hervorgehen, könnten nicht die Blickbahn einer Handlungsart werden, die sich spontan im bewußten Leben ausbilden muß. Nun ist aber die Grundverfassung von Selbstbeschreibung und Weltbild der vertieften Sittlichkeit so beschaffen, daß sie von der Umorientierung in der Kosmologie nicht bedroht wird. Sie kann vielmehr aus sich selbst heraus eher an sie als an die Vorstellung von der Zentralstellung des Menschen im Universum einen Anschluß finden.

Besinnt man sich auf die Weise, in der sich die Umorientierung auf seiten der Kosmologie in die Selbstbeschreibung des bewußten Lebens aufnehmen läßt, so sieht man, daß sie eine Reihe von Tatsachen in die Orientierung der Handlungsart einbringen mußte. Und man kann sagen, daß kraft ihrer diese Orientierung in einen Gegensatz zu Überzeugungen kommt, die allem Handeln nahegelegt sind, das zunächst von seiner Selbstzentrierung ausgeht. Dieser Gegensatz betrifft insofern auch die Ortsbestimmung dieses Lebens und Handelns, die leicht der Primärmoral als solcher zugeordnet werden könnte.

So schließt die kosmische Randstellung des bewußten Lebens ein, daß es nur über eine kleine Spanne Zeit besteht und daß die Bedingungen seines Bestehens innerhalb des Universums eine hohe Unwahrscheinlichkeit haben. Wäre die Menschheit nur eine Population geringer Vollkommenheit in einem Universum, dessen Galaxien mit anderen und höheren Vernunftwesen bevölkert sind, so könnte sie sich vielleicht selbst wie eine Stimme in einer kosmischen Fuge begreifen. Aber es spricht alles dafür, daß sie trotz der offenbaren Grenzen ihrer Perfektibilität im Universum einsam lebt. Und ihre Suche nach Weltgenossen, die womöglich Lichtjahre entfernt einmal gelebt haben, ist nicht viel mehr als ein Spiel aus Neugierde oder aus der Faszination der Entgrenzung und jedenfalls gleichgültig für ihr Selbstverständnis. In dieses Bild fügt sich die Möglichkeit, daß diese Menschheit durch sich selbst vergehen könnte, ohne Schwierigkeit ein. Und man mag sagen wollen, daß in einem solchen Akt die Nichtigkeit des Phänomens der Bewußtheit durch es selbst demonstriert werde. Die nihilistische Aktion kann sich auf die Ausdruckskraft stützen, welche diesem Zusammenhang innewohnt. Sie setzt sich sozusagen mit ihm in Korrespondenz, indem sie die wahren Verhältnisse zur eigenen Tat umgestaltet. Und sie mag denken, damit in ein Verhältnis zum kosmischen Prozeß selbst zu kommen – ein

Verhältnis, das der Menschheit aufgrund ihrer Randstellung sonst überall versagt bleibt.

In einem solchen Gedanken verrät die nihilistische Gesinnung freilich auch, daß in ihrer Affirmation der Potentiale zum Untergang der Wille zur Zentralität noch immer ein beherrschendes Motiv geblieben ist. Denn nur der, dem die Zentralität der Weltstellung für eine unaufgebbare Bedingung der Wesentlichkeit seines Wollens gilt, kann aus der Einsicht, daß ihm diese Zentralität vom kosmischen Prozeß nicht eingeräumt ist, die Folgerung ziehen, sein Handeln nunmehr antizipatorisch in den Dienst dieses Prozesses zu stellen und sich so mit seiner Vormacht gegenüber dem Dasein von bewußtem Leben zu identifizieren. Dennoch bleibt er dabei in den Widerspruch verwickelt, über seine Identifikation in die Randstellung des bewußten Lebens ein Wollen hineinzuzwingen, das sich an dem orientiert, was im kosmischen Prozeß wirklich Zentralität hat und dem gegenüber sich die Randstellung überhaupt erst als solche verstehen läßt.

55.
Transitorisches, aber wesentliches Dasein

Diesem Widerspruch kann und muß sich das vertiefte sittliche Bewußtsein entziehen. Es entspricht seiner Grundverfassung, die Assoziation von kosmischer Zentralität und innerer Bedeutung aufgehoben zu haben. Seine Selbstbeschreibung ist ohnedies von den Zügen der Primärmoral abgerückt, die schon dem jugendlichen Rigorismus zu seinem narzißtischen Stolz dienen konnte. Und insofern es in einem mit der Anerkennung der eigenen Verwicklung auch die Fähigkeit erworben hat, sich ganz aus dem Guten zu verstehen, das es besorgt und bewirkt, sowie von den Personen her, um die es besorgt und für die es bemüht ist, gibt es in ihm auch keinen Widerstand dagegen, sich in einer Welt zu beheimaten, in deren Beschreibung die Konsequenzen aus der Folge der kopernikanischen Entdeckungen gezogen worden sind.

Die kosmische Randstellung des bewußten Lebens bildet mit der zeitlichen Begrenzung des Lebens der Menschheit einen in sich stimmigen Zusammenhang. Seit dem 19. Jahrhundert mit seinen Entdeckungen der Prähistorie und der Artengeschichte wissen wir zwar, daß die Geschichte der Menschheit schon um vieles länger währt, als die mediterranen Kulturen je erwogen hatten. Doch diese Entdeckungen wurden überholt durch die Erkenntnis der zeitlichen Dimension der Entwicklung des Universums und der Notwendigkeit von deren Ende im kosmischen Wärmetod. Das Ende des irdischen Lebens ist noch viel früher zu datieren – aufgrund der allmählichen Veränderung der Umlaufbahn des Planeten. So macht nicht nur die Spanne des Lebens eines Menschen und einer Kultur, sondern die alles irdischen und überhaupt alles bewußten Lebens nur einen verschwindenden Bruchteil der zeitlichen Erstreckung des Universums aus.

Aber Dauer ist ebensowenig wie kosmische Zentralität ein Maß für Sinn und Legitimität von Wirklichem. Jeder weiß aus seiner eigenen Lebenserfahrung, daß Momente der Begegnung, der Einsicht oder eines bedeutenden Geschehens ihr Gewicht nicht daraus oder gemäß dem haben, wie lange sie anhalten. Die neue Weltbeschreibung entspricht diesen Erfahrungen auf nunmehr grundsätzliche Weise: Hat bewußtes Leben im Kosmos notwendig eine Randstellung, so ist innere Bedeutung mit transitorischem Dasein ebenfalls notwendig verbunden. Daß es hinfällig ist, ergibt also keinen Grund dafür, es für ephemer zu erklären. Seine Hinfälligkeit ist vielmehr geradezu als eine Bedingung dafür zu denken, daß es wesentlich ist. Daß es nur unter Bedingungen von hoher Unwahrscheinlichkeit aufkommt und daß auch diese Bedingungen keinen Bestand haben, wird so zu einem Signum auch seines kosmischen Ranges. Dieser Zusammenhang läßt sich

noch besser verstehen und annehmen, wenn wir uns klarmachen, daß wir den Gang, den die kosmische Entwicklung
nimmt, nicht nach dem Muster menschlichen Handelns auffassen können. Er geht nicht auf ein Ziel aus, auf das hin alles
Geschehen gerichtet ist. Und er ist nicht auf einen Stand und
eine Ruhe orientiert, die eintreten, wann immer er angelangt
ist bei einem solchen Ziel. Er ist nur ein Ablauf, so verfaßt, daß
das Wesentliche innerhalb seiner aufkommen kann. Er setzt
dies Wesentliche frei und nimmt es zurück nach Gesetzen, die
nicht alles Geschehen auch auf Wesentliches als Endstand hin-
lenken. Insofern ist das kosmische Geschehen indifferent gegen bewußtes Leben. Doch diese Weise von Indifferenz ist
nicht gleichbedeutend damit, daß dies Leben von außen in das
kosmische Geschehen versetzt wurde. Die Weltverfassung
läßt es zu und läßt es aufkommen, ohne ihm subordiniert zu
sein. Und eben damit enthält sie doch in sich den Grund für die
Bestätigung der Richtigkeit der Bestimmung, daß das, was in
solchem Leben geschehen kann, wesentlich ist auch noch in
Beziehung auf den kosmischen Entwicklungsgang, der dieses
Leben beiseite drängen wird. Und darin liegt weiter, daß alles
Wesentliche allein aus der inneren Verfassung und Bewegung
des bewußten Lebens selbst heraus freikommen muß.
Die nihilistische Aktion leitet aus der Erkenntnis, daß irdi-
sches Leben nicht nur transitorisch, sondern durch sich selbst
der Zerstörung ausgesetzt ist, die Zustimmung zu seinem Untergang her. Diese auftrumpfende und zugleich auch verzwei-
felte Konsequenz läuft auf das einfache Prinzip hinaus: Was
fallen muß, das soll man stoßen; was ohnedies verschwinden
wird, von dem kann man auch wollen, daß es jetzt schon ver-
schwinde. Dagegen artikuliert sich der Kontext des vertieften
sittlichen Bewußtseins in Beziehung auf die neue Weltlage in
einer Weise, die einer solchen Denkart nunmehr jede Grundlage entzieht. Und wo der Kontext zu ausdrücklichem Bewußtsein gekommen ist, da kann sich der Sog, der von ihr in
Krisenzeiten ausgeht, nicht auswirken.

Das Leben jedes Menschen ist begrenzt; und es fällt uns lange schwer, das hinzunehmen – für uns selbst und für die, die wir lieben. Doch macht es uns nicht irre an dem, was sie uns lieb sein läßt. Schließlich verstehen wir auch, daß wir uns eine Ordnung nicht einmal ausdenken können, in der alle Wesen bewußten Lebens jetzt und zu unserer Zeit leben und dann für immer leben würden. In einem damit können wir auch begreifen lernen, was eng bemessene Zeiten mit Bedeutung füllt, was Fürsorge für ein Leben bedeutet, das verletzlich und vergänglich ist, was die Kraft der Erinnerung ist, in der allein sich unser Leben im Blick auf die, die wir verlieren müssen, zu einem Ganzen bilden kann. Die Furcht des Todes wird also nur den Gestörten dazu bringen können, sein Leben und irgendein Leben ersticken zu müssen.

Würden wir auf eine Menschheit treffen, die als ganze vergangen ist, so würden wir nicht denken, daß alles Leben in ihr, nur weil es verging, auch als nichtig erwiesen ist. Man mag so denken angesichts der Trümmer ihrer großen Ambitionen, ihrer Triumphzeichen und ihrer Tempel und Zwingburgen, die auf Ewigkeit gestellt sein wollten. Wir würden auch, wie auf den Trümmern von Athen, den Untergang eines Lebens beklagen können, an das wir selbst uns hätten anschließen wollen. Doch nur ein Streben, das über seine eigene Vergänglichkeit herrschen will, nicht aber das Leben, aus dem auch dieses Streben kam, werden wir nichtig nennen können. Es mag wahr sein, was Solon gesagt haben soll: daß nur Mühebeladene ›unter der Sonne wandeln‹. Aber der andere Satz vermeintlicher Weisheit will doch wohl nur ein Paradoxon sein: daß es nämlich für jeden Geborenen das Beste sei, so früh wie möglich zu vergehen. Selbst der Buddha, dem alles Leben als solches Leiden ist, läßt es als den Ort, an dem die Einsicht gewonnen werden kann, bedeutsam und bestätigt sein. Was wir so denken über das Leben vergänglicher Menschen und Kulturen, sollte sich leicht einbringen lassen in unsere Gedanken von der nicht minder vergänglichen

Menschheit. Nicht schon daran, daß sie zerstört werden kann, sondern an dem Leben, in das sie finden kann und wirklich findet, bemißt sich, wie über sie zu denken und wie in Beziehung auf sie zu handeln ist.

56.
Der Planet in der Außenperspektive

Die Verfügbarkeit der neuen Waffe, die moralischen Dilemmata, welche diese Verfügbarkeit in Konfliktlagen nach sich zieht, und die Aussicht in die Möglichkeit der Selbstelimination der Menschheit können ein Spektrum von Denkmöglichkeiten aufrufen – von der Skepsis in der ethischen Theorie bis zur nihilistischen Aktion. Wir haben nun die kosmische Dimension im Kontext des vertieften sittlichen Bewußtseins, das auf die Weltlage antwortet, sichtbar werden lassen. Einige Erinnerungen an die Weise, wie wir zu vergänglichem und vergangenem Leben uns verhalten, haben dann noch zeigen sollen, was in weniger grundsätzlichen, dafür aber vertrauteren Gedanken den Grundgedanken dieser Dimension entspricht, die sich nur aus der Kosmologie und somit in unserer Welterkenntnis erschließt. So mag deutlich geworden sein, daß in diesem Kontext die Tatsache der Verfügbarkeit der Waffe mit einem ganz anderen Potential der Deutung verbunden ist. An dieses Potential kann sich alles sittliche Handeln anschließen, das in die neue Weltlage nicht nur defensiv und so seiner selbst immer unsicher eingreift. Wird die neue Waffe ihrer ganzen Wirkungsart gemäß gebraucht, so ist sie zerstörerisch schlechthin. Aber schon durch ihre Existenz konfrontiert sie die Menschheit mit den Grundbedingungen ihres Lebens. Das tut sie zwar nur deshalb, *weil* sie bedrohlich ist. Es wäre abwegig zu denken, daß ihre Verfügbarkeit auch als Segnung betrachtet werden könne. So sehr aber die Drohung und die Vorstellung von den Umständen, unter denen sie wirklich würde, erschrecken müssen, so führt doch dieser Schrecken Gedanken mit sich, die sich an die Verfügbarkeit der Waffe anschließen – und zwar solche Gedanken, die dahin helfen können, daß das Erschreckende nicht wirklich wird.

In dem Schrecken werden uns die Vergänglichkeit der Menschheit, und daß sie in einem Inferno untergehen kann, ebenso bewußt wie die Bedeutung dessen, daß bewußtes Leben im kosmischen Prozeß wirklich hat werden können und geworden ist. In einem damit, daß die Menschheit über ihr eigenes Dasein verfügen kann, tritt ihr nunmehr so, als ob es ein Alltagswissen sei, vor Augen, was es ist, das sie so auch selbst preisgeben würde. Der Schrecken ist zunächst spontane Reaktion, selbstbezogene Angst vor dem eigenen Untergang und Horror in der Anschauung der Schreckensbilder, die jeder kennt, der sich vertraut gemacht hat mit dem, was in den Tagen und Jahren nach den Explosionen in Hiroshima und Nagasaki geschah. In diese Schrecken eingefügt ist aber der Gedanke, der wie ein Erschrecken, aber nun in nicht mehr selbstbezogener Einstellung oder spontaner Reaktion, erstarren läßt: der Gedanke von einem bewußten Leben, das sich selbst aus dem Kosmos eliminiert hat.

Von diesem Gedanken und wie der Grund von der Figur, von denen die Gestaltpsychologie sprach, ist unabtrennbar das Bild von den Bedingungen des wirklichen Lebens der Menschheit. Und es ist ebenso gestützt von dem kosmischen Wissen, das uns in derselben Zeit erschlossen worden ist, in der die Entdeckungen geschahen, welche die Waffe der absoluten Bedrohung möglich werden ließen. So ist es nicht Zufall, daß wir neben den Bildern des Untergangs im Feuersturm und nach dem schwarzen Regen die Bilder im Sinn haben, welche den Planeten der Menschen in der Außenperspektive zeigen – des unvergleichlich reichen, verschwindend kleinen Ortes des Lebens und des bewußten Lebens. Zu ihm sind die, welche ihn auf eine gleichfalls noch immer verschwindend kleine Distanz verlassen haben, dankbar zurückgekehrt. Das bewußte Leben an diesem Ort steht zur Disposition, und eben darum ist deutlicher als je zuvor, daß es denen anvertraut ist, die sich zugleich doch mit der neuen Waffe bedrohen. Sinnwidrig ist es, daß das Leben, das aus der Kenntnis der kosmischen Bedingungen seines Daseins die Einsicht in seine Vereinzelung, seine Unwahrscheinlichkeit und seine begrenzte Dauer gewann, mit den Mitteln, die ihm aus eben dieser Kenntnis zuwuchsen, dieses Gut verschwinden lassen würde. Und es ist Gut, eben *weil* es transitorisch ist. Ist es gewußt, so wird es ebenso sinnwidrig, seine Zerstörung statt seine Bewahrung zu wollen oder zuzulassen, wie es sinnlos ist, eine Symphonie abzubrechen, weil sie verklingen wird, oder die Blüten von einem Baum zu schlagen, weil sie über Nacht dahingehen müssen.

Die Bilder des Schreckens sind von den Bildern unabscheidbar geworden, welche mit einer erst im nuklearen Zeitalter möglichen Suggestionskraft den Imperativ verdeutlichen, auf dem Planeten des bewußten Lebens nicht eben dieses Leben in einer Gewalttat wie einen störenden und bösartigen Befall zu vertilgen.

Die Grund/Figur-Ordnung dieser Bilder ist handlungsrelevant. Und sie ist von dem Kontext des Handelns aus vertieftem sittlichen Bewußtsein nicht mehr abzuscheiden. Man kann freilich nicht davon ausgehen, daß sie auch in den Kalkulationen derer, die auf die nuklearen Arsenale den Zugriff haben, mit hinreichender Kraft einwirkt. Sie sind Gegner in einem komplizierten Stellungsspiel mit vielen Unbekannten und müssen ständig befürchten, daß ihre Opponenten Erfindungen nutzen und strategische Varianten aushecken, die sie selbst bei diesem Spiel in die schwächere Position bringen. Ihnen kann es leicht so ergehen wie dem Schachspieler, der selbst wider Willen nichts anderes tun kann als die Stellungen einer unterbrochenen Partie ständig auf die nächsten Züge und auf übersehene Möglichkeiten hin durchzudenken – selbst noch im Traum. So ist es also nötig, daß auch ihre Imagination dazu gezwungen wird, die Grundbedingungen, unter denen dies bedrohliche Spiel stattfindet, im Sinne zu halten. Zwar spielen sie nicht eigentlich um einen Sieg, sondern gegen den Verlust des Spieles. Und sie wissen auch, daß beide nicht nur verloren haben, sondern buchstäblich verloren sind, wenn sich das Stellungsspiel in den wirklichen ›Schlagabtausch‹ verwandelt. Solange es aber nur zu den Regeln des Spieles gehört, die Unterlegenheit und zugleich das Desaster zu vermeiden, wird der kalkulatorischen Vernunft der Spieler zu viel überlassen, sind zudem die Einbruchsstellen für die nihilistische Denkungsart nicht verschlossen. Es wird sie auch überfordern, das ganze Spiel zugleich um des eigenen Nicht-Verlustes und um der Bewahrung des Lebens der Menschheit willen zu spielen. So müssen sie dahin gelangen, in Wahrheit aber vielmehr dazu genötigt werden, daß sie das Spiel nicht nur gegeneinander, sondern zugleich auch gemeinsam spielen lernen. Es widerspricht einem Spiel auch nicht, welches gar nicht mit einem Sieg abzuschließen ist, daß die Grundstrategien beider Seiten auch für beide Seiten durchsichtig gemacht werden, daß es also selbst ein Zug im Spiel ist, dem Gegner die eigene Strategie zur Analyse und zur Bewertung offenzulegen. Erst dann, wenn eine solche Situation erreicht wurde, kann das, was bis dahin nur die riskanteste Drohung ist, zu einer Verwaltung der Gefahr werden, die so viele Elemente gemeinsamen Interesses in sich aufgenommen hat, daß das Wissen von der eigentlichen Natur der Bedrohung im Kalkül der Gegner wirklichen und dann auch den dominanten Einfluß erhalten kann.

Man konnte für Jahrzehnte hoffen, daß die Abschreckung der Gegner allein einen sonst unwahrscheinlichen Frieden sichert. Aber das ist ein prekärer Zustand, zumal, wie auch oft bemerkt wurde, niemand weiß, ob die Großmächte nicht auch ohne die nukleare Drohung den Krieg vermieden hätten. Und gewiß ist er nur im äußerlichen Sinn ein Zustand des Friedens. Erst damit, daß die Mächte ihre möglichen Gegner in die eigenen Planungen einbeziehen, kann aus einer Wechselblockade gegen die militärischen Aktionen des anderen der Beginn eines Zustandes hervorgehen, in dem ein Friede wirklich besteht – durch den nunmehr gemeinsamen Willen, die ebenso gemeinsamen Lebensbedingungen zu bewahren. In einer Weltlage, von der wir wissen, daß sie die Verfügbarkeit der neuen Waffe nicht gänzlich zurücknehmen kann, ist kein anderer Übergang aus dem latenten Konflikt in eine gemeinschaftliche Selbsterhaltung und -bewahrung der Menschheit zu denken. In einem solchen Frieden würden aus der Geschichte überkommene und neu entstandene Konfliktquellen zwar nicht ausgeräumt sein. Doch wären ihr Stellenwert und ihre Dringlichkeit neu bestimmt. Das muß wieder die Folge nach sich ziehen, daß es leichter wird, Konflikte zu regulieren und Beschädigungen und Unrecht, die aus dem Ende des vornuklearen Zeitalters hervorgingen, nicht in fortwirkender Feindseligkeit weiterwirken zu lassen. So muß also ein nuklearer Friede auch nicht auf die Zementierung alles überkommenen Unrechts hinauslaufen.

57.
Kosmischer und fundamentaler Kontext

Wir haben den Kontext des vertieften sittlichen Bewußtseins von den Gedanken her verdeutlicht, die sich aus der Besinnung auf die kosmische Stellung des bewußten Lebens ergeben. Mit ihnen antwortet das sittliche Bewußtsein auf die Weltlage, in der es sich zu orientieren hat. Dabei nimmt es die reflektierte Stellung zu sich selbst ein, welche für die moderne Entwicklung charakteristisch ist. Diese Gedanken haben auch eine besondere Ausdruckskraft; sie kann wirksam werden bei der Ausbildung einer Handlungsart. Und niemand wird sich ihr entziehen können, der diesen Gedanken und den Bildern, die mit ihnen verbunden sind, nachgedacht hat, ohne sich dabei hinter vermeintlicher Sicherheit abzuschirmen oder von den bloßen Tagesfragen der heute und hier richtigen Politik absorbiert zu sein.

Es muß nun aber doch noch dem Mißverständnis vorgebeugt werden, es sei dieser kosmische Kontext *allein*, kraft dessen das vertiefte sittliche Bewußtsein Stabilität und Einfluß auf das Handeln gewinnen kann. Wohl bewirkt dieser Kontext, daß es nicht auf die Defensive gegen die Zweifel an seiner Realität eingeschränkt ist, welche sich ihrerseits auf kosmische Tatsachen und zugleich auf die Verfügbarkeit der neuen Waffe stützen. Doch könnte es sich in diesem Kontext gar nicht verstehen, würde ihm nicht von sich her ein Kontext in einem noch ganz anderen Sinne zugehören. Dieser andere Kontext ist auch immer schon vorausgesetzt, wenn es sich in dem Kontext des kosmischen Bewußtseins versteht, der ihm von seiner besonderen Weltlage her erschlossen ist.

Einige der Gedanken, welche diesem anderen Kontext angehören, sind zuvor schon herausgearbeitet worden. So hat in ihm der schwache Freiheitsbegriff seine Stelle.[1] Der aber steht seinerseits mit dem Prinzip im Zusammenhang, von dem her sich das vertiefte sittliche Bewußtsein im Ganzen ausbildet: die Anerkennung dessen, daß es in wirkliche Verhältnisse verwickelt ist. So wäre es also nun eigentlich notwendig, auch diesen Kontext, man kann ihn den fundamentalen nennen, in seinem ganzen Umfang zu untersuchen. Zu ihm gehört weiter noch ein Gedanke, an den sich im kosmischen Kontext der Gedanke eigentlich erst anschließt, demzufolge in dem Entwicklungsgang des Kosmos ein Leben wesentlich ist, das in diesem Gang eine transitorische Randstellung hat. Es ist dies derselbe Gedanke, ohne den das vertiefte sittliche Bewußtsein gar nicht imstande wäre, die besonderen Bindungen einzugehen, in Beziehung auf die sich seine Handlungsart formiert. Die Bindungen, in denen es wirklich steht, kann es

1 Vgl. o. S. 146 ff.

nämlich nur als zufällig denken gegenüber der ihm eigenen Grundform und -verfassung. Denn jede Person kann sich über die Verhältnisse ihres Lebens in Gedanken erheben. Und sie tut es auch wirklich, insofern die Elemente der Primärmoral ihr Handeln bestimmen. Aber das vertiefte sittliche Bewußtsein handelt in der Einsicht, daß die zufälligen Verhältnisse, in die es eingetreten ist, gleichwohl die wesentlichen Möglichkeiten seines Lebens sowohl aufkommen lassen wie auch an sich binden. Diese sittliche Einsicht impliziert eine ontologische Nobilitierung des Zufälligen gegenüber dem Konstanten und Notwendigen. Und ohne diese Einsicht, die zugleich und unmittelbar eine praktische Erkenntnis über die Richtigkeit von Handlungsweisen ist, wäre niemand zu einer Freundschaft und zu einer Liebesbindung fähig, die er nicht zugleich als ihm bestimmt aus göttlicher Vorsehung denken muß. Ohne sie müßte er den Beruf, den er ausübt, und seine besondere Stellung in der Gesellschaft wie irgendein ihm zugewiesenes Geschäft oder als eine eigentlich unbegreifliche, womöglich ärgerliche Schranke seiner Freiheit erfahren. So könnte er sein eigentliches Leben im Spiel der Gedanken um unerfüllte Möglichkeiten sehen – eingeschränkt nur durch die Regelung seines Handelns gemäß der Primärmoral, durch die er denn in der Tat, wenn auch nur im Prinzip und im Respekt für Prinzipien, über die Einbindung seines Lebensganges in wirkliche Verhältnisse hinausgehoben ist. Doch diese Weise der Lebensorientierung muß schon aus Gründen der sittlichen Besinnung verlassen werden. Und in diesem Zusammenhang zeigt es sich auch, daß der schwache Freiheitssinn, der auf der zweiten Stufe des sittlichen Bewußtseins angenommen werden muß, nicht als ein Eingeständnis auch sittlicher Schwäche zu mißdeuten ist.

Man sieht hier, daß einfache Grundgedanken des sittlichen Lebens eine Verfassung haben, die sich in theoretischer Einstellung nur schwer aufklären und weiter entwickeln läßt. Eben das ließe sich auch für andere Implikationen des Kontexts der vertieften Sittlichkeit zeigen. Das Verhältnis von Zufall und Wesentlichkeit der Lebensbedingungen stellt, wie wir sahen, theoretisch betrachtet, ein ontologisches Problem. Mit dem vertieften sittlichen Bewußtsein ist über seinen Kontext aber auch ein Weltbegriff und ein Gedanke von der Zugänglichkeit dieser Welt im Wissen verbunden. Wer sich in Verhältnisse verwickelt weiß, muß glauben, daß er sie so verstehen kann, daß er sie angemessen in seine Handlungsart eingehen läßt. Doch kann er auch wieder nicht meinen, daß ihm die Welt und sein Leben in ihr gänzlich durchsichtig sind, daß jede Weise der Freiheit, die er sich zuschreibt, mit erschöpfender Erkennbarkeit der Welt zu vereinbaren ist, daß die Form der Weltverfassung selbst von keinem Dunkel durchzogen ist – und vieles mehr. Die Balance von Verständlichkeit und Entzogenheit, die hinsichtlich des Wissens im sittlichen Bewußtsein jederzeit in Anspruch genommen wird, wirft wiederum in theoretischer Einstellung Probleme auf, die nunmehr epistemologische sind – und ebenso gewichtig wie die ontologischen, die sich um das Verhältnis von Zufall und Wesentlichkeit stellen.[2] Es gibt kein Problem, das in grundsätzliche und als solche philosophische Untersuchungen zieht, das in der Folge nicht auch den Anlaß dazu gibt, es in einem Zusammenhang mit solchen Fragen zu betrachten, die schlechthin grundsätzlich sind, und aus diesem Zusammenhang weitere und womöglich universale Klarheit in es zu bringen. Und daraus ergibt sich das Interesse daran, in solche Untersuchungen auch wirklich einzutreten.

Untersuchungen in rein theoretischer Einstellung würden sich jedoch nicht in die Anlage und den Gang unserer Analysen einfügen lassen. Sie können Theorie nur als ethische Theorie sein – und auch das wieder nur insoweit, wie ethische Theorie zur Klarheit über die richtige Handlungsart in der Weltlage eine unerläßliche Voraussetzung ist. Das Vorste-

---

2 Vgl. vom Vf. ›Dunkelheit und Vergewisserung‹, zitiert u. S. 265.

hende muß darum eine Folge von Hinweisen und kaum mehr als ein Exkurs bleiben. Doch ist aus ihnen nun noch eine Folgerung gegen ein anderes Mißverständnis zu ziehen: Wir sagten schon, daß der kosmische Kontext des vertieften sittlichen Bewußtseins nicht sein ganzer und nicht sein fundamentaler Kontext ist. Er ist sein Kontext in der Weltlage, in der es sich zu orientieren hat. Diese Aussage muß nun doch erweitert werden: Die kosmologische Orientierung ist nämlich auch *in sich selbst* nicht selbstgenügsam. Die Weise, in der sie über den Ort des bewußten Lebens im Kosmos spricht, darf nicht in Anspruch nehmen wollen, es stünde in ihrer Möglichkeit, kosmische Verhältnisse und die Bedingungen des Aufkommens von bewußtem Leben adäquat und erschöpfend zu verstehen und dies Verstehen dann als Ausgang von jeglichem Verstehen und Sich-Orientieren gelten zu lassen.

Doch das heißt gewiß wiederum nicht, daß die Selbst- und Weltbeschreibung im kosmischen Kontext etwa auch unangemessen sein könnte. Sie ist wahr, schlechthin – in dem Sinne von ›wahr‹, den diese Dimension der Verständigung überhaupt nur zuläßt. So ist sie im gleichen Maße und Sinne wahr, in dem die Person, die sich in Verhältnisse verwickelt weiß, von diesen Verhältnissen verläßliche Kenntnis muß haben können. Daß also der kosmische Kontext auf der Grundlage anderer und ihm gegenüber vorgängiger Gedanken begründet ist, bedeutet nicht, daß die Handlungsart, die von der Weltbeschreibung in diesem Kontext berührt und verwandelt wird, die Einsicht, an der sie sich orientiert, für nur vorläufig und nicht für verbindlich halten müßte. Die Wahrheit der Einsicht selbst ist nicht begrenzt, und die Folgerungen, welche sich aus ihr ergeben, sind verläßlich auch dann, wenn sie selbst auf weiteren Gründen und Voraussetzungen aufruht, die ihrerseits nicht explizit gemacht worden sind.

58.
Kosmische und sittliche Fundierung

Und doch müssen wir weiter fragen, in welchem Sinne die Einsicht, welche sich vom Kontext her ausbildet, verbindlich ist. Denn nun könnte es scheinen, als sei die Weltbeschreibung schon an ihr selbst die erste und eigentliche Anleitung für die Handlungsart, die aus der Orientierung an ihr stabil und ihrer selbst gewiß wird. In diese Auffassung dürfen wir uns aber nicht hineinziehen lassen. Denn damit würde der sittliche Charakter des Handelns geradezu aufgehoben. Wir hatten zu zeigen, daß die sittliche Lebensorientierung einen Kontext aufschließt und ausbildet. Doch eben diese Aussage verlöre ja ihren Sinn, wenn der Kontext seinerseits der Grund dafür wäre, daß diese Lebensorientierung überhaupt eine sittliche ist. Alles Sich-Verhalten und Sich-Orientieren, das sittlich genannt werden kann, muß vielmehr seinen ersten Ausgang in dem ursprünglichen moralischen Bewußtsein haben, das aller kosmologischen Erkenntnis voraus für sich besteht und aus sich Verbindlichkeit hat. Es wurde zuvor ein ›Lichtpunkt‹ genannt[3] – und zwar deshalb, weil es durchgängig der Ausgangspunkt der Orientierung, in sich selbst zugleich aber auch unvollständig ist. So bedarf es weiterer Entwicklung, die sich auch von ihm selbst her einleitet. Kommt sie nicht zustande, so verliert die primäre Orientierung ihre sittliche Integrität. Zugleich aber führt die Entwicklung nicht weg von dieser Orientierung. Und dies war der Grund dafür, das Bewußtsein, zu dem sie führt, das ›vertiefte‹ *sittliche* Bewußtsein zu nennen.

An diesen grundlegenden Verhältnisbestimmungen muß selbstverständlich festgehalten werden, wenn sich nicht die unhaltbare These ergeben soll, das sittliche Bewußtsein selbst sei in nichts anderem als in kosmologischer Erkenntnis fun-

---

3 Vgl. o. S. 88.

diert und begründet. Und daraus ergeben sich in Hinsicht auf die richtige Verhaltensart in der Weltlage Folgerungen, die zwar gleichfalls selbstverständlich sind, die es aber verlangen, daß sie ihrerseits ins Verhältnis gesetzt werden zu der Weise, in der der Kontext wirklich in das sittliche Bewußtsein eingreift.

Vor allem ist festzuhalten daran, daß sich sittliches Handeln in der Weltlage zuerst aus den Beurteilungsgründen der Richtigkeit dieses Handelns herleitet. Und der erste dieser Gründe ist die sittliche Primärregel. Wir sahen, daß sie nicht dazu taugt, in jedem Fall unmittelbar auch die Ziele des richtigen und rechten Handelns zu bestimmen. So wird sie unter anderem ergänzt durch die Gründe der Richtigkeit, die sich aus den besonderen Bedingungen des vertieften sittlichen Bewußtseins ergeben. Daraus entwickeln sich Kollisionen, die aber die Primärregel nicht außer Kraft setzen. Richtiges Handeln muß auch in ihnen die Verbindlichkeit der Primärregel im Blick halten und immer darauf ausgehen, der Primärregel gemäße Zustände schließlich doch zu erreichen.

Aus all dem ergibt sich die wichtige Folgerung, daß die tätige Sorge um den Bestand der Menschheit nicht etwa auf die Sorge um die Erhaltung der *Art* reduziert werden kann, der Personen angehören. Sie gilt zuerst den Personen, den Individuen bewußten Lebens. Und das heißt, daß sie deren Recht wahrt und also in diesen Personen eigenständige Zentren der Zwecksetzung anerkennt, die (gemäß der Neutralität des Beurteilungsprinzips) ganz den gleichen Status wie der Handelnde selbst haben, ebenso wie er Zentren sittlicher Lebensbindung zu sein. Die sittliche Motivation des Handelns muß stets von diesen Gründen ausgehen. So ist es nicht ein Erstaunen über das, was Exemplare der Art homo sapiens erfunden und gestaltet haben, was im sittlichen Sinne dazu bewegt, den Fortbestand dieser Art zu wollen. Es ist die Weise, in der jeder Mensch sein Leben führen muß und selbst in ihm von anderem solchen Leben bewegt und erfüllt ist, was Achtung und achtungsvolle Liebe für sie alle zum Motiv einer Handlungsart macht.

Wäre es anders, so wäre die praktische Sorge um das bewußte Leben mit dem Schutz und der Pflege von Kunst- und Naturdenkmälern zu vergleichen. Und die Sorge um den ›blauen Planeten‹ gliche der Sorge um ein Juwel und seine alte Fassung – nur daß sich das Schmuckstück hier selbst betrachten kann in einer Perspektive von fernher, so daß es aus ihr bemüht ist um sich selbst und seine Kostbarkeit. Nun sind zwar auch solche Weisen von Sorge und Pflege wohlbegründetes, nobles Tun – und sie gelten Gütern, die einen anderen als Nutzwert haben. Sie sind auch in mannigfacher Weise mit dem sittlichen Handeln verbunden. Doch sind sie gewiß nicht der erste Grund für den sittlichen Sinn von Handeln. Zugleich bleibt jedoch auch wieder daran festzuhalten, daß der Kontext des sittlichen Handelns, und innerhalb seiner die wirklichen Lebensbedingungen der Menschheit, in die Motivation eingreifen, aus der dies Handeln geschieht. Das erklärt sich schon daraus, daß ohne Kontext kein Gedanke sittlichen Handelns vollständig ist. Und dies, daß Kontexte vom sittlichen Handeln unabscheidbar sind, machte es uns verständlich, wieso sittliches Handeln, dem sein Kontext entgleitet, instabil wird, und wieso der kosmische Kontext, der sich doch in einer besonderen Weltlage ausbildet, darauf hinwirken kann, daß sittliches Handeln in dieser Weltlage wirklich seiner selbst sicher wird.

So müssen also komplizierte begriffliche Verhältnisse zwischen dem Kern und dem Kontext des sittlichen Bewußtseins angenommen und richtig gewichtet und eingeordnet werden. Sie sind wohl übersichtlich in dem Verstehen, das diesem Bewußtsein selbst zugehört und das es wesentlich ausmacht. Das ergibt sich daraus, daß es die Lebensprobleme, auf die es kraft dieser Verhältnisse zu antworten hat, verläßlich beurteilen kann, solange es seiner selbst sicher bleibt. Um aber über es angemessen sprechen zu können und um zu ihm auch dann noch sprechen zu können, wenn es seiner selbst unsicher wurde, muß die ethische Theorie diese Verhältnisse auch in Übersicht und auf Begriffe bringen – in der ihr eigenen Weise einer Bemühung um klare Distinktionen.

Diese Verhältnisse lassen sich vergleichen mit der Form von Verhältnissen, die auch in anderen Bereichen grundlegenden Verstehens aufgewiesen wurden. So ergibt die semantisch-epistemologische Analyse der Grundverfassung des Wissens von Gegenständen, daß sie gleichfalls aus einer Reihe von Funktionen besteht, die voneinander zu unterscheiden, die aber nicht voneinander abzulösen sind[4] – so wie die Dimensionen im Kern des sittlichen Bewußtseins und in seinem Kontext. Aber auch für diese Verfassung gilt, daß nicht alle der Funktionen innerhalb ihrer die gleiche Stellung haben, daß man also zentrale von stützenden, wiewohl unentbehrlichen Funktionen unterscheiden kann und muß. Was den Wissenssinn betrifft, so sind solche zentrale Funktionen die Möglichkeit der Selbstbeziehung des Erkennenden und der Gedanke der elementaren Aussage und ihrer Wahrheit. Vergleicht man nun diese Verhältnisse mit denen, die sich aus der Analyse des sittlichen Bewußtseins ergeben haben, so wird man sagen müssen, daß in ihm dem Grundgedanken der sittlichen Richtigkeit die Stellung der Zentralität gebührt – in der Entwicklung, zu der er je auf einer Stufe des sittlichen Bewußtseins gelangt, und Zentralität ebenso der Selbstbeschreibung des Handelnden, der sich unter dieses Kriterium stellt. Der Weltbegriff des Kontextes ist von ihnen unabtrennbar, aber nicht von derselben Zentralität. Und daraus versteht es sich nun auch, wieso man nichtsdestoweniger einem Mißverständnis erliegt, wenn man von dieser

4 Peter F. Strawson (u. a. ›Individuals‹, London 1959) und W. V. O. Quine (›Word and Objekt‹, Cambridge Mass. 1960) haben, unangesehen verschiedener philosophischer Grundannahmen, solche Zusammenhänge aufgewiesen. Vgl. auch vom Vf. ›Identität und Objektivität‹, Heidelberg 1976.

Tatsache zu der Folgerung übergeht, das sittliche Handeln lasse sich ganz allein aus seinem Kontext verstehen oder die sittliche Handlung sei begründet und motiviert zuerst oder gar einzig aus dem Kontext, in dem sie sich wirklich orientieren muß.

59

Funktionsweisen der Kontexte

Innerhalb dieser grundsätzlichen Unterscheidung, die schon vorausgesetzt war, als ein Kern des sittlichen Bewußtseins von seinem Kontext unterschieden wurde, muß nun doch eine weitere Unterscheidung gemacht werden: die Unterscheidung zwischen den Funktionsweisen des Kontextes in der Primärmoral einerseits und in dem vertieften sittlichen Bewußtsein andererseits. In der Primärmoral bildet sich der Kontext mit dem Kern zugleich aus, und zwar vollständig. Er ist dann immer schon ganz ausgebildet, wenn das sittliche Bewußtsein voll entwickelt ist. Zwar kann es über seinen Kontext angegriffen werden. Und wenn Zweifel an ihm unabweisbar werden, so kommt es auch selbst in eine Krise. Es wird dann versuchen, den Kontext zu verteidigen. Und dabei kann es sich auch auf Gründe stützen, die sich aus der Verständigung über eine besondere Weltlage ergeben. Aber es gilt nicht das Umgekehrte: daß nämlich die Primärmoral ihren Kontext ursprünglich auch in Beziehung auf eine Weltlage ausbilden muß.

Eben dies ist aber dem vertieften sittlichen Bewußtsein aufgegeben. Daß es sich so verhält, läßt sich aus dem Grund begreifen, der seine Verfassung von der Verfassung der Primärmoral unterschieden sein läßt. Bei vielen anderen Gelegenheiten hatten wir schon auf ihn zu rekurrieren: Das vertiefte sittliche Bewußtsein geht von der Anerkennung dessen aus, daß es in wirkliche Verhältnisse verwickelt ist. Zwar besitzt es einen

Kontext, der sich in einem mit dieser Anerkennung schon entfaltet hat. Und er hat in ihm dieselbe Stellung wie der Kontext innerhalb der Primärmoral. Doch dieser Kontext ist der Komplettierung bedürftig. Was ihn aber komplettiert, läßt sich nicht in einem mit der Entfaltung des vertieften sittlichen Bewußtseins als solchem gewinnen. So muß sich dieses Bewußtsein in der Ausbildung seiner Kontexte hin zur Vollständigkeit auf Weltlagen besinnen. Und es muß sie schon auf diesem Weg in eine Weltbeschreibung einbringen, die es sich aneignen kann – und zwar so, daß es sich in Beziehung auf sie als sittliches Bewußtsein und in einer Handlungsart sowohl zu bilden wie zu behaupten vermag.

Auch die Reflektiertheit des vertieft-sittlichen Bewußtseins ist in diesem Zusammenhang von Bedeutung. Schon bei der Beurteilung der Richtigkeit von Handlungen muß es Synthesen ausbilden. Aber auch seine Motivationen können nicht die Einsinnigkeit aufweisen, auf die das primärmoralische Bewußtsein zunächst ausgeht. Sie müssen gleichfalls in Synthesen zusammengeführt werden[5] – so etwa die Reinheit und Radikalität des guten Willens mit der Anhänglichkeit an bewährte und berechtigte Institutionen in der Besonnenheit seiner Handlungsart. In diesen Prozeß, der selbst schon reflektierte Besinnung verlangt, greift Reflektiertheit weiter auch dadurch ein, daß sie die Handlungsart einer Person nicht allein von der Regel der Neutralität und im übrigen von dem Wollen der Person bestimmt sieht, die sich der Regel unterstellt. Die Reflektiertheit kann Handeln, unangesehen dessen, daß es immer aus dem guten Willen von Personen ausgeht, zugleich als eingebunden in einen Prozeß begriffen sehen, in dem sich Personen durch einen Personenverband zu ihrem Personsein entfalten. Und dieser Prozeß kann seinerseits im Zusammenhang mit Prozessen verstanden werden, die alles Personsein in sich noch einbegreifen und übergrei-

5 Vgl. o. S. 35 f.

fen.[6] Dadurch muß nicht die Selbstbestimmung dieser Personen dementiert sein. Und in einem solchen Gedanken würde die Eigenständigkeit der sittlichen Dimension des Lebens auch nicht aufgehoben. Alle Gedanken von einem Zusammenhang einer alles Wirkliche durchherrschenden Einheit mit dem bewußten und sittlichen Leben sind in der Konsequenz auch Gedanken von einem solchen Prozeß. Und alle Philosophie der Geschichte, die sich über die bloße Darstellung von großräumig angelegten Entwicklungen erhoben hat, ist auch aus einer solchen Perspektive entwickelt worden.

Zwischen dieser Weise, in der die Reflektiertheit des vertieften sittlichen Bewußtseins in seine Motivation und in deren Begründung eingreift, und der Ausbildung seines Kontextes auch in Beziehung auf eine besondere Weltlage besteht ein formaler Zusammenhang: Beide sind Selbstrelativierungen der Person in Beziehung auf den Personsinn, der in der Primärmoral begründet worden ist – aber ohne daß damit zugleich auch der Personsinn selbst unterlaufen und aufgehoben würde. Und so können beide – jeweils nach der Situation, in der sich die Handlungsart über sich selbst verständigen muß, und nach der Stufe der Ausbildung des vertieften sittlichen Bewußtseins – Verbindungen miteinander eingehen oder zusammenwirken, und zwar dahin, daß Kontexte auch nachträglich das sittliche Bewußtsein modifizieren, während sie in der Primärmoral in einem und unmittelbar mit dem Kern des

6 Hegel war der erste, dem es gelang, eine Systematik auszuarbeiten, die grundsätzlich dazu imstande ist, soziale Institutionen und historische Prozesse mit der Selbständigkeit von Personen und Subjekten so zusammenzudenken, daß deren Freiheit nicht unverständlich wird. Wir können schon längst nicht mehr Hegels Begriffsformen einfach nur folgen, müssen aber zeigen können, daß unsere eigene Verstehensweise nicht weniger als dies leistet. Vgl. vom Vf. ›Logische Form und reale Totalität‹, in: ›Hegels Philosophie des Rechts‹, hrsg. v. Vf. und R. P. Horstmann, Stuttgart 1982, sowie: ›Vernunft in Verwirklichung‹, in: ›Hegel, Philosophie des Rechts‹, hrsg. v. Vf., Frankfurt 1983.

sittlichen Bewußtseins immer auch schon angenommen sind.

Man muß alle diese Verhältnisse geklärt haben, um verstehen zu können, in welcher Weise und in welchen Grenzen das vertiefte sittliche Bewußtsein, und es allein, von seinem Kontext auch in seiner Motivation mitbestimmt ist. Aus diesem Verständnis heraus läßt sich dann auch unterscheiden, wo das sittliche Bewußtsein als solches und unverkürzt die Grundlage einer Handlungsart bleibt und wo es etwa in einer zu kurz greifenden Verständigung als quasi eine Variante von ästhetischem Bewußtsein mißverstanden ist. Das geschieht dann leicht, wenn die Lebenssphäre des blauen Planeten nur als die reiche Gliederung seiner Formationen, die Artenfülle seines Lebens und als die Vielfalt der Lebensformen der Kulturen in einem einzigen Blick erschlossen sind.

VIII. Weitere Unterscheidungen

60.

›Umwelt‹ im sittlichen Sinne

Mit der Unterscheidung zwischen spezifisch sittlichen und mit ihnen verbundenen, zugleich aber von ihnen unterschiedenen Betrachtungsweisen haben wir uns hier zufriedenzugeben. Sie beruht auf Überlegungen, die, würden sie weitergeführt, eine Phänomenologie des sittlichen Bewußtseins ergeben müßten, die nicht deskriptiv, sondern an einer theoretischen Grundlegung orientiert ist.[1] Doch darf man solche Überlegungen wieder abblenden, sofern sie einmal jene Unterscheidung, die in der Tat unentbehrlich ist, auf sicheren Boden gebracht haben. Nicht die Theorie als solche, sondern die Verständigung über die richtige Handlungsart in der Weltlage ist das Ziel, das den Gang unserer Besinnung anleitet.

Die Unterscheidung ermöglicht es uns zunächst einmal, größere Klarheit in die Gedanken und Impulse zu bringen, welche durch die Bewegung der ›environment protection‹ und danach durch die ›grünen‹ Parteien in das allgemeine Bewußtsein eingebracht worden sind. Auch diese Bewegung ging von den USA aus. Sie hob an, als der Grad der Verseuchung der amerikanischen Seen und Ströme und das Ende allen Lebens in ihnen bekannt wurden. Bald war aus anderen Bereichen der Natur und der Landschaft und in anderen Ländern von ähnlichen Zerstörungen zu erfahren. Insofern waren die Evidenzen der ›grünen‹ Bewegung die Wirkungen der Ausbeutung und der Deformation der Natur durch industriellen Raubbau; und ihre Folge war die Kritik an einer Weise des

---

1 Vgl. o. S. 148 f.

Lebens und des Wirtschaftens, die auf die unbegrenzte Ausdehnung eines zugleich manipulierten Konsums gestellt ist.

Aber in die Impulse der Bewegung geht mehr ein als eine Variante der Zivilisations- und Kapitalismuskritik. Gründe für solche Kritik hat es in allen Phasen der Industrialisierung gegeben. Artenschwund, Waldsterben und Luftverpestung waren in der Umgebung der Industriezentren zur Zeit der ganz auf der Verbrennung der Kohle begründeten Technik nicht minder dramatisch. Aber die Sensibilität für solche Tatsachen ist gesteigert und überhaupt erst zu einer politischen Kraft geworden, als sie sich mit dem Bewußtsein von einer veränderten Weltlage verbunden hat. Es läßt sich leicht einsehen, daß der Widerstand gegen die Zerstörung der Natur durch die industrielle Produktion und den Massenkonsum von industriellen Gütern im Lichte der Möglichkeit der Zerstörungen, welche die neue Waffe anrichten kann, einen neuen Halt und einen ganz anderen Horizont gewonnen hat. So ist es gewiß kein Zufall, daß die ›grüne‹ Bewegung zu eben der Zeit in Gang kam, als der Planet der Menschen zum ersten Mal von seinem Trabanten aus zu sehen war. Das aber war ein Ereignis in der Nachgeschichte der Entdeckung der neuen Waffe und der Konkurrenz um ihre Einsatzmittel. Die Großraketen wurden zunächst zum Bombentransport entwickelt. Sie waren danach zugleich Mittel für die Plazierung von Satelliten, die das Territorium des Gegners kontrollieren, und Imponiergerät gegenüber den eigenen und des Gegners Völkern. Die Bombe, welche die Menschheit als ganze in Frage stellt, und die Rakete, die Astronauten auf den Erdtrabanten beförderte, gingen also aus derselben Wurzel und Entwicklung hervor: Und beide sind gleichermaßen mit dem von Bildern gestützten Gedanken an die Erde als Lebensort der Menschheit verbunden. Die Bombe zieht ihn nach sich durch ihre Zerstörungskraft, die Rakete durch den Blick aus dem leeren Weltraum und vom wüsten Trabanten zurück zur Heimat auf dem blauen Planeten. Jede Zerstörung, welche in der, sei es vertrauten, sei es seit langem ignorierten oder ausgenutzten Umgebung des Menschen geschieht, kann und muß sich nun mit jenem einen Gedanken verbinden. Und so geht in die Besorgnis auch um das Kleine eine kosmische Dimension ein.

Die Sensibilität für alles, was auf diesem Planeten zerstört werden kann, steht in einer Verbindung mit dem sittlichen Bewußtsein im neuen Kontext über die Selbstbeschreibung des Menschen. Sie ist die des vertieften sittlichen Bewußtseins, aber erweitert durch die Beziehung auf die Weltlage. Sie schließt nicht nur ein, daß die Handelnden in wirkliche Verhältnisse verwickelt sind, sondern weiter auch, daß sie als Lebewesen einen begrenzten Ort und eine ebenso begrenzte Spanne in einer Randstellung des kosmischen Prozesses haben und daß sie dies mit anderen Weisen des Lebens teilen, – je näher sie der Organisation der Personen kommen, um so mehr. Daraus folgt, daß sie kraft ihrer Selbstbeschreibung diesen anderen Weisen des Lebens eine Stellung und ein Geschick einräumen, die den ihren vergleichbar sind.

Nun aber ist sehr darauf zu achten, welche Folgerungen aus diesem Bewußtsein zu ziehen sind. Denn es kann leicht geschehen, daß über fehlgehende Folgerungen der Kontakt zwischen dem sittlichen Bewußtsein und der Sensibilität für die Lebensbedingungen auf dem blauen Planeten wieder verloren wird. Das ist schon dann kaum noch abzuwenden, wenn man in diesem Zusammenhang ohne weitere Arbeit an den eigenen Gedanken und Einstellungen mit der Rede von der ›Umwelt‹ operiert. Denn dieses Wort legt eine Verständigungsart nahe, die zugleich in einem simplen Sinne naturalistisch wie zugleich auch egozentrisch ist. Der Terminus wurde schon vor langem eingeführt, als es darum ging, die Weise zu bezeichnen, in der Arten von Lebewesen ihre Umgebung wahrnehmen und auf sie reagieren. Danach ist also eine ›Umwelt‹ immer relativ auf eine Lebensweise und die mit ihr verbundene Wahrnehmungsform. Aber damit geht in den

Begriff von einer ›Umwelt‹ auch eine Selbstzentrierung des Lebens ein, ›um‹ das sich eine ›Welt‹ je gemäß den Weisen ausbildet, in denen ein Lebewesen zu perzipieren und zu reagieren vermag. Aber diese Selbstzentrierung sollte doch gerade aufgehoben werden in all den Gedanken, die sich an den Blick zurück auf den kosmischen Ort des bewußten Lebens anschließen. Aus diesem Blick und in diesen Gedanken werden zwar andere Weisen des Lebens als benachbart und verwandt mit dem Leben erfahren, welches das Leben der Personen ist. Doch das heißt anderes und eigentlich das Gegenteil von einer Denkart, die solche Leben nur von dem Blickpunkt und Lebenskreis der Personen heraus zu gewahren vermag. Die Reflektiertheit, die schon vorausgesetzt ist, wenn der kosmische Kontext gesehen und angenommen wird, fordert das bewußte Leben zuallererst in die Anerkennung des Eigenstandes derer, die mit ihm die irdischen Lebensvoraussetzungen teilen, und in den Versuch, die ihnen selbst eigene Weise, eine Welt zu ›haben‹, zu begreifen und zu schützen. Dann aber sind diese Weisen des Lebens nicht mehr nur ›Umwelt‹ des Menschen, wie sehr sie auch je für sich eine auf ihre Lebensart zentrierte Umwelt haben. Kommt man darüber nicht zur Klarheit, so wird der Verbrauch der Güter nur durch einen kultivierten Konsum der Betrachtung ersetzt, – ein Unterschied, der in etwa dem zwischen dem gebratenen Krammetsvogel und der dekorativen Voliere im Park entspricht.

Wer es mit Konsequenz vermeiden will, sich auf eine solche Unterscheidung reduziert zu sehen, der wird den Unterschied zwischen einer Betrachtungsweise, die an der Mannigfaltigkeit der Arten zuallererst ein Interesse nimmt, und einer ganz anderen Weise der Betrachtung gewiß nicht unerheblich, sondern vielmehr fundamental finden: In dieser anderen Betrachtung ist die Lebendigkeit eines jeden der Lebewesen anderer Arten und somit ihr eigenes In-sich-sein zunächst einmal das, was den Menschen in seinem bewußten Leben berührt, angeht und nachdenklich bewegt. Diese lebendige Aktivität, der Vollzug eines Lebens unter den kosmischen Bedingungen, die nur das bewußte Leben einsehen kann, ist der erste Ausgang seiner Besinnung, – nicht aber der objektive Bestand einer in unermeßlich vielen Exemplaren sich reproduzierenden Art.[2] Es ist wahr, daß dabei Sentimentalität und somit eine neue Reduzierung der Eigenständigkeit anderen Lebens auf das droht, was wir selbst meinen nachvollziehen zu können. Ihr ist aber zu begegnen, – zumal dann, wenn Reflektiertheit in alles Berührtsein eingegangen ist. In jedem Falle ist bedrohlicher die Gefahr der versteckten Egozentrizität in einer vermeintlich objektiven Einstellung gegenüber dem, was in nunmehr schwindender Fülle den Erdball belebt. Wer sich nicht aus einer Distanz, die nur im bewußten Leben sich öffnet, dem Eigenstand der Wesen anderer Art, bewegt und zugleich doch verhalten, zugewendet hat, wird der Vergegenständlichung der irdischen Welt als Umwelt der animales rationales nicht entkommen. So wird er auch keine Beziehung zum belebten Planeten begründen können, die sich auf die Selbstbeschreibung im neuen Kontext des *sittlichen* Bewußtseins gründet.

Dies muß, wie gesagt, der Ausgang der Weltbeziehung sein, die sich von der Selbstbeschreibung in der Weltlage herleitet. Es hieße zu weit gehen und einen gleichfalls wesentlichen Gedanken ohne Grund ausschließen, wenn nicht zugestanden würde, daß sich an diesen Ausgang eine erweiterte Beziehung zur Welt als ganzer anschließen muß. Werden die Wesen jeder Art, die Eigenstand und Eigenbewegtheit haben, im Kontext des vertieften sittlichen Bewußtseins als solche anerkannt und angenommen, so ist damit nämlich auch schon gegeben, daß der Umkreis, der ihr Leben ermöglicht und in dem es sich vollzieht, als ganzer in den Kontext und in diesen Weltsinn aufgenommen ist. Insofern ist der blaue Planet nicht nur der

2 Vgl. vom Vf. ›Ding an sich‹, S. 78 ff. zitiert u. S. 265.

Ort alles lebendigen Eigenstandes, sondern dem voraus die gegliederte und als solche vertraute *Sphäre* jeglichen Lebens. Und doch muß es dabei bleiben, daß in der im sittlichen Bewußtsein begründeten Weltbeziehung alle Wesen und somit Lebendiges, das bewußtes Leben berühren kann, eine ausgezeichnete Stellung haben. Ozeane, die Massive der Gebirge, die Formationen der Erde in ihrer Geschichte, das Widerspiel der ›Elemente‹ und mehr noch der Lauf der Gestirne übertreffen durch die Eindringlichkeit und durch die Mächtigkeit ihrer Wirklichkeit jeden Eindruck, der von Lebendigem in seinem Eigenstand ausgeht. Doch ist es eben nicht der Eindruck, den Lebendige in der bloßen Beobachtung machen, kraft dessen sie mit unserer Selbstverständigung in einer Weise verbunden sind, die gegenüber allem, was sich in einer Beobachtung erschließt, inkommensurabel bleibt. Geologische Studien bringen auch die uns vertraute Landschaft schnell in eine Distanz zu unserem Lebenszusammenhang. Und sie machen so deutlich, daß unser Planet ein Stern ist wie viele, – daß er also ebenso Teil des kosmischen Prozesses ist und insoweit dem bewußten Leben eindrucksvoll-fremd wie dieser. Die sittliche Erfahrung findet in ihm solange keinen Widerhall, wie sie diesen Prozeß nicht zugleich betrachtet als das Geschehen, in dem sich der Spielraum für die Bewegung der Lebendigkeit öffnet, die nun ihrerseits mit dem sittlichen Bewußtsein über die Selbstbeschreibung des Handelnden einen Zusammenhang hat. So ist Weltbewußtsein menschlich nur dann, wenn eine Vielfalt von Betrachtungsweisen sowohl unterschieden wie in die ihnen gemäßen Beziehungen zueinander gebracht werden: die Erkenntnis kosmischen Geschehens und das Nachdenken über die Grenzen, jenseits derer es von uns nicht zu begreifen ist, die Betrachtung des eigenen Ortes in ihm aus der Distanz und losgelöst von den Interessen, die den eigenen Lebensvollzug steuern, die Besinnung auf andere, benachbarte Lebensweisen in ihrem Eigenstand und -recht, und die sittliche Besinnung, welche die Bewahrung zu einer Aufgabe macht, die sich nicht aus kosmologischer Kenntnis, nicht aus ästhetischem Gefallen und auch nicht aus dem Interesse an Dichte und Reichtum der humanen Lebenswelt und seiner ›Umwelt‹ versteht.

61.
Handlungsweisen in der Weltlage

Das sittliche Bewußtsein muß akzeptieren und davon ausgehen, daß es als solches in wirklich bestehende Verhältnisse verwickelt ist. Wenn sie nicht nur bedrohlich sind für alles Leben und Handeln, sondern zudem dahin führen, daß auch der gute Wille, wenn er richtige Ziele verfolgt, nicht umhin kann, Untaten, an denen er selbst beteiligt ist, in seine Kalkulationen einzubeziehen, so muß er, allem voran, wollen, diese Verhältnisse beseitigen zu können. Und er muß erwägen, ob dies in seiner Macht steht, – ob es für ihn einen Weg gibt, an ihrer Statt solche Verhältnisse eintreten zu lassen, in denen der gute Wille wohl auf Widerstand trifft und an deren Stärke (oder der eigenen Schwäche) er scheitert, nicht aber eine Handlungssituation hinnimmt und von ihr aus tätig wird, die von Ressourcen für Untaten besetzt ist und in der dem Handelnden die sittliche Korruption droht. Hat er sich Klarheit über die Weltlage verschafft und angeleitet, aber nicht getäuscht von seiner Hoffnung einen solchen Weg wirklich gefunden, so muß er ihn begehen und möglichst viele dafür gewinnen, das ebenso zu tun. Wer würde nicht wünschen, ein solcher Weg sei gangbar und immer zu finden?

In der Weltlage, die sich um die Verfügbarkeit der nuklearen Waffe ausgebildet hat, meinen viele Menschen, daß es sogar leicht sei, den richtigen Weg zu erkennen. Nur Blindheit, Mangel an der Bereitschaft, die Bedrohung zu verstehen und sich gegen sie zu wehren, halte die Mehrheit und die Mächtigen von dieser Erkenntnis ab. So ziehen sie die Folgerung, den Nuklearpazifismus politisch zu propagieren. Andere ziehen die Folgerung, sich aus den Verhältnissen herauszuwinden und wenigstens ihr eigenes Leben und das ihrer Heimat und ihres Landes der nuklearen Waffe zu entziehen. Denken sie dabei grundsätzlich, so werden sie nicht nur für sich und die Ihren aus der Verwicklung und der Bedrohung heraus wollen. Sie werden hoffen, daß ihr Verhalten allgemein wird und schließlich die Weltlage verändert, so daß eine Welt ohne nukleare Waffen heraufkommt. Viele von ihnen sind gewiß guten Willens. Einige derer, die am überzeugendsten für sie sprechen, waren oder sind Vorbilder in unserer Zeit, vielleicht sogar Heroen sittlicher Integrität. Und es ist auch wahr, daß die Akkommodation an die bestehenden Verhältnisse häufig ein Symptom für bequemes und verharmlosendes Denken, für eine unentschlossene Willensart und zudem ein Symptom der Neigung zur Identifikation mit Macht und Machtentfaltung ist.

Aber der gute Wille als solcher entscheidet doch nicht darüber, ob eine Weltlage zutreffend beurteilt ist. Auch kann schwerlich wahr sein, daß jeder, der zu einer Beurteilung kommt, die mit dem nicht übereinstimmt, was der gute Wille als seine erste Hoffnung faßt, schon darum unter den Verdacht sittlicher oder diagnostischer Blindheit zu stehen hat. Zudem führt die Einsicht, von der Verfügbarkeit der neuen Waffe sei nicht mehr loszukommen, nicht zur sittlichen Passivität oder gar weiter zur Destruktion des sittlichen Bewußtseins, zu einer zynischen Weltbeschreibung und schließlich in die Nähe der nihilistischen Aktion: Wohl aber folgt aus ihr eine andere Beurteilung der Richtigkeit des Handelns und in der Folge davon die Annahme einer anderen Handlungsart. Die Beurteilungen der Weltlage sind hinsichtlich der Frage, ob die nukleare Waffe gänzlich zu beseitigen ist, und somit in einem entscheidenden Punkt einander entgegengesetzt. Es mag sich zeigen, daß die Handlungsweisen, die aus ihnen folgen, nicht ebenso und überall in einem einfachen Gegensatz zueinander stehen. Angesichts der Bedrohung, die von der Weltlage ausgeht, sind aber Klarheit und Wahrheit des Urteils über Weltlage und Handlungsart jedes Menschen Sachen und Fragen, deren Gewicht keine andere übersteigt.

Der ganze Gang dieser Besinnung diente einzig dem Zweck, beide Fragen in ihrem ganzen Umfang zu erwägen. Schon früh sind wir aber in jenem entscheidenden Punkt zu einem Ergebnis gekommen, das wirklich über alles Weitere entscheidet: Grundsätzlich betrachtet und somit auch auf lange Sicht gibt es keinen Anlaß, auf eine Weltlage zu hoffen, in der die neue Waffe überhaupt nicht mehr verfügbar ist. Die Konsequenz, die sich daraus ergibt, ist leicht zu formulieren. Um so schwerer ist es dann, sich auch der weiteren Folgerungen sicher zu sein, die aus ihr in Hinsicht auf die besonderen Handlungsweisen zu ziehen sind. Die Konsequenz aus der grundsätzlichen Betrachtung ist die schon vertraute: Wir können keine neue Weltlage heraufführen. Wir müssen aber die Weltlage ausgestalten, in die wir geboren wurden. Wir können die tödliche Gefahr für die Menschheit, die in sie eingebildet ist, nicht gänzlich aus der Welt schaffen. So müssen wir also dafür sorgen, daß die Gefahr abgewendet bleibt und daß sie nicht als Desaster der Vernunft und als Katastrophe für die Menschheit zur Wirklichkeit wird. Wir müssen eine Situation als im Prinzip unveränderlich hinnehmen, die Menschen vor uns, oft voll Zweifel an der Richtigkeit ihres Tuns, haben entstehen lassen. Wir müssen sie aber als Handlungssituation erkennen und annehmen und so auch noch den Grund von Gefahr und Schrecken, so weit es eben möglich ist, dazu nötigen, ein Medium wesentlicher Einsicht zu sein, die im wirklichen Leben und Handeln der Menschen Platz greift. Kraft dieser Einsicht könnte sogar die Friedfertigkeit, bisher eine private, ansonsten aber illusionäre Tugend, zum ersten Mal zu einer Gestaltungskraft für die Beziehungen zwischen den Völkern und Staaten werden.

62.
Primärregel und Imperativ des Friedens

Wenn die Gründe zwingend sind, die zu diesem Ergebnis geführt haben, so haben wir von einer Handlungssituation auszugehen, in der wir nicht nur überhaupt, sondern in einem besonderen Sinne in wirkliche Verhältnisse verwickelt sind. Denn diese Verhältnisse sind dem reinen guten Willen in höchstem Maße anstößig. Und doch kann er sie mit aller seiner Energie nicht überwinden. Er muß sie auch noch in der Zielbestimmung seines Handelns annehmen, – als einen Ausgangspunkt, den er nicht hinter sich lassen kann, woraus aber folgt, daß er die anstößigen Verhältnisse zu einer Wirkung bringen muß, die ihrer ersten und sozusagen naturwüchsigen Wirkungsart gerade entgegengesetzt ist: Die Vernichtungsmittel müssen und können ein neues Verständnis von der Natur einer Friedensordnung heraufführen. Und sie können den Frieden, den sie zunächst nur als Nichtkrieg erzwingen, auch zu einem Prozeß und Zustand werden lassen, der mehr ist als die unmittelbare Folge der Wechseldrohung mit dem Desaster.

Zunächst einmal wird allerdings das sittliche Bewußtsein durch das, was in diesen Verhältnissen das Anstößige ist, selbst in Frage gestellt. Wir haben die Gründe aufgedeckt und erörtert, die im Ausgang von der Weltlage dahin wirken können, die Skepsis gegenüber allen sittlichen Normen und Lehren und eine latente Bereitschaft zur nihilistischen Aktion aufkommen zu lassen. Aber wir haben auch die Selbstbeschreibung und eine Weltdeutung kennengelernt, die diesen Tendenzen den Weg verlegen. Über sie kann das sittliche Bewußtsein, nachdem es zu einer Vertiefung in der zweiten Stufe seiner Entwicklung gekommen ist, seine Stabilität zurückgewinnen. Wo immer geschieht, worauf wir hoffen und hinwirken müssen, daß sich nämlich das Instrument der Untat zu einer Etappe auf dem Weg zu wirklichem Frieden verwandelt, werden sie im Blick stehen: die fragile Randstellung des bewußten Lebens im kosmischen Prozeß, das dennoch und gerade so in ihm ermöglicht ist und das in ihm und zusammen mit sich alles Leben aus gleichem Ursprung und von gleichem Geschick um seiner selbst willen bewahrt. Ohne die Konkretion des Wissens von der Möglichkeit seiner Katastrophe und ohne die bedrängende Gegenwart der Bedrohung, die von solchem Wissen ausgeht, würde auch dieser Kontext nicht zu einer der Dimensionen werden, welche die Gesamtverfassung eines Bewußtseins in Beziehung auf die Weltlage begründet.

Insofern dieses Bewußtsein aber sittliches Bewußtsein ist und als solches eine Handlungsweise trägt und durchherrscht, sind Selbstbeschreibung und Weltdeutung in der Weltlage nicht der erste Ausgang aller seiner Orientierung. Beide sind ihm wesentlich und ebenso unerläßlich für seine Stabilität. Doch auch das sind sie nur dadurch, daß sie in einem notwendigen Zusammenhang mit anderen Gründen stehen, welche das sittliche Bewußtsein durchgängig und auf jeder Stufe seiner Entwicklung ausmachen. Es hat einige Mühe gekostet, auch diesen komplexen Zusammenhang zur Übersicht zu bringen. Er kann vorausgesetzt werden, wenn wir nunmehr die Grundzüge des sittlichen Bewußtseins in der Weltlage so erklären:

Alles sittliche Bewußtsein bildet sich von dem Kern seiner Primärstufe her aus. Für ihn ist bestimmend die Grundregel der Beurteilung sittlicher Richtigkeit. Wendet man sie an, so ergibt sich unmittelbar, daß der Gebrauch einer Waffe vom Typ der nuklearen zu unterlassen ist. Sie bedroht notwendig Menschen, die an einem Konflikt unbeteiligt sind. Ein Handeln mit solchen Mitteln kann nicht dem Prinzip der Neutralität genügen und niemals Grundgesetz einer Ordnung des Zusammenlebens sein. Dieses Resultat wird auch dann nicht hinfällig, wenn eingesehen ist, daß es dem sittlichen Bewußtsein unmöglich ist, aus ihm unmittelbar eine hinreichende

Anleitung dafür zu gewinnen, wie seine Handlungsart zu organisieren ist.

Die Einsicht, daß das, was schlechthin gut oder böse ist, doch nicht schlechthin getan oder unterlassen werden kann, zieht viele Fragen nach sich. Wie kann man erklären, daß ein solcher Zwiespalt im sittlichen Bewußtsein entsteht, ohne daß es damit zugleich auch die Realität und die Dignität seiner Prinzipien erschüttert? Die Einsicht selbst wird dem sittlichen Bewußtsein aber schon früh unabweisbar. Sie ergibt sich zum Beispiel aus der Differenz zwischen sittlicher und rechtlicher Beurteilung. Die Prinzipien, auf denen das Völkerrecht beruht, haben ebenso wie die sittliche Primärregel ihren Ursprung in dem Prinzip neutraler Beurteilung der Richtigkeit von Handlungen. Aber das sittliche Bewußtsein kann kaum darüber hinweggetäuscht werden, daß auch im gebändigten Krieg immer schon und massenhaft sittlich nicht legitimierbare Handlungen geschehen sind und wieder geschehen müßten. Unter Bedingungen der Verfügbarkeit der nuklearen Waffe führt die Anwendung der Prinzipien des Völkerrechts dazu, daß auch der Gebrauch dieser Waffe in bestimmter Weise und in einer extremen Situation nicht ausgeschlossen werden kann. Es ist dies gewiß ein anderer Gebrauch als der, von dem die Bedrohung der Menschheit als ganzer ausgehen würde. Aber es ist offenbar, daß er doch nicht sittlich richtig genannt werden darf; und wir würden einem Volk, das auch im völkerrechtlichen Notstand auf den Einsatz der Waffe verzichtet, sittlichen Heroismus nicht absprechen können und wollen. Wir sind allerdings schon lange an Kriege gewöhnt, die mit weniger wirksamen Vertilgungsmitteln geführt werden. Und darum fällt es uns schwer, die einfache Wahrheit anzuerkennen, daß moderne Kriege auch dann, wenn in ihnen alle Rechtsverletzungen vermieden werden, unschuldige Leben zerstören, womit bewußt getan wird, was zu unterlassen sittlich geboten ist. Und doch stehen Rechtsgründe nicht jedem solchen Tun entgegen.

Auf andere Weise gelangt das sittliche Bewußtsein zu der Einsicht, daß es aus der Primärregel eine zuverlässige Handlungsanweisung dann nicht mehr gewinnen kann, wenn es sich zur zweiten Stufe vertieft und damit die Kollisionen erfahren hat, die spätestens auf dieser Stufe mit Notwendigkeit eintreten. Vertieft ist es auch in solchen Lagen, weil es von den Tendenzen zur Deformation freigekommen ist, die auf der Primärstufe einsetzen. Die Primärstufe ist nur die Quelle und der erste Lichtpunkt des sittlichen Bewußtseins und insofern nicht schon dessen eigentliche und ganze Gestalt. Nichtsdestoweniger führt seine Entwicklung auch in seine Konflikte. Aus besonderen Bindungen, die in sich sittlicher Natur sind, folgt die Richtigkeit von Handlungsweisen, die sich mit denen, die aus der Primärregel folgen, nicht harmonisieren lassen.

Doch all das ist kein Grund, die Imperative, die aus der Primärregel folgen, zurückzunehmen oder zu ermäßigen. Sie verwandeln sich vielmehr insoweit, wenn sie nicht als unmittelbare Handlungsanweisungen in Kraft bleiben können, zu Handlungszielen, die als solche beharrlich zu verfolgen sind. Ein einfaches Beispiel aus dem sittlichen Alltag kann das verdeutlichen: Es mag sein, daß ich um einer besonderen Bindung willen, in der ich stehe, bewußt die Unwahrheit sagen muß. Doch daraus folgt, daß ich nunmehr um so mehr um Wahrhaftigkeit bemüht sein muß, in mir selbst und gegenüber anderen und, soweit es möglich ist, am ersten aber gegenüber dem, den ich getäuscht habe. Ich habe eine Verletzung richtigen Handelns nicht vermeiden können. Aber daraus lassen sich immer zwei Folgerungen ziehen: Die eine macht den Anfang der bewußten Selbstkorruption, die andere den Anfang zu einer erweiterten sittlichen Besinnung und Handlungsart. Was für diese einfache Situation individuellen Handelns gilt, läßt sich doch gut auf den ungleich komplexeren und gewichtigeren Fall des Verhaltens in Beziehung auf nukleare Waffen übertragen. Nicht nur der Gebrauch der

Waffe, auch schon die Drohung mit ihr greift in das Leben Unbeteiligter ein und ist insofern selbst schon, wenn auch in ganz anderer Weise als ihr Gebrauch, ein Handeln, das sittlich nicht vertretbar ist. Muß nun eingesehen werden, daß dieses Handeln nicht zu vermeiden ist, so folgt daraus die besondere Dringlichkeit des Imperativs, die Handlungssituation so zu entwickeln, daß nicht nur der Gebrauch der Waffe nach Möglichkeit ganz ausgeschlossen, sondern daß auch die Drohung gemindert und schließlich zu einem möglichst verläßlichen Mittel eines gesicherten Friedenszustandes wird.

Gewiß, das ist leicht gesagt und allzu schwer erwirkt. Und der Zweifel, ob ein solcher Friedenszustand wirklich erreicht wird, behält sein Recht, so wie er auch als Antrieb nicht ablassender Bemühungen eine produktive Bedeutung haben könnte und sollte. Was aber so einen Unterschied ausmacht, der wohl auch entmutigen könnte, muß aufgewogen werden gegen die andere Kluft, die sich dann auftut, wenn einerseits darauf bestanden wird, daß der Primärregel unmittelbar auch Geltung verschafft werde, und andererseits gleichwohl offensichtlich ist, daß die nukleare Waffe nicht aus der Welt geschafft werden kann. Vor dieser Kluft zeigt sich auch kein anderer Weg als das Drängen auf Mäßigung und möglichst weitgehende Zurücknahme dieser Rüstung. Insofern ergibt sich auf der Seite der wirklichen Handlungsart auch nur ein Postulat von eben der Art, wie das soeben aufgestellte. Doch macht es einen Unterschied, ob dieses Postulat aus sittlicher Resignation hervorgeht, so daß es mit dem Makel der Einpassung in Widrigkeiten und Skandale des Weltzustands behaftet bleibt, oder ob es eingebettet ist in und hervorgeht aus einer Dynamik der Entfaltung des sittlichen Bewußtseins selber. Nur damit gewinnt es den Sinn einer wesentlichen Aufgabe, in deren Dienst sich das sittliche Bewußtsein mit einer nicht schon resignierten Energie stellen kann, die zudem über sich selbst verständigt ist.

Die neue Waffe ist selbst alles andere als ein Gut für das sittliche Bewußtsein. Stünde ihm zur Wahl, ob eine materielle Natur so beschaffen sein sollte, daß die Konstruktion der Waffe unmöglich ist, so würde es gewiß nicht zögern: Sie ist ein Instrument der Vernichtung, und niemand kennt eine Vorsehung, die uns dessen versichert, daß das Desaster nicht eintritt, das sie bewirken kann. Aber das sittliche Bewußtsein ist so verfaßt, daß es an jedem Übel, welches es nicht schlechtweg abwenden kann, Aspekte zu finden sucht, die dazu helfen, Folgen des Übels einzugrenzen oder abzuwenden, und weiterhin auch solche Aspekte, aus denen Gutes hervorgehen könnte. Es gibt gewiß unbedingte Übel, die den Gedanken an solche Aspekte ausschließen. Das nukleare Desaster wäre dafür ein sicheres Beispiel. Doch die Verfügbarkeit der Waffe ist nicht selbst schon ein Übel solcher Art. Sie gibt Anlaß zu einer Besinnung und einer Handlungsart, von der man doch sagen darf, daß uns die Verwicklung in eine bedrohliche Wirklichkeit ein richtiges Ziel allererst in den Blick bringt. Würde es erreicht, so wäre der gute Weg von dem absoluten Verbot, die Waffe zu gebrauchen, zur absoluten Enthaltung von ihrem Gebrauch in einem gesicherten Frieden durchschritten.

63.
Dynamik der Ent-zentrierung

Der Kontext des vertieften sittlichen Bewußtseins mit seiner Selbst- und Weltbeschreibung in Beziehung auf die Weltlage ist wesentliches, schlechthin unerläßliches Medium dafür, daß ein solcher Weg in Klarheit und Eindringlichkeit eingesehen werden kann. Und doch bleibt der erste Ausgang der Orientierung auf ihn die sittliche Primärregel, die besagt, daß der Gebrauch der Waffe, geschähe er selbst in guter Absicht, sittlich nicht vertreten werden kann. Der Gebrauch mit einer Wirkung gegen die Menschheit ist zudem auch nach

Prinzipien des Völkerrechts Unrecht schlechthin. Was aber die sittliche Primärregel betrifft, so wird sie durch das vertiefte sittliche Bewußtsein nicht nur nicht dementiert. Sie erhält kraft seiner selbst auch einen vertieften Sinn, – unangesehen dessen, daß in diesem Bewußtsein verstanden ist, warum die Regel nicht unvermittelt die Realität bestimmen kann. Denn nun verbinden sich mit der Regel neue Quellen der Motivation und Ressourcen der Orientierung. Die Primärregel bricht selbst schon ein erstes Mal die Selbstzentrierung des natürlichen Selbstbewußtseins auf, – und zwar dadurch, daß sie sein Handeln unter die Anforderung der Neutralität stellt: Alle anderen Personen sind als Handlungszentren gleichen Rechtes anzuerkennen, und dem muß die Handlungsart einer jeden Person auch praktisch entsprechen. Diese Einsicht macht den Gehalt dessen aus, was zuvor ›Lichtpunkt‹ des sittlichen Bewußtseins genannt wurde. Doch die Formalität dieses Gedankens drängt ihn in die Gefahr, selbst noch Mittel zu sein, kraft dessen sich nur das natürliche Selbstbewußtsein eine erweiterte Bedeutung verschafft. Im vertieften sittlichen Bewußtsein schließen sich nun an den formalen Personbegriff, der als Handlungszentrum definiert ist, weitere Gedanken an. Und sie sind es, welche die Forderung zum Respekt vor Personen von der Formalität in der allgemeinen Adresse dieses Respektes befreien. Personen sind nun zugleich durch die sittlichen Bindungen zu definieren, die sie eingehen. So wird der Personsinn konkret, was heißt, daß er den Gedanken einer Lebensgeschichte einschließt – samt deren Konflikten und Geschicken und ihrem möglichen Gelingen. Der Imperativ, solche Leben nicht zu verletzen, und das Ziel, ihnen förderlich zu sein, betrifft die Personen, die eine Handlungsart ausbilden, nicht über den Gedanken der abstrakten Gleichheit allein. Zwar sind Imperativ und Ziel auch weiterhin ganz auf Gleichheit gegründet, – nunmehr aber auf eine solche, über die jeder Person zugleich ein sittlicher Lebensgang zugesprochen wird, von dem zu denken ist, daß auch ich, der Handelnde, in ihn einbezogen sein könnte. Das ergibt nicht neuerlich eine Selbstzentrierung, oder gar eine solche, die auch noch mein Eigeninteresse einschließt. Denn all dies ist ein Gedanke nur, von dem jeder unmittelbar auch weiß, daß er gar nicht verwirklicht werden kann. Niemand kann jedermanns Freund sein. Und doch sind Personen, denen mein Respekt und meine uninteressierte Hilfe zu gelten haben, anders in meinen Willen aufgenommen, wenn ich sie als Freunde von Freunden denke. Ich weiß, daß in Beziehungen von solcher Art auch mein eigenes sittliches Leben vertieft ist. Zugleich aber, wiewohl unabhängig von allen Beziehungen, die ich wirklich eingegangen bin, sind mir Menschen unter einer solchen Beschreibung Personen in einem reicher bestimmten Sinn, der auch meinen Respekt vor ihnen und somit das Motiv meines Handelns in ihrem Sinne insofern vertieft, als sie tiefer in meinem eigenen sittlichen Leben verankert sind. Wenn also in den Gedanken der Neutralität der sittlichen Beurteilung der Gedanke der sittlichen Eigenwelten der Personen eingeführt ist, die alle gleichen Rechtes sind, so wird, dem Anschein entgegen, die Selbstzentrierung der natürlichen Interessen des Handelnden nunmehr ein zweites Mal und auf neue Weise aufgehoben.

Eine solche Ent-zentrierung ergibt sich ein weiteres und drittes Mal, wenn sich die einzelne Person, die Subjekt des Handelns ist, versteht als einbegriffen in einen Prozeß, der nicht kosmischer, sondern selbst sittlicher Prozeß ist. Nimmt ein Handlungssubjekt ein solches Verständnis an, so geht es in ihm immer von einer Weltlage aus, in der es sich selbst mit allen Personen verwickelt findet, die seine Zeitgenossen sind. Aus dieser Weltlage ist zugleich ein Ziel der Bewahrung oder der Verwirklichung bestimmt. Und beide sind so wenig gewählt, wie sie aus dem Tun allein eines Einzelnen hervorgingen oder kraft seiner zu erreichen sind. Schon in der vorausgehenden Weise der Ent-zentrierung versteht die Person ihr Handeln nicht einfachhin nur als ihre Tat. Denn in sittlichen

Bindungen ist alles Tun zugleich auch begründet in einem Verhältnis und Austausch, der nicht von der Macht des Einzelnen ausgeht und in ihr allein begründet ist. Obgleich alles, was in solchen Bindungen geschieht, entweder Handlungen der Personen oder Wandlungen ihrer inneren Einstellungen sind, so ist doch die Handlungsart ebenso verändert wie die Bewußtseinsweise bei der Ausbildung von Einstellungen. Und eben das geschieht noch einmal dann, wenn eine Person ihr Handeln eingegliedert und einbezogen sieht in die Bewahrung oder die Ausgestaltung eines Lebenszusammenhanges, der so weiträumig und vielgestaltig ist, daß sie weder die Personen kennen kann, an deren Intentionen und Handlungen sie doch in ihrem Handeln sich anschließt, noch die Folgen, die aus dem, was sie selbst tut, unmittelbar hervorgehen. Der Prozeß, in den sie sich einbezogen weiß, und dessen Beförderung ihr Handeln dient, geschieht insofern nur im Durchgang durch ihr eigenes Tun. Sie könnte nicht so handeln, wie sie es wirklich tut, wenn sie nicht in der Überzeugung stünde, daß die Grundorientierung ihres Tuns mit dem Fluchtpunkt dieses Prozesses in Übereinstimmung ist und daß ihre Bemühung im Handeln vieler anderer kraft jener Grundorientierung eine Resonanz hat. Keiner könnte gegen das Wollen aller eine wie immer vernünftig begründete Orientierung in einer Weltlage zur Wirklichkeit werden lassen. Und jeder muß auf das ein Vertrauen setzen, was das mit dem seinen konsonante Handeln anderer bewirken wird.

Auch eine solche Weise des Bewußtseins stützt und erweitert den Gedanken der sittlichen Richtigkeit, der in der Primärregel zum Prinzip einer Anleitung für das Handeln geworden ist. Sie teilt mit der Sekundärstufe die Überzeugung, daß diesem Prinzip nicht unmittelbar Geltung zu verschaffen ist. Doch unterstellt sie sich ihm. Denn die Grundorientierung des Handelns aus solchem Bewußtsein schließt immer ein, daß dies Ziel nicht nur im Sinne der Primärregel legitim ist, sondern daß es auf einen Zustand ausgeht, in dem die Imperative der Primärregel in Beziehung auf die Weltlage erfüllt sind. Über die Sekundärstufe hatte der Begriff der Person einen erweiterten Gehalt und mit ihm neue motivierende Kraft erhalten. Daran schließt der Gedanke der Kooperation von Personen in einem sittlichen Prozeß gleichfalls an. Zwar hat der Gedanke der Person in sittlicher Kooperation nicht selbst auch einen Gehalt, der in den Gedanken abstrakter Gleichheit den konkreten Lebensvollzug je einer Person einbringt. Er setzt diesen Gehalt aber voraus. Denn wenn sich nun eine Person im Dienste eines solchen sittlichen Prozesses tätig weiß, so um willen von Personen, die nicht mehr nach dem Prinzip nur abstrakter Gleichheit gedacht sind. Und so hat die Grundorientierung des nunmehr dreifach entzentrierten Handelns auch eine Wurzel im eigenen konkreten sittlichen Leben des Handelnden. Es ist sittlich richtig, ein Handeln, das der Bewahrung eines umfassenden Ganzen in einer Weltlage dient, mit dem Handeln zusammenzusehen, in dem eine Person die eigenen Lebensbindungen schützt. Diese Verbindung ist mißdeutet, wenn man sie als bloßen Zweck-Mittel-Zusammenhang sieht, was sie gewiß auch sein kann und oft sein wird. In diesem Falle kann aber das Bewußtsein nicht eintreten, das eigene Tun stehe im Dienste eines sittlichen Prozesses, der über die eigenen Lebensbindungen weit hinausgreift. Der Zusammenhang ist vielmehr der einer Assoziation von Handlungsweisen und -orientierungen, die in ihrem Sinn und in ihrer Ausrichtung miteinander verwandt sind.

Dann aber kann auch gesagt werden, daß die neuerlich entzentrierte Handlungsweise in einer Folgeordnung der Fortbestimmungen den ersten Ausgang, den ›Lichtpunkt‹ des sittlichen Bewußtseins nicht preisgibt, sondern entfaltet und allererst zu der voll bestimmten Form von sittlichem Handeln führt. Und von ihr kann weiter gesagt werden, daß sie eigentlich erst erfüllt, was im ersten Ausgang des sittlichen Bewußtseins nur unvollständig verstanden ist, – aus Gründen, die mit Schranken in der Fähigkeit zu verstehen nichts zu tun haben, die sich vielmehr allein aus der Verfassung des sittlichen Bewußtseins und der in ihm selbst angelegten Dynamik herleiten. Sie muß gleichermaßen als Verstehens- wie als Lebensprozeß durchlaufen werden, damit aus ihr die Klarheit der eigentlichen Verständigung hervorgehen kann.

64.
Grenzen der Weltbeschreibung

Wir hatten auf die Frage zu antworten, in welchem Sinne das Handeln in Beziehung auf die Weltlage, in dessen Motivation der Kontext der neuen Weltbeschreibung eingreift, doch sittliches Handeln ist und bleibt. Dafür waren zwei Verhältnisse zu klären: das Verhältnis von Kern und Kontext in den verschiedenen Weisen des sittlichen Bewußtseins und das Verhältnis der Primärregel zu der Weise, wie sich Ziel und Handlungsart des vertieften sittlichen Bewußtseins bestimmen. Beide Aufgaben sind nun gelöst, – wenn auch nur in Theorieskizzen. So sehen wir nun auch, daß die Stabilität des sittlichen Bewußtseins in der Weltlage darauf beruht, daß es sich in seinem neuen Kontext versteht, daß es aber dennoch primär und durchaus sittliches Bewußtsein bleibt. Seine Handlungsart leitet sich nicht her aus der Erkenntnis seiner kosmischen Stellung und Rolle. Es will das Richtige wirklich werden lassen, Untaten und unvergleichliche Übel abwenden. Und es will dies wegen der Richtigkeit dieser Handlungsart, zugleich aber um der Personen willen, die in ihrer Lebensaufgabe und in ihrem Lebensgeschick und so in einem reich und konkret bestimmten Sinne Mitmenschen sind und die vom Untergang und von der Erfahrung der Bedeutungslosigkeit ihrer Leben bedroht sind.

Ebenso ließe sich freilich eine Handlungsweise in ganz anderen Weltlagen und historischen Umständen beschreiben. Und daran wird deutlich, was in der Lage, die durch die Verfügbarkeit der neuen Waffe charakterisiert ist, der Kontext für das sittliche Bewußtsein bedeutet. Wiederholt war zu zeigen, warum das sittliche Bewußtsein gerade in dieser Weltlage nur aufgrund seines Kontextes seiner selbst sicher werden kann, wieso es nur kraft seiner Stand und Kontinuität gewinnen kann gegenüber den Gründen, welche ethische Skepsis und nihilistische Diagnosen eines vermeintlich rationalen und sittlich orientierten Verhaltens in gerade dieser Weltlage wirklich aufbieten können.

Die Selbstbeschreibung im neuen Kontext ist wahr. Nur in dieser Weise kann im Anschluß an die Erkenntnis des kosmischen Prozesses die Stellung und die Aufgabe des bewußten Lebens in Beziehung auf ihn sowie innerhalb seiner in Beziehung auf sich selbst begriffen werden, – wenn nicht aus dieser Erkenntnis die naturalistische Konsequenz auch hinsichtlich des sittlichen Bewußtseins gezogen werden soll. Diese Einschränkung besagt aber auch, daß jene Selbstbeschreibung nicht allein aus theoretischer Einstellung heraus zustandekommt. Es geht in sie ein Moment der Selbsterhaltung des bewußten Lebens und eines Interesses daran ein, es möge nicht gedacht werden müssen, daß die Orientierung der sittlichen Handlungsweise nur eine Fiktion sei. Dieses Interesse ist selbst sittlich-praktisch. Insofern ist es also unmöglich, mit Hilfe der Selbstbeschreibung im neuen Kontext die naturalistische Folgerung definitiv und etwa allein kraft kosmischen Wissens zu widerlegen. Sie kann nur entkräftet werden, was heißt, daß ihre eigene These, derzufolge sie nichts als eine unabweisbare Schlußfolgerung aus wissenschaftlicher Erkenntnis sei, auch definitiv zurückgewiesen werden kann. Die Selbstbeschreibung im neuen Kontext ist, was kosmisches Wissen anlangt, ebenso adäquat. Aber nur sie ist zugleich auch universal, ohne dafür den Preis der Reduktion zu zahlen, – der Interpretation aller Tatsachen, die bewußtes Leben ausmachen, als Tatsachen, welche für die letzte Analyse nur materielle Tatsachen sind.

So muß man also sagen, daß die Selbstbeschreibung im neuen Kontext sowohl wahr wie auch mit sittlichen Interessen verknüpft ist. Und aus dem zweiten folgt auf wiederum andere Weise, daß die Grundorientierung der Handlungsweise auch im neuen Kontext die sittliche bleibt. Daß so die Zuordnung der Momente richtig angegeben ist, welche das sittliche Bewußtsein gegenüber der Weltlage ausmachen, läßt sich noch durch eine andere Überlegung zeigen: Obwohl die Weltbeschreibung des neuen Kontexts wahr ist, so ist sie doch nicht vollständig und nicht schlechthin transparent. Das ergibt sich daraus, daß die Kenntnis des kosmischen Prozesses auf der physikalischen Forschung und ihrer Theorie beruht. Die Erkenntnis dieses Prozesses geschieht also innerhalb von Grenzen, die sich aus der Verfassung dieser Erkenntnisart selbst verstehen.

Nun empfiehlt es sich aber nicht, im Zusammenhang einer Besinnung auf die nukleare Waffe solche Grenzen der physikalischen Erkenntnis ins Spiel zu bringen, die in Untersuchungen verschiedener Erkenntnis- und Wissenschaftstheorien mit guten Gründen behauptet worden sind. Wir sollten also nicht sagen, daß unsere Vorstellungen vom kosmischen Prozeß nur eine der möglichen Weisen der Beherrschung von Erfahrungstatsachen sind, womit das Argument des Kardinals Bellarmin gegen Galilei zum wiederholten Mal benutzt wäre. Gerade in diesem Zusammenhang führt es aber zu nichts. Denn die unumstrittene Tatsache der Verfügbarkeit der neuen Waffe ging aus derselben Beschreibungsart hervor. Wir können uns also nicht über die Bewandtnis der Verfügbarkeit dieser Waffe in einem Kontext orientieren, der alsbald den Grund dafür, daß sie wirklich zur Verfügung steht, als solchen in Frage stellt. Die Folge würde ein Rückfall in unbeherrschbares Mythologisieren sein.

Die Grenze der physikalischen Erschließung des kosmischen Prozesses, die wirklich in Erinnerung gebracht werden muß, verläuft an einer anderen Seite dieser Erkenntnisart: Sie kann nur die Kovarianz von Tatsachen feststellen. Insofern ist sie außerstande, eine Beschreibung der Welt zu geben, die keine weiteren Fragen mehr aufwerfen läßt. Es ist, umgekehrt, vielmehr so, daß sie nur zu einer Weltbeschreibung gelangen kann, die notwendigerweise weitere Fragen hervortreibt und andere ganz offen läßt. Eine der Fragen, die sich in jedem Stadium der physikalischen Theorie neu stellen müssen, ist die nach den einfachen Bausteinen der Materie. Die Hoffnung, sie bald und ausgerechnet durch die jetzt lebende Generation definitiv beantworten zu können, ist eine ebenso begreifliche wie törichte Illusion. Eher zeichnet sich ab, daß die Apparate, die zur weiteren Erforschung des vermeintlich Einfachen und Elementaren notwendig wären, selbst kosmische Ausmaße haben müßten, so daß sie also gar nicht gebaut werden können. Eine der Fragen, auf welche die Antwort gänzlich offenzulassen ist, ist die nach dem eigentlichen Anfang des kosmischen Prozesses. Sie kann durch keine Theorie beantwortet werden, aber auch nicht dadurch, daß diesem Anfang und doch in Beziehung auf ihn der eine Schöpfergott vorausgedacht wird. In Wahrheit haben wir gar keinen klar bestimmten Gedanken von dem, was es heißt, daß ein kosmischer Prozeß anhebt. Wir können zu dem Anfang zurückgehen, aber mit keiner Erklärung in ihn als solchen eindringen.

Mit den Begrenzungen in Beziehung auf Einfaches und Anfang ist aber noch immer nicht die Grenze genannt, die für die Verständigung über das Verhältnis von kosmischem Kontext zu sittlichem Bewußtsein die maßgebliche ist: Daraus, daß die physikalische Erkenntnis des kosmischen Prozesses auf der Feststellung von Kovarianzen beruht, ergibt sich unmittelbar, daß in solchen Feststellungen immer etwas vorausgesetzt ist, auf das diese Kovarianzen begründet sind und das in deren Erkenntnis gerade nicht auch erkannt ist. Wir können nicht umhin, dem kosmischen Prozeß ein Prinzip zuzuordnen, das seinerseits Erklärungsgrund der Kovarianzen wäre. Und wir müssen zugleich zugestehen, daß wir nur seine Folgen und die

Kovarianz seiner Zustände kennen, ohne auch nur den Gedanken, in welchem Sinne es ein ›Zugrundeliegendes‹ (und in diesem formalen Sinn ein ›Substantiale‹) ist, weiter aufklären zu können.

Diese These bedarf einer Begründung, die nur umständlich sein kann und die deshalb hier beiseite bleiben muß.[3] Sie entspricht aber, in geklärter Fassung, einer Überzeugung, die auch in unserem bewußten Leben gewonnen und die in ihm vielfältig verwurzelt ist: Schon die natürliche Welt, in die wir geboren werden, ist von einer Verfassung, die uns denken macht, daß sie nicht aus sich verständlich sei. Und das in seiner Weise durchaus wesentliche Versprechen der wissenschaftlichen Erkenntnis veranlaßt uns nicht dazu, von ihr die Aufklärung eben dieses Dunkels zu erwarten.

In unserem Zusammenhang folgt aus der Unvollständigkeit der kosmischen Weltbeschreibung, daß sie nicht dazu imstande ist, das Verhältnis des kosmischen Prozesses zur Tatsache und zum Prozeß des bewußten Lebens definitiv aufzuklären. Aus der Innenperspektive des bewußten Lebens sind uns Tatsachen erschlossen, die wir sehr wohl und wahrheitsgemäß dem kosmischen Prozeß zuordnen können. Doch können wir sie nicht eigentlich in seinem Zusammenhang begreifen. Und so ist die Selbstbeschreibung im neuen Kontext von der Unvollständigkeit der Erkenntnis des kosmischen Prozesses tangiert. Es ist zu wiederholen, daß sie gleichwohl wahr ist. Und doch wäre es unmöglich, die Innenperspektive des bewußten Lebens von ihr her zu gewinnen, also über eine Erklärung aus ihr herzuleiten. Wahrheit ist ein absolutes Prädikat. Aber es verlangt nicht von den Aussagen, denen es zugesprochen wird, daß sie ihrerseits absolut, also vollständige Beschreibungen der Gegenstände und der Domäne von Gegenständen seien, über die jene Aussagen gemacht werden.

3 Vgl. u. S. 265 f.

So zeigt sich also auch auf diese Weise, welche Stellung innerhalb des sittlichen Bewußtseins die Selbstinterpretation im neuen Kontext hat: Sie ist unverzichtbares Moment in diesem Bewußtsein, aber nicht auch Grund aller Gewißheit, die maßgebend ist für es.

Daraus folgt nun weiter, daß im sittlichen Bewußtsein ein Grund für noch weiter ausgreifendes Nachfragen gelegen ist. Denn nun steht es vor der Aufgabe, sich selbst auch in Beziehung auf das zumindest zu denken, was ihm in der Verständigung über seine Verfassung und in der Erkenntnis des kosmischen Prozesses, auf den es sich im neuen Kontext stützt, gleichermaßen entzogen ist. Auch diese Aufgabe kennt es, wenn es nur in dem Gang seiner Selbstverständigung zu Klarheit und Übersicht gekommen ist, – also allem Philosophieren voraus. In unserer Untersuchung kann diese Aufgabe aber nicht weiter verfolgt werden. Sie ist an ihrem Ziel, wenn sie die Funktion des Kontextes für die Selbstverständigung in der neuen Weltlage aufgeklärt hat. Was darüber hinausgeht, hat seinen Ort in dem Bereich der philosophischen Letztverständigung. Es gehört nämlich zur Verständigung über die sittliche Dimension des bewußten Lebens in Beziehung auf alle anderen überhaupt möglichen Gedanken, – somit zur Philosophie in ihrem eigentlichen Sinne.

So bleibt nur noch zu sagen, daß erst in diesem Bereich eigentlich würde verstanden werden können, *wieso* das sittliche Bewußtsein von einem Lichtpunkt ausgeht und von ihm her sich ausbreitet zu einer vertieften und dann auch universalen Verständigung, die dennoch den Ausgang, den sie nahm, nicht verläßt.[4] Die Untersuchungen haben, so ist zu hoffen, gezeigt, daß es sich wirklich so verhält. Und darauf waren alle Folgerungen zur richtigen Handlungsart in der neuen Weltlage aufgebaut. Doch damit ist dies Verhältnis nur gesichert, nicht begriffen. Und auch in Beziehung auf diesen Unter-

4 Vgl. u. S. 264f.

schied versteht es sich, daß diese Untersuchungen dem zugehören, was herkömmlich ›Ethik‹ heißt. Sie hatten den Bereich
dieser Untersuchungen auf heute unbeachtete Fragen auszu-
dehnen. Und doch sind sie noch nicht Philosophie in einem
von allen Einschränkungen freien Sinn.

Auch innerhalb der Untersuchung, welche ethische Besinnung ist, müssen diese Einschränkungen ausdrücklich
hervorgehoben sein. Denn die Gedanken, die über sie hin-
ausdrängen, sind, wie gesagt, nicht allein in theoretischen Interessen begründet. Sie können nur aus Bahnen der Orientierung entfaltet werden, zu denen im bewußten Leben und im
sittlichen Bewußtsein selbst schon angesetzt ist. Doch ist
Klarheit über sie dann unerläßlich, wenn das sittliche Bewußtsein eine Handlungsart in Beziehung auf die Weltlage
begründen und befestigen will. Diese Begründung kann für
sich schon nur über vielfältige Zuordnungen und also nur in
einer komplizierten Balance gewonnen werden. Ist die aber
einmal gewonnen, so ist sie anderes als nur ein instabiles
Gleichgewicht. Die Abfolge der Gedanken, die in dieser
Handlungsart zusammengeführt werden müssen, wird gerade so zu einer in sich klaren Ordnung und Orientierung
gebracht, die auf andere Weise durchaus nicht zu gewinnen
ist. Diese Ordnung der Gedanken sei nunmehr so in Übersicht gebracht:

Die Geltung der sittlichen Primärregel wird anerkannt, ohne
daß daraus folgt, daß die Grenzen ignoriert werden, welche
den Zielprojektionen des wirklichen Handelns durch die jeweilige Handlungssituation gezogen sind. Der Begriff der
Person wird Zug um Zug durch Gehalte angereichert, die sich
aus der Primärmoral nicht gewinnen lassen würden. Und
doch wird der Universalismus in deren erstem Licht- und
Ausgangspunkt nicht aufgegeben. Die Selbstbeschreibung
dieser Person über ihre Randstellung im kosmischen Prozeß
kann unverkürzt angenommen werden. So entfaltet die Einsicht in den Zusammenhang zwischen der Gefährdung alles

bewußten Lebens und der Verfügbarkeit der neuen Waffe ihre deskriptive und expressive Kraft. Und sie geht ein in die selbst wiederum komplexe Motivation des sittlichen und auch politischen Handelns im Interesse der Selbsterhaltung der Menschheit. Die Selbstbeschreibung im kosmischen Kontext stützt und vervollständigt alles Verstehen, dominiert es aber nicht. Würde sie dominieren, so würde daraus nur folgen, daß der ethischen Begründungsart ihr Recht und ihr Prinzip aus eigenem Ursprung genommen wären. Eine solche Balance läßt sich nur in einem Bewußtsein gewinnen, das alle Züge der modernen Reflektiertheit in sich aufgenommen hat. Aus dieser Reflektiertheit gingen auch die stärksten Gründe für die Skepsis in der Ethik und auch dafür hervor, die nihilistische Aktion für eine Antwort auf die Weltlage zu halten, die jedenfalls angemessener als jede Antwort ist, welche aus dem sittlichen Bewußtsein gegeben werden kann. Eine Verständigung, welche solche Gründe nicht ignoriert und verdrängt, kann innerhalb derselben Weltlage nur aus einer Besinnung gewonnen werden, die durchgängig die gleiche Reflektiertheit voraussetzt und die den Schein jener Gründe durchsichtig macht. Nur auf diesem ihrem Weg kann sie zu einer Synthesis von sittlichem Bewußtsein und Diagnose der Weltlage gelangen, die sich gleichermaßen unabhängig gemacht hat von einem moralischen Pathos, dem alle diagnostische Kraft abgeht, wie von einem vorgeblichen Realismus, der nicht weniger hilflos und unorientiert bleibt, weil er, was die Besonderheit und Bedrohlichkeit der Weltlage wirklich ausmacht, entweder gar nicht ins Auge faßt oder beschwichtigend zur Normalität herunterreden muß. Von der aber weiß doch jeder, daß sie nur so lange dauert wie das Desaster, auf dessen Möglichkeit sie aufruht, nicht in sie eingebrochen ist.

IX. Wege zum nuklearen Frieden

65.
Philosophische und strategische Untersuchungen

Was aber ist zu tun? Mit dieser Frage wird die Besinnung über den Bereich der Untersuchung hinausgewiesen, dem die Ethik als Analyse des sittlichen Bewußtseins in Beziehung auf die Weltlage ebenso wie die Diagnose dieser Weltlage selbst zugehören. Wir müssen uns aber auch auf diese Frage einlassen. Denn die Untersuchungen haben für jede Handlungsart innerhalb der Weltlage sowohl Grenzen wie auch eine Richtung bestimmt, in die sie ihre Ziele zu entwerfen hat. Dieser Richtungssinn muß sich nun in konkretere Perspektiven für das Handeln umsetzen lassen.

Aber auf diesem Gebiet hat, was aus philosophischen Überlegungen folgt, nicht für sich allein ein Gewicht und eine Stimme. Eine ganze Bibliothek von Analysen und Programmen ist von den Experten für Strategie und internationale Politik längst schon veröffentlicht worden. Was vom Standpunkt ihrer Betrachtungsweise aus als ungenügend durchdacht erscheint und was allem zuwiderläuft, was das gebildete und politische Urteil für möglich halten kann, wird auf diesem Gebiet kaum überzeugen können. Auch eine philosophische Untersuchung muß also auf der Kenntnis der strategischen und politischen Literatur beruhen,[1] wenn sie die Anwendung ihrer Überlegungen erwägt und dabei nicht die Vormeinung bestärken will, allzu prinzipielle Betrachtungen müßten in dieser Sache nur ihre weltlose Naivität demonstrieren.

Dennoch werden wir auch nicht den Anschein erwecken, in

1 Vgl. u. S. 253 ff.

die Debatten der Experten direkt eingreifen zu wollen, und uns darauf beschränken, Perspektiven in einiger Distanz zu strategischen und politischen Problemlagen zu skizzieren. Solche Vorsicht sollte allerdings auch nicht zu weit gehen. Die Debatten der Experten tendieren nämlich dahin, sich von den politischen Konstellationen, die gerade heute bestehen, beherrschen zu lassen, womit sie sich um den Sinn für das Grundsätzliche bringen. Die Weltlage, welche durch die Verfügbarkeit der neuen Waffe bestimmt ist, wird auf lange und auf alle absehbare Zeit bestehen. So wird sie Wandlungen in den politischen Konstellationen überdauern, die sogar dramatisch sein können. Die Philosophen, die gerade mit ihren ausgreifenden Betrachtungen Einfluß auf die politische Kultur gewannen, haben stets und mit Recht auch den Froschblick derer kritisiert, denen die jeweilige politische Situation mit ihrem ganzen Horizont zusammenfiel. Das heißt nicht, daß die Philosophen eine Übersicht aus der Vogelperspektive wirklich besaßen. Doch ist für unbefangenes wie verantwortliches Handeln beides gleichermaßen vonnöten: sicheres Verstehen der jeweiligen Konstellation und eine Orientierung sowohl an Grundsätzlichem wie an dem, was möglich, aber im politischen Geschehen selbst noch nicht absehbar ist.

66.
Arsenale und Armeen

Die nukleare Waffe ist nicht mehr aus der Welt zu schaffen. Wenn die auf Wissenschaft begründete Zivilisation nicht zusammenbricht (mit der Folge von Massentod und Verelendung), wird bald auch die Kenntnis über die Weise, wie sie zu fertigen ist, fast allgemein verbreitet sein. Die Fähigkeit zur wirklichen Herstellung und zum militärischen Gebrauch hat zwar wohl noch ganz andere Voraussetzungen. Aber auch die werden sich zusammen mit der industriellen Entwicklung notwendigerweise ausbreiten – die eine zusammen mit der Verwendung von Kernenergie, auf die angesichts der bevorstehenden Verknappung und Verteuerung der fossilen Energiequellen gerade die jungen Industrieländer nicht verzichten werden, die andere mit der Verbreitung der Raketen- und Satellitentechnik. Wenn diese Ausbreitung auch verlangsamt werden kann – jeder Staat, der dagegen geschützt sein will, von der militärischen Protektion durch einen anderen Staat abhängig zu werden, wird es darauf anlegen, zumindest über die Ressourcen für eine schnelle atomare Bewaffnung oder Wiederbewaffnung zu verfügen. Denn er muß zunehmend damit rechnen, daß ein Staat in seiner Nähe in kurzer Zeit mit bedrohlicher oder gar politisch paralysierender atomarer Macht auftritt.

Daß die Waffe nicht mehr aus der Welt zu schaffen ist, heißt nun aber nicht, daß keine weitgehenden Veränderungen in der Weise ihrer Verfügbarkeit angestrebt werden können und müssen. Zu ihnen gehört freilich nicht die vollständige atomare Abrüstung der Großmächte. Dann würde nämlich die Bedrohung, durch die sie sich gegenwärtig ernster militärischer Konfrontationen enthalten, nur noch von der Fähigkeit zum schnellen Neuaufbau nuklearer Waffen ausgehen. Die aber ist weit weniger berechenbar und somit ein viel größerer Anlaß für Fehlkalkulationen als ein begrenztes und jederzeit einsehbares Arsenal. Denn solche Arsenale und die für sie nötigen Produktionsstätten lassen sich leichter einvernehmlichen Kontrollen unterwerfen als Produktionskapazitäten, die über das gesamte Spektrum der hochentwickelten Produktionsstätten verteilt sein würden.

Großmächte werden sich auch wegen der jederzeit möglichen Entwicklung von nuklearen Mittelmächten nicht vollständig denuklearisieren. Schon heute sind nukleare Waffen in den Händen von Staaten, deren politische Stabilität nicht garantiert ist. Industrialisierte Staaten müssen das Aufkommen von Weltkrisen in ihre Berechnungen einbeziehen, die aus ganz anderen Gründen als denen der nuklearen Bewaffnung hervorgehen können – Krisen in der Versorgung mit Nahrungsmitteln, im Welthandel, wegen klimatischer oder anderer Naturkatastrophen. Zwar paralysiert das Gleichgewicht zwischen den Großmächten deren Handlungsfähigkeit so, daß schon heute Konflikte in den Grenzzonen ihrer Einflußbereiche denkbar sind, die auch nuklear ausgetragen würden. Nuklear unbewaffnete Großmächte hätten aber keine Möglichkeit mehr, diese Konflikte zu ersticken, wenn sich absehen läßt, daß sie sich zu einer allgemeinen Bedrohung auswachsen. Und dagegen ist die Gefahr, daß nukleare Mittelmächte die Großmächte absichtlich in ihre Konflikte hineinzwingen könnten, wohl als gering anzusehen. Auf denkbare Fälle der Auslösung eines großen nuklearen Konflikts über solche Wege ist die strategische Planung der Großmächte schon heute vorbereitet.[2]

Langfristig ist wohl am ehesten vom nuklearen Terrorismus zu befürchten, daß auch ein unbegrenzter nuklearer Konflikt willentlich eingeleitet wird. Ein solcher Terrorismus kann sehr viele Formen annehmen. Gegen die Aktion von Einzelnen gibt es wohl immer wirksame Kontrollen. Es ist aber denkbar, daß sich Gruppen in die Lage bringen, eine nukleare Katastrophe auslösen zu können. Noch gefährlicher ist es, daß Inhaber politischer Macht, aus latent nihilistischer Motivation, während einer Krisenzeit unter dem Vorwand politischer Ziele oder Notwendigkeiten in eine ihrem eigentlichen Charakter nach terroristisch-nihilistische Aktion hineinleiten. Ein Staat, der sich dieser Möglichkeiten bewußt ist, wird alle etwa notwendigen Mittel bereithalten müssen, um auch solche Entwicklungen abwenden zu können. Unter den Abwehrmitteln werden sich immer Versionen der nuklearen Waffe befinden müssen. Denn irgendwelche Mittel, welche

---

2 Vgl. u. a. Allison/Carnesale/Nye Jr., ›Hawks, Doves, and Owls‹, zitiert u. S. 253.

(wie das Wasser die Zündung des Pulvers) den Gebrauch nuklearer Waffen durch andere und dritte über die Distanz technisch unmöglich machen könnten, sind leider nicht absehbar.

Können also die Großmächte, auch abgesehen von ihrem Verhältnis zueinander, auf eine nukleare Bewaffnung nicht verzichten, so wird auch weiterhin von Konflikten zwischen ihnen eine Gefahr zum unbeschränkten Nuklearkrieg ausgehen. Und daraus ergibt sich für sie die Pflicht, ebenso natürlich auch das Interesse, dieser Gefahr auf allen denkbaren Wegen entgegenzuwirken – für alle Menschen aber die Aufgabe, sie mit den ihnen zugänglichen Mitteln auf diese Wege zu drängen. Denn die Größe der Gefahr allein gibt ihr die Eigenschaft, auch akute Gefahr zu sein. Um sie zu wenden, bedarf es also mehr als der Geduld allein. Sie muß sich mit Beweglichkeit, erhöhter Aktivität und mit einer Phantasie verbinden, welche die Interessen aller Parteien in einem möglichen Konflikt und viele Phasen der Entfaltung solcher Konflikte sicher im Blick und Urteil übergreift.

Wir haben uns davon überzeugen müssen, daß Abschreckung in dem Sinn, den dieses Wort im nuklearen Zeitalter angenommen hat, darauf beruht, daß der Einsatz von Nuklearwaffen mit unspezifischer, vernichtender Wirkung befürchtet werden muß. Schon daraus ist zu folgern, daß die Großmächte auf den Besitz von Waffen auch solcher Art nicht verzichten werden. Doch können sie, ohne wesentlichen Nachteil, von allen anderen militärischen Mitteln separiert und in die letzten Katakomben der Arsenale verbannt werden. In der Literatur wird die Abschreckung, die sich aus der bloßen Existenz der Waffen ergibt, von der unterschieden, die sich durch deren Zieleinstellung auf militärische Zentralen oder zivile Lebenszentren ergibt. Mehrere Autoren haben gezeigt, daß die Waffen mit sehr großer Sprengkraft durch ihre bloße Existenz jenseits der konkreten militärischen Planung ihre eigentliche Wirkung, nämlich die zur Mäßigung entfalten. Dann sollten aber auch die strategischen Einsatzpläne der Armeen nicht von der Drohung mit ihrem Einsatz in einem bestimmten Stadium der Entfaltung eines bewaffneten Konfliktes abhängig sein. Und darum muß zwischen dem Aufbau und der Stärke dieser Armeen ein Gleichgewicht erzielt werden, das nicht auf dem Gedanken des Einsatzes der Vertilgungswaffen beruht. Unabhängig davon lassen sich auch über deren Anzahl und über die Form ihrer reduzierten Verfügbarkeit Abkommen erzielen.

Nun sind längst nukleare Waffen entwickelt worden, die für sich allein den Schrecken von Massentod und Verwüstung noch nicht auslösen. Auch sie sind keine normalen Waffen, weil ihre Wirkungsweise von allen herkömmlichen Waffen verschieden und weil sie mit den Verwüstungsmitteln zu nahe verwandt und leicht in sie zu verwandeln sind. Um so mehr müssen sie von den Verwüstungsmitteln in der strategischen Planung möglichst weit abgesetzt sein. Sie können Truppen, Verkehrswegen, Depots, Kommandozentralen und der Waffenproduktion Schäden zufügen, im Blick auf die eine Kriegsführung nicht als aussichtsreich erscheint, so daß der Krieg unterlassen wird. In diesem Sinne schrecken sie ab ohne den absoluten Schrecken der Verwüstungswaffen – also im Sinne der Strategie einer Abschreckung, die auch früheren Jahrhunderten geläufig gewesen ist.

Die Arsenale solcher Waffen sollten wiederum deutlich unterschieden und real abgetrennt sein von den Waffen, die nach Prinzipien des Völkerrechts im extremen Notstand verwendet werden könnten. Wir haben gezeigt, daß der Gebrauch von Verwüstungs- und Vertilgungswaffen schlechtweg unrechtlich wäre. In wirklichen Notlagen wäre aber der Gebrauch von nuklearen Waffen mit unspezifischer Wirkung gegen Zentren der bedrohlichen Machtentfaltung eines Gegners erlaubt.[3] Sie müßten jedoch von einer nuklearen Bewaff-

3 Vgl. o. S. 6off.

nung unterschieden werden, die alle Streitkräfte durchsetzt und von denen die Militärstrategie derzeit noch voraussetzt, daß sie von vornherein und auch bei untergeordneten Kommandostellen verfügbar sind, wenn auch diese Stellen nicht über ihren Einsatz zu entscheiden hätten. Ein separater Aufbau der Waffen, der nur dazu dient, auch die Entscheidung über den Einsatz der nuklearen ›Feldwaffen‹ der höchsten Zentrale vorbehalten zu können, macht die Strategie für den Verlauf möglicher Konflikte gerade nicht unabhängig von der Verfügbarkeit der nuklearen Arsenale.

Obwohl diese Waffen in einer Hinsicht mit der Rolle verglichen werden können, welche einst die Feuerwaffen gegenüber gepanzerten Reitern hatten, stehen sie andererseits doch am Eingang einer Sequenz von nuklearen Kriegsmitteln, an deren Ende die Verwüstungsmittel stehen. Auch ihre Wirkung wird von denen, auf die sie niedergehen, so wahrgenommen und empfunden werden, daß der Einsatz der Verwüstungswaffe wahrscheinlich wird, wenn sich mit ihr die einzige Aussicht auf einen noch wirksameren Gegenschlag verbindet. Daraus folgt der Imperativ, daß die Großmächte so bald wie möglich darauf verzichten, sich in ihren strategischen Plänen auf den frühen Einsatz nuklearer Waffensysteme zu verlassen. Diese Forderung muß vor allem an die westlichen Industriestaaten gerichtet werden, welche die größten Schwierigkeiten mit dem Aufbau hinreichend wirksamer ›herkömmlicher‹ Streitkräfte haben, deren Einsatzfähigkeit dann auch nicht zu bezweifeln ist. Es sind nicht wenige rhetorische Erklärungen zu hören, die dahin gehen, die nuklearen Waffen seien ein unvergleichlich wirksames Mittel zur Sicherung des Friedens. Man müsse auch den Mut haben, bei der Verteidigung der eigenen Werte und Lebensweise große Risiken einzugehen. Doch diese Rhetorik will doch nur vergessen machen, daß die nukleare Waffe auch den Charakter hat, eine Komfortwaffe zu sein. Sie erspart sehr vielen, sich in Armeen zu gefährden und zu inkommodieren. Doch das geschieht um den Preis eines äußersten Risikos. Unter solchen Bedingungen hat man einen guten Grund, dieses Risiko als möglichst gering darzustellen und sich glauben zu machen, daß man es ignorieren dürfe – womöglich sogar aus noblen Gründen der Friedenssicherung.

Diese Art der Argumentation ist aber leicht zu durchschauen und zu enttarnen. Der wahre Grund für die Durchsetzung der Armeen auf allen Kampfebenen mit nuklearen Waffen liegt in der Unfähigkeit der westlichen Industriestaaten, die durchaus interessegesteuerten Widerstände ihrer Wahlbürger gegen einen Militärdienst zu überwinden. Der Widerstand ist sehr verständlich, zumal in Anbetracht der bestehenden Weltlage. Aber er liefert keine ethische Begründung für den Verzicht auf Maßnahmen, die das Hineingleiten in eine nukleare Eskalation weniger wahrscheinlich machen. Wenn dann noch die Mehrheit derer, die in eine Berufsarmee eintreten, dies deshalb tut, weil sie von diesem Dienst eine bessere Ausbildung, Bezahlung und Versorgung erwartet, als ihnen in ihrer Gesellschaft sonst zugänglich werden könnte, so wird vollends deutlich, daß die Art der nuklearen Bewaffnung dem Komfort der Mehrheit dient und somit wohl nicht wirklich aus dem noblen Willen kommt, für die Werte der eigenen Lebensform auch das eigene Leben selbst einzusetzen.

Großmächte sollten für alle absehbaren Konfrontationen eine Armee besitzen oder aufstellen können, die keine Verwüstungs- und Vernichtungswaffen benötigt. Nur dann können die nuklearen Waffen in der Strategie auf die Funktion zurückgenommen werden, derentwegen sie nicht mehr ganz beseitigt werden können: auf die Beseitigung der Aussicht auf definitive militärische Siege und als Mittel der Abwehr nuklearer, zumal der terroristischen, Bedrohung und der zu allem entschlossenen Erpressung. Es besteht zudem die begründete Hoffnung, daß neue technische Entwicklungen bald dahin führen, daß die Jahrhunderte zu Ende gehen, in denen die Angriffswaffen die überlegene Wirksamkeit hatten.

Die erste dieser Epochen begann mit der Erfindung des Wagens und der Domestizierung der Pferde. Sie ging zu Ende, als die Befestigungstechnik für die Städte und Burgen einen vollständigen Sieg der beweglichen Landheere unwahrscheinlich machte. Die Vormacht der Verteidigungswaffen erlag dann der Entwicklung der Artillerie. Und seither wurde noch jede neue Defensivtaktik durch technische Entwicklungen unwirksam gemacht, zuletzt durch die Erfindung der Panzer- und der Luftwaffen. Nun aber könnten ferngesteuerte Abwehrsysteme wieder zu der Vormacht der Defensive führen, welche ehedem die Quadermauern und die Wassergräben und somit die Bautechnik garantierte, auf der sie beruhen. Zwar sind alle solche Systeme auch als Angriffsmittel verwendbar. Dennoch würden sie zur Folge haben, daß weit ausgreifende Operationen auf Land-, See- und Luftwegen nicht mehr effektiv durchzuführen sind. So bliebe die nukleare Drohung und Erpressung. Gegen sie würden strikt separierte Nukleararsenale von ausreichender Wirkung sein.

Nun kann es wohl sein, daß der Imperativ zur Separierung der nuklearen Arsenale wegen der politischen Verhältnisse in einer Großmacht de facto nicht erfüllt werden kann. Dann folgt unangesehen dessen, daß diese Forderung zu Recht ergeht, daß potentielle Gegner ihre eigenen nichtnuklearen Streitkräfte auf eine Größe und Ausrüstung zurückführen müssen, die es der Macht, die sich nicht imstande sah, Armee und nukleare Waffe zu separieren, nunmehr erlaubt, eine solche Trennung wirklich vorzunehmen. Wenn potentielle Gegner dazu wirklich bereit sind, so spricht das sehr dafür, daß sie den Willen zu einer weitgehenden Kooperation bei der Beseitigung der nuklearen Bedrohung haben. Es gibt Anzeichen dafür, daß eben diese Situation seit kurzem eingetreten ist. Man muß hoffen, daß die Anzeichen nicht täuschen und daß sie sich durch Tatsachen bis zur praktisch hinreichenden Gewißheit vermehren. In einem damit ist zu hoffen, daß die Chancen, welche eine solche Situation bietet, von der anderen Seite sicher genug erkannt und schnell ergriffen werden.

67.
Der Imperativ zur Kooperation

Aus der Weltlage ergibt sich ohnedies unmittelbar und zwingend der Imperativ zu einer Kooperation über Konkurrenz und mögliche Konfrontation hinweg. Und es ist eine solche Kooperation, auf die sich die Hoffnung auf einen nuklearen Frieden am ehesten und am meisten gründen kann. Gegen diese Hoffnung ist auch nicht einzuwenden, daß sie aller Erfahrung und Wahrscheinlichkeit zuwiderlaufe. Die neuere Geschichte kennt Beispiele für politische Balanceleistungen solcher Art. Sie haben (wie etwa die Bismarcks) nicht gedauert – aber auch deshalb, weil Kriegsruhm und Machterweiterung attraktivere Ziele als die geblieben waren, welche die politische Klugheit im Interesse der Bewahrung der Eigenständigkeit einer Kultur vor Augen rücken konnte. In der neuen Weltlage würde solche Klugheit aber dem dringlichsten Interesse jeder Großmacht entsprechen. Im übrigen entspräche die Reflektiertheit auch noch im Verhältnis zur eigenen Machtentfaltung nur der Grundeinstellung zum eigenen Dasein, das der Menschheit in der Weltlage ohnedies abverlangt und nahegelegt ist. Mit dem Aufkommen der nuklearen Waffe ist das Bewußtsein davon, daß das eigene Dasein und alles, was in ihm hat ausgebildet werden können, Erstaunen und besonnene Pflege verdient, nicht mehr als Zeichen ›unmännlicher‹ Schwäche zu diffamieren. Es ist der Wirklichkeit, die alle politischen Verhältnisse durchherrscht, offenkundig angemessen, während ein Auftrumpfen im Gefühl martialischer Kraft den Realitätssinn, der sich längst ausgebreitet hat, ebenso offensichtlich in einer Weise verletzt, die ihrerseits Schwäche des Standhaltenkönnens bekundet.

Man muß auch zur Kenntnis nehmen, daß sich Weisen einer Kooperation zwischen den nuklearen Großmächten schon seit Jahrzehnten herauszubilden beginnen. Die Mittel zur Auflösung von Krisen, aus denen ein nuklearer Krieg hervorgehen könnte, sind stetig vermehrt worden. Die letzten Krisen, in denen Kriegsgefahr zwischen diesen Mächten bestand, liegen bereits um Jahrzehnte zurück. Aber Verfahren der Krisenauflösung sind nicht selbst schon die Kooperation, die vorstellbar und auf die hinzuwirken ist. Noch sind sie nur abgenötigt – nicht schon ein selbständiges Gefüge aus umfassender Einsicht und zu einer Wirkung, welche dieser Einsicht umfassend entspricht.

So könnte und sollte die Kooperation auch die gemeinsame Forschung und Entwicklung von Waffensystemen und die gegenseitige Transparenz und Verflechtung der strategischen Planungen einschließen. Kann grundsätzlich die Verfügbarkeit der neuen Waffe nicht mehr zurückgenommen werden, so folgt daraus, daß auch die Entwicklung der Waffe weitergehen wird – so sehr man das auch beklagen mag. Keine Großmacht kann es nämlich hinnehmen, daß ihre Kenntnisse über die Technologie und damit auch über die Verletzbarkeit der Waffe von irgendeiner Seite her obsolet gemacht werden. Aber es spricht nichts dagegen, die Erweiterung auch dieser Kenntnisse zur gemeinsamen Sache zu machen. Und da jede technologische Veränderung unmittelbar auch strategische Konsequenzen hat, würde an die Kooperation in der Forschung die strategische Kooperation anzuschließen sein. Beide setzen voraus, daß die Kenntnisse über die Zusammenhänge möglichst vollständig sind, die auf der jeweils anderen Seite in den Forschungseinrichtungen, bei den politischen und militärischen Entscheidungsprozessen und in den Motivationen der Akteure herrschen. Man kann in einer Weltlage, die sich von Konkurrenzverhältnissen her ausbildet, über diese Verhältnisse hinweg nur dann zu einer Kooperation finden, die nicht nur taktisch gemeint war und also jederzeit zu unterlaufen ist, wenn man ein sicheres Verständnis von Lage und Perspektive des Konkurrenten gewinnt und auch die möglichen Entwicklungen innerhalb seines Systems gut abzuschätzen weiß. Für eine Politik, welche sich konsequent aus dem Bewußtsein von der Weltlage und somit dem Bewußtsein der Bedrohung der Menschheit heraus entwickelt, sind die Kenntnisse und die Fähigkeiten zur Analyse und zum Verstehen noch nicht annähernd angemessen. Sie müssen zusammen mit der Verflechtung der technologischen Seite der Rüstungen sehr schnell aus ihrem noch archaischen und von Polemik deformierten Zustand herausgebracht werden. Denn ein Handeln, das universalistischen Zielen verpflichtet ist, kann in Großstaaten, die in Konkurrenz miteinander stehen, nur dann auf deren Allgemeinbewußtsein gestützt sein, wenn der mögliche Gegner für es nicht eine abstrakte Größe bleibt, mit dessen Lebensart und Motivationsweise man in keiner Weise vertraut ist.

Zu gemeinsamen Analysen der politischen Gesamtlage müssen die Großmächte ohnedies zuallererst kommen. Denn nur so werden sie den Gefahren entgegenwirken können, die, allmählich oder schnell, von möglichen nuklearen Konflikten unter dritten Mächten ausgehen werden. Zur Zeit tendiert die Weltlage darauf hin, daß sich ein globales Regime der Großmächte ausbildet. Schon heute besteht es weitgehend in den Gebieten, in denen der Zweite Weltkrieg ausgetragen worden ist. Insofern hat Hitlers Krieg, aus dem die Verfügbarkeit der neuen Waffe hervorging, auch die politisch-strategische Situation in einem Maße fixiert, das als Folge von Kriegen früher nicht bekannt gewesen ist. Die Völker, die davon betroffen sind, müssen es hinnehmen; die meisten von ihnen als durchaus bittere Einsicht. Doch schließt sie nicht politische Veränderungen aus. Sie werden dann möglich, wenn sich zuvor die inneren Verhältnisse in einer der Großmächte verändern. Aber selbst dann, wenn über eine wirklich historische Entwicklung eine der gegenwärtigen Mächte aus ihrer Stellung als Großmacht heraustreten würde, blieben die Forderungen nach Kooperation über die Konfrontation hinweg ganz ebenso für jede neue Gruppierung von Mächten in Kraft. Und jede Großmacht muß sich dahin bringen, in jeder denkbaren Lage auf eine solche Kooperation vorbereitet zu sein. Sie ist angesichts dessen, daß die Weltlage im Prinzip nicht verändert werden kann, die Grundlage dafür, daß sich eine Politik unter Bedingungen der Verfügbarkeit der nuklearen Waffe doch als gewaltlose Politik auszubilden vermag. Selbst Gandhi verstand Gewaltlosigkeit nicht als Haltung und Verhalten des Schwachen, sondern als die Einstellung, die gerade dem abgefordert werden muß, der sich seiner Stärke bewußt ist.

68.
Das Ende des Krieges, die Ordnung des Friedens

Im herkömmlichen Sinn gibt es gar keine Kriege mehr. Sie waren Auseinandersetzungen, in denen die Gegner alle ihre Ressourcen aufboten und in denen sie ihre Heere mit Waffen ausstatteten, die aufgrund der avanciertesten Kenntnisse hergestellt worden waren. Das Rad und das gezähmte Tier ermöglichten den Streitwagen; der Wagen, die Winde, der Kran und die Bewässerungstechnik die befestigte Stadt. Der Schiffsbau ermöglichte den Kampf und die Eroberung über See, Schwert und Rüstung waren aus dem härtesten Stahl gefertigt. Bis zu den Kriegen unseres Jahrhunderts waren die Entwicklung der Kriegskunst und die Entwicklung der Technik miteinander verflochten. Man enthielt sich (und keineswegs immer) nur des Gebrauchs solcher Mittel, die sich in das Bild zugleich auch monumentaler Machtentfaltung nicht fügten – etwa der Gifte und der Erpressung durch Geiselnahme und durch Aushungern von Unbeteiligten.
Die neue Weltlage ist dadurch gekennzeichnet, daß die ver-

fügbare Technologie einen Waffengang in diesem überkommenen Sinne gar nicht mehr zuläßt. Die Sprengköpfe werden auf ihren Trägern von vergrabenen Zentralen aus in ihre Ziele geleitet, wo sie Menschen vertilgen, die, selbst wenn sie Soldaten sind, zum Kampf gar keine Gelegenheit haben. Die entgegenwirkenden Kräfte operieren von fernher und gleichfalls wie Ingenieure. In einem solchen Krieg bleiben den klassischen Truppen nur Hilfs- und Vollzugsrollen. Es können zwar wohl noch Kriege zwischen Panzerdivisionen und motorisierten Sturmtruppen geführt werden, und zwar gerade dann, wenn die nukleare Waffe tabuisiert oder nicht besessen ist.

Aber solche Kriege können nicht mehr als Ausdruck extremer Machtentfaltung glorifiziert werden. Sie geschehen in Winkeln der historischen Weltlage; und sie kommen, so ernst und tödlich sie auch für die in sie Verwickelten sind, dem Eindruck nach, den sie von fernher machen, auch historischen Schaustellungen nahe. Vielleicht kann man sie wirklich auch als Entwicklungskriege in dem Sinne auffassen, daß Nationen, die erst in der neuen Weltlage zu wirklicher Selbständigkeit gekommen sind, vor der Welt nunmehr auch den Beweis führen, daß sie inzwischen gleichfalls die alte Kriegsführung der Staaten beherrschen, die schon früher als selbständige Mächte in die Weltgeschichte eingegriffen haben. Es sollte also der Menschheit nicht unmöglich sein, sich aus der Gewöhnung an ein vergehendes Mittel der Konfliktlösung herauszuwinden. Hegel konnte noch meinen, die Artillerie sei das wahrhaftigere moderne Kampfmittel.[4] Denn sie lege offen, daß nicht Männer gegen Männer, sondern Staaten, abstraktere Formationen also, gegeneinander stünden. Der Einzelne hält in der Kanonade als das Glied einer solchen Formation aus, und so wird auch auf ihn gezielt. Es wäre aber

4 G. W. F. Hegel ›Vorlesungen über die Philosophie der Geschichte‹, in: Sämtliche Werke, hrsg. von H. Glockner, Bd. 11, S. 508/9.

töricht, dies Argument nunmehr auch für die nuklearen Waffen noch einmal zu wiederholen. Diese Waffe abstrahiert von den Einzelnen schlechthin und berücksichtigt sie nur noch wie irgendeine gleichgültige Eins in einer sechsstelligen Zahl. Sofern er nicht der Truppe der Ingenieure zugehört, welche die Waffe steuern oder abwehren, kann er an deren Kampf um die Vertilgungswirkung eigentlich überhaupt nicht teilnehmen.

Wir sollten nicht leugnen, daß in den Kriegen der Vergangenheit menschliche Tugenden zur Entfaltung kamen, nicht nur Mut, sondern ebenso Opferbereitschaft, Ritterlichkeit und Beharrungskraft. Der Grabhügel von Marathon und die Stätten, die ihm zu vergleichen sind, werden immer Stätten hochachtungsvollen Gedenkens bleiben. Aber die Menschheit ist in eine andere Weltlage eingetreten. Und die Gräber der Krieger, Ritter und Infanteristen können niemanden mehr in die einfache Nachfolge rufen. Das Gedenken, das ihnen und ihren Tugenden gilt, muß über Epochengrenzen hinweggreifen und in dem Bewußtsein geschehen, daß sie selbst, wären sie Zeitgenossen, sich an anderen Maßstäben orientieren würden. Von der neuen Weltlage her müssen wir auch die Gräber der Toten aus den Materialschlachten mit anderen Augen ansehen. Der finstere Held im Graben unter dem Trommelfeuer war bereits die Stilisierung einer Wirklichkeit, von der wir nun sagen müssen, daß sie nur eine Vorgestalt der neuen Feuerstürme war, die wohl im Ertragen eine heroische Tugend fordern konnten, aber nicht eine solche von Kriegshelden.

Es ist deshalb folgerichtig, daß das Bild der kriegerischen Tapferkeit durch das Bild derer abgelöst worden ist, die es verstehen, die geballte Vernichtungskraft der Waffen zu unterlaufen und doch noch immer Handelnde zu bleiben – der Partisanen, Widerstandskämpfer und Virtuosen des Handstreichs. Aber sie sind doch nur Ausnahmegestalten in der Form des Krieges, der durch die neue Weltlage denkbar geworden ist. Sie können in dieser Weltlage bei der Abwehr tödlicher Bedrohungen vielleicht einmal eingreifen. Doch gibt es eben auch ihre maliziöse Gegengestalt: die des nuklearen Terroristen. Die Weltlage als solche verweist also nicht auf die Perspektive einer neuen Weise der Kriegsführung, sondern auf die eines nuklear gedeckten Friedenszustandes und weiter auf eine Ordnung nuklearen Friedens.

Frieden ist anderes als Nichtkrieg. Zustände des Gleichgewichts, denen die Völker und Staaten nicht eigentlich zustimmen und die sie zu verändern versuchen, führen schließlich neue Kriege herauf. Sehr viele Motive haben bisher auf die gesteigerten Zustände der Mobilisierung in einer gewalttätigen Großformation hingedrängt. Ganze Generationen (und natürlich Herrscher und Kommandanten) haben sich ohne Kriegserfahrung als zurückgesetzt und als in ihrem Lebensgefühl inhibiert erfahren. Der Ausbruch des Ersten Weltkriegs ist vermutlich auch daraus zu erklären. Es wird also keinen eigentlichen Frieden geben, wenn solche Motivbündel nur unterdrückt sind, wenn der krieglose Zustand keinen eigenen Gehalt hat und wenn er sich nur aus der Furcht vor den Übeln des Krieges erklärt. Eine Ordnung des Friedens würde erst dann bestehen, wenn in ihr den Menschen eine Lebensform und -aussicht erschlossen ist, für die nicht nur der Krieg, sondern auch das ambivalente Verhältnis zu ihm vergangen ist, in dem der Krieg gefürchtet ist, zugleich aber und mehr noch auch fasziniert. Daran können sich Gedanken anschließen, die zum Abschluß unserer Untersuchung und Besinnung überleiten.

69.
Gründe der Hoffnung

Zuvor aber ist zu fragen: Auf was kann sich die Hoffnung stützen, daß der nukleare Krieg und mit ihm die Bedrohung der Menschheit selbst abgewendet bleibt? Allein auf die Revolution der sittlichen Denkungsart aller Machthaber, auch aller künftigen, läßt sie sich gewiß nicht gründen. Ebensowenig läßt sich die Koordination aller Willen zum Guten in den modernen Gesellschaften erhoffen. Die Einzelnen erfahren sie, früher oder später, immer auch als Grenzen jeden Einflusses, der von ihnen ausgehen könnte. Ihr Leben scheint eher in dem Prozeß der gesellschaftlichen Veränderungen zu treiben und ›vom Steine hier, vom Sturze da‹ bewahrt werden zu können. Die Mobilisierung eines kollektiven Willens reicht nie dahin, wo etwa Tendenzen des Zeitalters zu wenden wären. So ist Hoffnung nur, wenn sie sich an Faktoren anschließen kann, die in diesen Tendenzen selbst schon wirksam sind. Nur dann können Klarheit der Einsicht und die Konsequenz des Wollens und Handelns in dem, was ist, einen Anhalt haben, und sich mit Geduld und dem langen Atem der Klugheit ins Einvernehmen setzen.

Zunächst einmal kann Hoffnung sich gründen auf das Interesse an der Selbsterhaltung der Großmächte und auf den Prozeß der Verflechtung ihrer militärischen Planungen miteinander. Dieser Prozeß ist schon im Gange. Er muß bis zur wirklichen Kooperation über die Konfrontation hinweg vorangetrieben werden. Dem Prozeß wohnt auch eine Eigendynamik inne, die ihn schließlich von dem guten Willen und der immer neu erbrachten Zustimmung der Beteiligten unabhängig machen sollte. Die Institutionen der gemeinsamen Analyse, Planung, Forschung und Inspektion können einen Zustand entstehen lassen, der sich nur noch dann ändern läßt, wenn zugleich eine Krise ausgelöst wird, die mit der Gefahr eines Krieges verbunden ist, gegen den das Eigeninteresse steht. Schließlich ist auch ein Zustand möglich, in dem die militärischen Mittel der Großmächte zum Erfolg in einem Krieg, den sie gegeneinander führen müßten, nicht mehr geeignet sind.

Es ist unwahrscheinlich, daß ein solcher Zustand erreicht werden kann, ohne daß der Prozeß, der zu ihm führt, kritische Phasen durchläuft. Er wird wohl auch von Versuchen, die militärische Dominanz zurückzugewinnen, unterbrochen sein. Darum ist es falsch zu meinen, aus dem Ziel, auf das der Prozeß hin tendiert, lasse sich auch unmittelbar das richtige Urteil zu jedem politischen Entscheidungsproblem herleiten. Es kann politisch zumindest vertretbar oder sogar notwendig sein, in bestimmten Situationen ein Konfrontationsrisiko zu erhöhen, wobei die Grundabsicht um so mehr außer Zweifel stehen muß, den Prozeß der Kontrolle wieder in Gang zu bringen. Es kann in anderen Situationen ebenso richtig sein, einseitig die eigenen militärischen oder nuklearen Potentiale zu reduzieren, um damit denselben Zweck zu erreichen. Obwohl der Prozeß eine Eigendynamik in sich hat, ist er doch kein Automaton. Er verlangt, daß die, die in ihn de facto eingebunden sind, seinen Fortgang wollen, daß sie auch Umwege zielsicher genug gehen und daß sie aus ihnen lernen können.

Wir haben Grund zu hoffen, daß die Inhaber von politischer und militärischer Macht nicht nur aus gutem Willen, sondern auch aus dem puren Eigeninteresse der Selbsterhaltung diesen Prozeß in Gang halten wollen und werden. Der nukleare Krieg würde die Gleichheit des Risikos wieder etablieren, die vor langem aufgehoben wurde, als die Anführer der Heere von den Spitzen der Schlachtreihen auf die Feldherrnhügel und in die Kommandobunker umplaziert wurden. Mit der sprichwörtlichen Langlebigkeit der Generale würde er ein Ende machen. Sie würden mit ihren Familien wie jeder Wehrpflichtige in das gleiche, weil einförmige Massengrab des nuklearen Desasters gestoßen. Darauf, daß nicht nur der Sieg, sondern auch das Überleben im alten Status durch einen solchen Krieg verweigert sind, beruht schon ein Teil der abschreckenden Wirkung der Verfügbarkeit der Waffe. Und dies Motiv, den Nichtkrieg zu wollen, sollte sich leicht zu einem Motiv umbilden lassen, den Prozeß hin auf eine Friedensordnung zu befördern.

Als ein Grund der Hoffnung ist aber durchaus auch der Widerstand zu nennen, der sich in den Völkern gegen die nukleare Bedrohung ihres Lebens bildet und äußert. Es ist nicht zu erwarten, daß er erreicht, worauf er zielt: die Eliminierung aller nuklearen Waffen. Wenn diese Waffen differenziert und überzeugend auf ihre Rolle, letzte Mittel zu sein, zurückgedrängt sind, wird jener Widerstand weniger Widerhall finden. Und viele von denen, die sich in einer Kreuzzugsbewegung engagiert haben, könnten diese Einsicht wohl annehmen, ohne durch sie sich nur behindert und um den Sinn ihrer Anstrengung und ihres Aufbruchs gebracht zu fühlen.

Denn der gegenwärtige Zustand ist wirklich kritikwürdig. Und er bedarf eines Widerstands und einer Verweigerung auch dann, wenn beide weder allgemein werden können noch auch das exklusive Vernunftrecht für sich haben. Die Sprache, in der Politiker und Kommandanten die Menschen von der Sicherheit ihres Urteils zu überzeugen versuchen, ist zumeist eher ein guter Grund zum Mißtrauen. In strategischen Fragen gibt es und wird es zudem immer die Gefahr eines einäugigen Realismus geben, der in der Existenz der neuen Waffe gar kein Problem und keine Bedrohung sehen kann und, mehr noch, sehen will. Unter denen, von denen die Einsatzfähigkeit der Waffe abhängt, werden immer solche sein, die gerade diesem Realismus anhängen, obgleich er eines der Einfallstore für die latent nihilistische Disposition ist. Denn sie werden ausgewählt, weil man ihnen zutraut, den Einsatz, wenn er befohlen wird, auch zu garantieren. Der wirkliche, der nicht einäugige Realist, der die Unabwendbarkeit ebenso wie die Bedrohlichkeit der nuklearen Bewaffnung erkennt, hat also keinen Grund, es zu beklagen, daß die Beseitigung dieser Waffe von vielen in der Manier des Kreuzzuges eingefordert wird. Die historische Wahrheit über eine Weltlage ist niemals so transparent, daß sie von nur einer Partei mit dem nötigen Nachdruck durchgesetzt werden kann. Es sind Situationen denkbar, in denen sich wirkliche Realisten mit den antinuklearen Kreuzzüglern gemeinsam gegen gewisse politische Entscheidungen stellen müssen. Als Diagnostiker der Weltlage wäre der wirkliche Realist in jedem Falle in einer allzu verkürzten Orientierung, wenn er meinen wollte, seine einzige Aufgabe sei es, den antinuklearen Massenbewegungen entgegenzuwirken.

Weltlagen übergreifen Parteien. Und wer eine Weltlage versteht, kann auch in den meisten der Positionen, um die sich Parteien bilden, ein Recht und einen Gesichtspunkt finden, den er herausheben und an den er – unangesehen der notwendigen Kritik an der Eindimensionalität der Kreuzzugsaktionen und ihres Denkens – auch einen Anschluß finden kann.

Aber zugleich und vor allem hat er die Aufgabe der allseitigen Aufklärung über die Weltlage. Und diese Aufgabe ist zumindest eine doppelte: Er muß zeigen, warum kein Vergessen und Verdrängen der Verfügbarkeit der neuen Waffe möglich ist, der Kreuzzug also insofern realitätsblind ist, als er sein eigentliches, das von ihm selbst verfolgte Ziel nicht erreichen kann. Daraus folgt aber durchaus nicht, daß man sich unbeschränkt auf diese Waffe stützen darf oder muß. So ist zu untersuchen und zu zeigen, in welcher Weise die Waffe in der strategischen Planung zurückgedrängt werden kann und wie sie dabei doch die Funktion weiter zu erfüllen vermag, die Krieglosigkeit zu sichern. Und in einem damit muß die Aufklärung zeigen, daß zwischen der Verfügbarkeit der Waffe und der neuen Selbstbeschreibung der Menschheit in der Weltlage ein innerer Zusammenhang besteht.

So wie sich das sittliche Bewußtsein in der Weltlage nur über eine Synthese von Gründen der Beurteilung orientieren kann, muß also auch die Aufklärung über diese Beurteilung mehrere Sprachen zu sprechen wissen, ohne sich selbst dabei zu verwirren. Die Nüchternheit, die verlangt ist, um die strategischen Planungen und Planspiele auch nur zu verstehen, darf nicht das klare Urteil nach der moralischen Grundregel inhibieren. Wer deren Imperativ in einer gegebenen Lage folgt, in welcher der Einsatz der nuklearen Waffe von ihm abhängt, wird in den allermeisten Fällen sittlich richtig handeln. Und doch darf man sich aufgrund des sittlichen Primärurteils nicht in einen vordergründigen moralischen Rigorismus ziehen lassen, der die Sprache des vertieften sittlichen Bewußtseins und die Erklärung der paradoxalen Folgen der nuklearen Problemlage nicht zulassen will und verdrängen muß. Schließlich ist es ebenso nötig, in der Sprache beredt zu sein, in der das kosmische Bewußtsein und die mit ihm verbundene Selbstbeschreibung der Menschheit nicht nur benannt werden, sondern auch einen Ausdruck finden, über den sich dies Bewußtsein selbst mitteilt und vermittelt.

In der Sprache, die unsere Politiker führen, muß man fast immer solchen Ausdruck und auch Zeichen dafür vermissen, daß sie zu einem profunden und darum notwendigerweise auch komplexen Urteil über die Weltlage gekommen sind. Das Pathos der moralischen Entrüstung über die nuklearen Strategen verrät aber genau dasselbe Defizit. In dieser Weltlage sind Personen not, die über sie mit der Sprachgewalt eines Rousseau, eines Burke oder eines Max Weber aufklären können. Wir wissen, daß solche Aufklärung auch langfristig wirkt. Wäre sie zu vernehmen, so wäre auch das ein Grund der Hoffnung.

Denn die Selbstbeschreibung im neuen kosmischen Kontext muß allgemein angenommen werden und also zuvor in ihrer Ausdruckskraft erfahren sein, wenn die Krieglosigkeit zu einer wirklichen Friedensordnung verwandelt werden soll. Und daraus ergibt sich die Aufgabe, die Mächtigen und zugleich auch alle Menschen zu erreichen und ihr Vertrauen zu gewinnen. Eine solche Aufgabe wäre gar nicht zu lösen, würde sie sich nicht gleichermaßen auf das Eigeninteresse der Selbsterhaltung, auf die Selbsterfahrung des Lebens in dieser Zeit und auf das sittliche Bewußtsein und Urteil beziehen und stützen können. Sie wäre auch durch Überredung niemals zu lösen. Aber der neue Kontext ist den Menschen zumindest in Spuren der Einsicht ohnedies schon vertraut. Die Aufklärung, welche ihn zur Gänze erschließt, wendet sich also an ein bereits vorbereitetes Verstehen, so daß sie nicht überwältigt, sondern befreit. Auf alle diese Übereinstimmungen und auf die Wirkung, die von ihnen ausgeht, läßt sich sehr wohl auch eine Hoffnung gründen. Aber selbst in dieser Übereinstimmung genügen sie doch nicht, um etwa darüber beruhigt zu sein, daß vor dem möglichen Desaster wirklich Einsicht allgemein aufkommen und Platz greifen wird, so daß sich die Weltlage zu einer Vernunftordnung ausgestalten läßt.

So ist überdies zu wünschen und zu hoffen, daß Institutionen der Aufklärung planmäßig, wenngleich nur unterstützend, darauf hinwirken. Institutionen stellen sich schon seit zwei Jahrzehnten dem Gebrauch der Folter und der Ausbeutung der Natur entgegen. Aber die Aufklärung über die Weltlage und über die Möglichkeiten zur Abwendung des Desasters ist bisher ohne ein solches Medium der Verstärkung ihrer Resonanz geblieben. Eine solche Institution müßte aber auch eine andere Organisationsform haben. Denn sie müßte sich in höherem Maß auf Analysen gründen, die kontinuierlich weiterzutreiben sind. Sie müßte sodann die Möglichkeit herausfinden und gebrauchen, über die politischen Lager hinweg zu den Inhabern der Macht direkt und jeweils von deren Perspektive her überzeugend zu sprechen und von ihnen gehört zu werden. Sie könnte also nicht eine öffentliche Massenbewegung sein, die immer auf einfache und eindeutige Ziele orientiert sein muß. So müßte sie Züge einer Loge oder eines Ordens annehmen, aber ganz ohne die Riten und Geheimnisse dieser historischen Organisationsformen. Denn ihre Begründungen würden ganz darauf angelegt sein, allgemeine Einsicht und schließlich auch angenommen zu sein von den Menschen in der neuen Weltlage. Eine solche Organisation wäre auch dann von Nutzen, wenn sich die Konstellation zwischen den Weltmächten verändern würde – etwa durch den Zerfall einer Macht oder den Aufstieg anderer zu einer Wirkungsfähigkeit, welche den Globus übergreift. Diese Organisation wäre dazu imstande, sich früh auf einen solchen Wandel einzustellen und einen Einfluß auf die Träger der Macht in neuen Zentren zu gewinnen. Sie würde zugleich die chemischen und biologischen Waffensysteme und alle anderen wissenschaftlichen und technischen Entwicklungen beobachten, von denen Bedrohungen ausgehen können, welche mit der nuklearen Bedrohung vergleichbar sind und die für sie etwa substituiert werden können.

Würden heute Nobel oder Rockefeller vor die Frage gestellt sein, wie sie ihren Reichtum »für das Wohlergehen der Menschheit« aufwenden könnten, so hätten sie wohl gute Gründe gesehen, ihn einer solchen Organisation zu übertragen. Eine andere Frage ist, ob sie auch dazu bereit gewesen wären, die Organisation nicht als Denkmal ihres Namens über den Tod hinaus zu verstehen. Eine solche Organisation müßte nämlich nicht nur von allen Staaten, sondern auch von allen Macht- und Interessenkonstellationen so unabhängig wie möglich sein; und so müßte ihre Leitung – darin wieder einem Orden oder einer Akademie ähnlich – im wesentlichen durch Selbstergänzung über die Generationen weitergegeben werden. Zur Selbstkonstitution würde dann aber auch eine in die Verfassung der Organisation eingefügte Institution zu deren Selbstkritik gehören müssen. Und als Themen dieser Kritik müßten von vornherein die Möglichkeit der Selbstüberschätzung ihres Einflusses und die Möglichkeit des gefährlichen Traumes von einem indirekten Weltregime feststehen. Die antizipierende Analyse aller möglichen Entwicklungen und die wirksame Aufklärung aller Inhaber von Macht, ja möglichst vieler Menschen des Zeitalters überhaupt, wären die einzigen Aufgaben der Organisation, von denen verläßlich zu sagen wäre, daß sie sich nicht anders als hilfreich auswirken könnten – in welchem Ausmaß auch immer.

Mit all dem sind nur einige Gründe zur Hoffnung genannt worden. Und es wurden zudem nur einige der Problemfelder berührt, auf denen der Übergang zur Krieglosigkeit und zur Aussicht auf eine Friedensordnung gewonnen werden muß. So wurde nichts gesagt zu der wahrscheinlich besonders bedeutsamen Frage, auf welche Weise ein Regime der Großmächte die nukleare Bedrohung eingrenzen kann, die zunehmend von anderen, aber nuklear bewaffneten Mächten ausgehen wird. Es wurde weiter nichts darüber gesagt, auf welchen Wegen modern bewaffnete, aber traditional eingestellte Staaten von der nuklearen Aufklärung würden erreicht werden können. Veränderungen der politischen Konstellationen innerhalb der Weltlage sind nicht auf ihre Wahrscheinlichkeit und ihre Folgen hin erwogen worden.

Eine in ihrer Anlage philosophische Besinnung sollte aber einhalten, nachdem sie das ihr Mögliche getan hat: das Profil einer Orientierung und Handlungsart in der Weltlage deutlich zu machen. Sie kann nicht darauf ausgehen, die Strategen von oben herab zu belehren. Sie kann auch nicht Gedanken, in die viele philosophische Prämissen eingegangen sind, zum verbindlichen Grund der nuklearen Aufklärung machen wollen. Aber sie kann deutlich werden lassen, was bedacht und was geleistet werden muß, wenn der Weltlage in der Beurteilung und in der Zielbestimmung angemessen entsprochen sein soll. Mit einer geringeren Anstrengung und einer weniger weit ausgreifenden Untersuchung und Besinnung bliebe sie gewiß verfehlt. Dann aber würde die Menschheit vor der Bedrohung, die von ihr ausgeht, nur durch ein Wechselspiel von realen Kräften und Einflüssen bewahrt, in dem Einsicht die geringste Bedeutung hätte. Sie würde so davonkommen, nicht aber die Weltlage, die doch einmal aus den Leistungen ihrer Erkenntnisfähigkeit entstand, nunmehr auch mit praktischer Vernunft ausgestalten. Mancher kam zu der Konklusion, eben so sei von dem, was ›Vernunft‹ heißt, zu denken – sie sei nur eine Quelle der Verwüstung und niemals widerständig gegen sie. Doch mit diesem Gedanken war er in das Gravitationsfeld jener Denkart eingetreten, in dem sich auch die nihilistische Aktion bewegt. Wer ihm nicht folgt, hat Grund, auch auf die Ausbreitung der Einsicht seine Hoffnung zu setzen.

70.
Herausforderungen und offene Fragen

Eine Friedensordnung darf nicht ausdruckslos sein. Auf dem Pathos eines großen Aufbruchs kann sie freilich nicht beruhen. Die Einsicht, die hilft, einen nuklearen Frieden zu gewinnen und beständig zu machen, muß in dem reflektierten Verhältnis des Menschen zu sich begründet sein. Sie kann Sehnsucht und Rausch eines chiliastischen Ausbruchs oder Untergangs zwar wohl begreifen, aber nicht teilen. Doch Selbstdistanz und eine gehaltvolle Bewegtheit des bewußten Lebens schließen einander nicht aus. Auf dieser Einheit waren, um nur einiges zu nennen, die konfuzianische Kultur, bedeutende Leistungen der Kunst und wohl alle Philosophie begründet, die auf eine Lebensform hin dachte.

Es ist wahr, daß die nukleare Weltlage dahin tendiert, dem Willen zum Überleben eine Dringlichkeit und einen neuen Stellenwert zu geben. Man weiß, daß alles plötzlich zerstört und genommen sein könnte, und das Leben mit ihm – ein Grund, sich dessen zu freuen, daß dies Leben weitergeht. Die Komfortgesellschaften, selbst eine Folge der technischen Entwicklungen, lassen den Lebenshorizont dicht besetzt sein mit Reizen, die das Leben angenehm und angefüllt machen – wenn auch nicht erfüllt im alten Sinn. So soll es weiter dahingleiten, bis es nach natürlichen Gesetzen verdämmert und erlischt. Die Außensteuerung ist akzeptiert. In den ebenso außengesteuerten Aktivitäten der Freizeit, die eine Zeit der Freiheit gar nicht sein soll, wird sie gespürt, als wäre sie eigenes Leben. Und all das ist gedeckt und hat einen Hintergrund in dem Wissen davon, daß das, was so dahingeht, sich nicht von selbst versteht, sondern in die große Klammer der übermächtigen Gewalt des nuklearen Feuers gestellt ist. So ist auch noch die stereotype Aufdringlichkeit dieses Beschäftigtseins von einem Moment reflektierten Wissens durchzogen. Es ist im Spiel, wenn sich der Konsument in seinem Überleben gegen die Botschaft der überkommenen Heilslehren abschottet.

Aber es ist ein anderes Überleben zu denken und zu gestalten – eines, in dem das Bewußtsein von der Bedrohung der Menschheit nicht unmittelbar zum Weitermachen im eigenen Komfort ausgemünzt wird. Im Wissen von seiner kosmischen Randstellung und vom Dunkel seiner Herkunft kann sich das bewußte Leben in seinem Eigenstand auf ganz andere Weise aneignen als durch seine Preisgabe an außengesteuertes Überleben und Sich-Unterhalten. Die Menschheit kann ihr Leben gar nicht durch bloßes Weitermachen bewahren. Daß sie es aber bewahren will, muß nicht nur die Folge des Schreckens vor dem Tod und dem Abgrund sein. Denn sie kann erkennen, daß dieses Leben eine Bewandtnis hat, die sich nur in einem Verstehen und Handeln erfüllen kann, das der Möglichkeit der Vernichtung entspricht, ohne sich ihr zu unterwerfen.

Diese Situation ist eine Herausforderung, also vergleichbar dem Stoff, aus dem sich einst die großen Zivilisationen herausbildeten. So brauchen wir also weder in die Zivilisationskritik noch in eine neue Apokalyptik einzustimmen – den Tatsachen zum Trotz, die sie zu ihrer Begründung aufrufen können. Es ist wohl wahr, daß die durch Technologie ermöglichte Zivilisation und die funktional differenzierte Gesellschaft Sachzwänge schaffen, die nicht mit den Mitteln zu steuern sind, mit denen einst die Mauern der Städte und die Bewässerungssysteme der Stromlandschaften erbaut und aus-

gebaut worden sind. So ist das Überleben, das sich nur ein-
richtet im Komfort, den diese Produktionsverhältnisse anlie-
fern, auch von dieser Seite her nahegelegt und den meisten
wohl auferlegt aus dem Stand der Entfaltung der Weltlage.
Aber die Herausforderung, die aus der Weltlage hervorgeht,
treibt über die Einpassung in das stahlharte und zugleich be-
quem ausstaffierte Gehäuse hinaus.[5] Sie macht Lebensformen
zustimmungsfähig, in denen die Anerkennung, in wirkliche
Verhältnisse verwickelt zu sein, zum Grund von deren Verwandlung wird. Und das meint anderes als ihre Zerstörung
und einen revolutionären Übergang zu neuer Unmittelbarkeit, die wirklich nicht erreicht, also nur – und als Schein –
erzwungen werden könnte. Die große Kunst des letzten
Jahrhunderts hat den Lebensdeutungen, die von einer auf Reflektiertheit gestellten Lebensform getragen sein können,
vielfältig vorausgedacht.
Die Herausforderung ist durchaus real, so daß sie nicht nur
eine Antwort verlangt, die allein in einer Deutung bewußten
Lebens zu geben wäre. Und die Handlungsart, welche sie
verlangt, hat sich noch andere Ziele zu setzen als ein System
des Nichtkriegs und eine Ordnung des Friedens. So ist die
Menschheit nur zu bewahren, wenn sie sich nicht ungehemmt
weiter vermehrt. Wir wissen längst, was dazu vorausgesetzt
ist: krisenfeste Versorgungssysteme, die Ausbreitung der Bildung und auf dem Wege dahin wahrscheinlich vielfach auch
administrativer Zwang von der Art, wie er in China praktiziert wird. Die biologischen Grundlagen menschlichen
Lebens werden nicht auf Dauer der blinden Wirkung ökonomischer und psychischer Zwänge überlassen bleiben können
– unangesehen dessen, daß diese Wahrheit zuvor und mit ver-
derblichen Folgen Hitlers Herrschaftssystem diente, das sie

---

5 Die Metapher vom ›stahlharten Gehäuse‹ ist von Max Weber für die moderne Wirtschaftsordnung geprägt worden, vgl. ›Gesammelte Aufsätze
zur Religionssoziologie‹ Band I, Tübingen 1920, S. 203.

nicht der Selbsterhaltung der Humanität, sondern seiner nihilistischen Praxis untergeordnet hat.

Die Verlängerung der Lebenszeit verlangt nach einem veränderten Verhältnis zum Tode. Möglichst langes Leben und Leben unter allen Umständen sind aber nur dann nicht höchste Güter, wenn der Tod nicht bloß sinnloses Erlöschen oder qualvoller Abbruch ist, wenn Menschen wieder in ihren Tod geleitet werden und wenn sie in ihm noch ihr Leben versammeln können. – Der Blick auf den blauen Planeten von außen läßt die Weltzivilisation, die im Aufkommen ist, noch anderes sein als die Folge der Entwicklung der Transport- und der Kommunikationsmittel. Grenzen zwischen Kulturen und gegen Barbarei lassen sich nicht mehr so ziehen wie ehedem, wenn die Einstellung dieses Blickes einmal in alle anderen Blickweisen eingegangen ist. Doch der blaue Planet zeigt sich uns auch in der *Mannigfaltigkeit* der Lebensbedingungen, die er einräumt. Eine Weltkultur muß also ebensowenig uniform sein, was sie freilich dann immer sein wird, wenn sie sich allein von den technischen Bedingungen der Reproduktion des Lebens her ausbildet. Sie könnte aber die regionalen Traditionen mit verwandeltem Bewußtsein in sich aufnehmen und neue Traditionen reflektierter Lebensform aufkommen sehen.

Aufgabe der jetzt lebenden Generationen ist es nicht, dies alles einzuleiten und die Potentiale der Zukunft auszukundschaften. Uns ist es aufgegeben, die neue Weltlage zu begreifen und uns über die Handlungsart zu verständigen, die in ihr die gebotene ist. Wir haben uns aus der Versuchung zur nihilistischen Deutung und Aktion in dieser Weltlage zu befreien, die erwiesen hat, von ebenso machtvollem wie zerstörerischem Einfluß zu sein. Und in all dem haben wir dem bewußten Leben eine Zukunft und einen Raum offenzuhalten – zuallererst dadurch, daß wir auf den nuklearen Frieden hinwirken und also darauf, daß er verstanden werden kann.

Generationen nach uns werden auch die Herausforderung aufnehmen müssen, welche mit der Frage nach der politischen Organisationsform einer Weltgesellschaft gestellt ist. In den Anmerkungen zu einer Strategie nuklearen Nichtkriegs sind wir durchgängig davon ausgegangen, daß das politische Weltsystem auf einem Antagonismus von Großmächten beruht, und weiter beruhen wird, das aber in ein System der Kooperation und der Verflechtung umgestaltet werden kann und muß. Es ist wohl denkbar, daß künftige Generationen im Ernst den Versuch machen werden, darüber hinauszukommen. Sie müßten dann auch die Einwände in Projekten und durch die Tat widerlegen, welche tiefblickende Theoretiker der Politik schon früh gegen Pläne zu einem Weltstaat formuliert haben: Die Machtfülle, die sich bei einer Weltregierung akkumulieren würde, wäre durch keine äußere Macht in Schranken gehalten.

Dagegen wäre dieser Staat immer von innerem Zerfall bedroht. Völker, Kulturen und Regionen könnten leicht Gründe für eine Sezession haben. Deswegen, und wegen der Gefahr des Abfalls von Teilen des Weltheeres unter ihren Kommandanten, die sich zu Weltprovinzdiktatoren aufschwingen könnten, würde selbst ein Weltstaat nicht auf alle nuklearen Waffen verzichten. Sie könnten aber wohl, wie der Goldschatz einer Staatsbank, in zentralen Katakomben aufbewahrt und aufbereitet bleiben. Ein Weltstaat könnte übrigens auch kaum eine Weltdemokratie nach dem Beispiel der demokratischen Verfassungen unserer Zeit sein. Weltweite allgemeine Wahlen sind schon wegen der Vielfalt der Sprachen kaum denkbar, ohne daß man zugleich auch die Gefahr manipulierter Meinungen auf niedrigstem Problemniveau zu erwarten hat. Ein Weltstaat müßte also wohl eine ganz andere Form des Aufbaus, der Repräsentation und der Selbstkontrolle aufweisen als die es ist, mit der wir aus der nur zweihundertjährigen Geschichte der demokratischen Verfassungen von Nationalstaaten vertraut sind. Man darf die politischen

Verhältnisse der Gegenwart niemals für auf Ewigkeit gestellt halten. Der Parlamentarismus unserer Zeit hat eine lange Vorgeschichte. Er ist die Verfassungsform, die den Organisationsproblemen industrieller Gesellschaften am ehesten gerecht wird. Von noch größerer Bedeutung ist es, daß nur innerhalb seiner sich ein unabhängiges System der Rechtspflege über lange Zeit hat behaupten können. Ein weiteres und gerade in unserem Zusammenhang wichtiges Argument zu seinen Gunsten ergibt sich daraus, daß Kriege zwischen Staaten dieser Verfassung selten sind und in unserem Jahrhundert nicht zu registrieren waren. Doch daraus folgt nicht, daß er das beste Organisationsmodell für jede Situation ist und daß ein Weltstaat entweder nach diesem Modell geordnet sein muß oder nur als Weltdiktatur vorgestellt werden kann. Was unaufgebbar bleibt aus dem Zusammenhang dieser Verfassungsform ist ihre republikanische Substanz: auf die Prinzipien der Eigenständigkeit der Rechtspflege und auf den Eigenstand seiner Menschen und Bürger und so auch auf die Freiheit der Meinung und des Wortes begründet zu sein. Sofern sie gewahrt sind, haben wir den Nachkommenden in dem weiten Raum möglicher Organisationsweisen aufgrund ihrer Erfahrungen und Aufgaben auch ihre eigenen Projekte anheimzustellen. Wir müssen hoffen, daß sie besser als wir selbst zwischen vernünftigen Projektionen innerhalb der Weltlage und Experimenten auf der Basis von vorab durchschaubaren Illusionen zu unterscheiden wissen.

So kennen wir Bedingungen, die gewiß erfüllt sein müssen, wenn aus Nichtkrieg eine Friedensordnung in der neuen Weltlage hervorgehen soll. Doch die Gehalte und ebenso die Organisationsformen einer solchen Ordnung bleiben für uns eine offene und noch unbestimmte Zukunft. Wir wirken auf sie hin und arbeiten ihr vor, wenn wir das Konzept des nuklearen Friedens überzeugungsfähig ausbilden und krieglos in Richtung auf ihn hin die Schritte tun, die unabweisbar notwendig und die hier und heute möglich und geboten sind.

Dies war auch der Grund dafür, das Konzept so auszubilden und vorzutragen, daß es auf beiden Seiten der Großmächte, von denen hier und heute seine Verwirklichung abhängt, gleichermaßen einleuchtend und annehmbar zu finden ist. Bei der Rechtfertigung ihrer Verwicklung in die nukleare Bedrohung gegenüber den eigenen Völkern und vor der Welt machen beide geltend, daß sie nur so ihre eigenen Lebensformen und politischen Ideale und Organisationsweisen verteidigen können und daß deren Verteidigung ein hohes Risiko von geringer Wahrscheinlichkeit wert sei. Man soll nicht auffordern zur Neutralität in diesem Streit; man soll im Gegenteil wissen, welches Leben und welche politische Organisation in unserer Zeit am ehesten Zustimmung und Stützung verdienen. Und doch muß die Frage, wie nuklearer Frieden zu gewinnen sei, von dieser Frage unabhängig gehalten werden. Daß es sich so verhält, sieht man wohl ein, wenn man sich fragt, ob eine Seite wohl ein höheres Recht habe, die Existenz der Menschheit in Frage zu stellen. Es gibt das Völkerrecht der Selbstbehauptung der Staaten auch in der Weltlage, die unser Geschick ist. Ob als Recht oder als faktischer Zustand anerkannt, macht diese Selbstbehauptung die Grundlage aus, von der her die Großmächte in eine Kooperation überzugehen haben. Und es ist das Recht aller Menschen, nicht von unspezifischem Gebrauch der nuklearen Machtmittel geschlagen zu werden, somit Rechtspflicht ebenso wie ethischer Imperativ auch und zuerst für die Mächte, alles Mögliche in dieser Absicht zu unternehmen, und nicht nur sich selbst, sondern zugleich die Menschheit in ihrer kosmischen Randstellung zu bewahren. Diesem Imperativ kommt eine Vorzugsstellung zu, selbst noch gegenüber dem Streit über Recht und Vernunft der politischen Systeme. Und er muß in seinem Kontext und in Beziehung auf die Handlungsart, in die er umzusetzen ist, auch unabhängig von ihnen verdeutlicht werden. Das gilt selbst dann noch, wenn diese Wahrheit dazu ausgenutzt wird, von rechtswidrigen und in den Völkern verworfenen Verhältnissen Kritik und Veränderung fernzuhalten. Der Streit über die Zustimmungsfähigkeit der politischen Ordnungen wird durch diese Wahrheit nicht unwesentlich oder gar illegitim gemacht. Aber er wäre sinnlos geworden, wenn die Menschheit in das globale Desaster hineingezogen würde. Dagegen würde dann, wenn aus dem nuklearen Nichtkrieg der nukleare Friede hervorzugehen beginnt, auch für diesen Streit und seine Lösung in wirklichen Rechtsverhältnissen und neuen Lebensformen eine ganz andere Aussicht eröffnet sein. So müssen wir also zuerst, und zwar sowohl in zeitlicher wie in logischer Bedeutung, in der Besinnung auf die Weltlage und die Handlungsart in ihr zu Verständigung und zu einem Einverständnis finden. Der Versuch, dazu beizutragen, war eben darum auch so angelegt, daß er nicht leicht als Dienstleistung für irgendeine politische Position oder Partei verdächtigt werden kann. Daraus ergibt sich aber keine Einschränkung, sondern eine Konzentration auf die Grundprobleme einer solchen Besinnung und auf die schwierige Frage, wie diese Probleme richtig einander zuzuordnen sind.

Der Hinweis auf wirkliche Einschränkungen, unter denen diese Besinnung stand, soll am Ende unseres Ganges stehen. Vor allem *drei Fragen* waren in diesem Gang teils nur berührt, teils ganz ausgespart. Und doch ist jede von ihnen wert, in einer eigenen Untersuchung erwogen zu werden: (1) Es wurde dem sittlichen Leben der Menschen nicht vorausgedacht, das sich aus der neuen Selbstbeschreibung im kosmischen Kontext entfalten könnte. Die Reflektiertheit im Selbstverständnis könnte ebenso zu einer neuen, bewußten Weise der Brüderlichkeit führen, wie sie zu einem anderen Umgang mit den Wesen schon zu führen beginnt, die mit uns die Randstellung im kosmischen Prozeß teilen. (2) Sodann wurden auch die Grundfragen einer Selbstverständigung über den Grund und die Bewandtnis des bewußten Lebens, wo sie über die Verständigung im neuen Kontext hinausgreifen, nur berührt, nicht aber erklärt und erkundet. Das Denken, und mit ihm die Philosophie, greift über die Situation hinaus, in der sich der Mensch im kosmischen Prozeß verstehen kann und muß. Aber es kann diese Verständigung nicht überfliegen. Und wenn auch das sittliche Bewußtsein selbst auf Gründen beruht, die sich aus dem kosmischen Prozeß nicht erschließen, und wenn es sich dieser Gründe auch bewußt ist, so muß es doch in der Weltlage von diesem Kontext her seine Stabilität gewinnen. So ist der nukleare Friede zuerst auf die Selbstbeschreibung des Menschen in diesem Kontext zu gründen. (3) Eben daraus ergab sich aber auch die letzte Einschränkung: Die Besinnung auf die Bedingungen des Friedens geht auf die Bewahrung des Lebens, der Menschen und der Lebensmöglichkeit für die Menschheit. Notwendig und wesentliche Aufgabe ist diese Besinnung aus dem Bewußtsein der Bedrohung und somit der Möglichkeit ihres Todes. Aber wir wissen, daß das nukleare Desaster möglich ist. So können wir Gedanken, die auf es eingehen und die es aus seinem möglichen Geschehen heraus vergegenwärtigen, nicht allein schon deshalb verdrängen, weil unsere Hoffnung und mit ihr unsere Besinnung auf die Bedingungen des nuklearen Friedens geht. Klarheit über dies Ziel ist keine Rechtfertigung für schönfärberische Denkschwäche. Wir wissen zudem, daß die auf lange Sicht größte Gefahr der Auslösung des Desasters von der nihilistischen Disposition ausgeht. Und gerade hinsichtlich ihrer hatten wir in diesem Jahrhundert die Erfahrung zu machen, wie wenig es sich von selbst versteht, daß sie abgewendet werden kann. Ging doch die nukleare Weltlage selber aus einer politischen Konstellation hervor, in der die nihilistische Aktion wirklich geworden war. Wenn wir auf einen nuklearen Frieden vorausdenken, so haben wir zugleich deren Opfer zu erinnern, die längst unwiederbringlich dahingegangen sind. Und so haben wir auch zu fragen: An welchen Gedanken würden wir einen Halt haben und welche Gehalte würden für uns dann noch in Geltung sein und unser Leben noch in seinem Vergehen tragen, wenn das Desaster und das Vergehen in ihm über uns käme? Zwischen letzten Gedanken, die in einer solchen Situation bewahrheitet sind, und der Lebensform im nuklearen Frieden muß noch ein Zusammenhang bestehen und zu erkennen sein, soll die Menschheit nicht getrennt sein in die Klasse der für uns stummen und unverständlichen Opfer und in die Klasse der Davongekommenen und derer, die wirklich und glücklich in den Frieden gelangten.

Den Gedanken aber, die Tod und Leben umgreifen, hat die Besinnung auf die richtige Handlungsart in der neuen Weltlage nicht nachgedacht. Mit den Mitteln der ethischen Untersuchung war eine Antwort auf die Frage zu finden, welche Handlungsart richtig und möglich ist, die darauf ausgeht, den nuklearen Tod von der Menschheit *abzuwenden*. Um die Antwort finden zu können, mußten Grundfragen der Ethik gestellt werden. Und es war zu zeigen, in welcher Weise Weltlagen in das sittliche Bewußtsein eingreifen. Nur so ließ sich verstehen, warum die Friedensordnung, auf die hinzuarbeiten ist, den Grund der Bedrohung noch immer in sich einbegreift und so die Ordnung eines nuklearen Friedens sein muß. Doch dieser Friede ist uns nicht eine Gewißheit aus Verheißung. Der Imperativ, auf ihn hin zu handeln, ist gestützt von begründeter Hoffnung, daß das Ziel erreicht werde. Er ist aber nicht geschützt vor dem Gedanken an die reale Möglichkeit des nuklearen Desasters. Vielmehr gewinnt er gerade aus diesem Gedanken seine Dringlichkeit. Auch dieser Gedanke hat also Anschluß an die Grundfragen der Ethik. Auch gibt es eine andere Weise zu handeln, deren Zeit gekommen ist, wenn die historischen Ziele und Hoffnungen verfehlt und verloren werden sollten. Die Frage nach ihr kann der am wenigsten für bedeutungslos erklären, der die Größe der Bedrohung sieht und der daher von ihr her denken und wirken muß. Doch vor dieser Frage muß sich die Ethik bald in ein Denken verwandeln, das auf Einsicht und Verstehen im alles umfassenden Sinne ausgeht und das also Philosophie in eben diesem Sinne ist. Es mag ein Kriterium der Wahrheitsfähigkeit einer Besinnung hin auf nuklearen Frieden sein, daß sie auch dann noch standhält, wenn sie mit den Gedanken und Fragen konfrontiert wird, die sich von dem Geschehen einer nuklearen Katastrophe nicht weggewendet haben.

BEILAGEN

A. Zur Literatur

1. Der Gedankengang von ›Ethik zum nuklearen Frieden‹ ist so angelegt, daß die Erörterung der ausgedehnten Literatur und jede ausdrückliche Auseinandersetzung mit ihr unterbleibt. Das Buch ist für Leser niedergeschrieben, die längst eingesehen haben, daß die Weltlage, welche mit der Verfügbarkeit der nuklearen Waffe eingetreten ist, uns vor schwierige Probleme der Verständigung stellt. Einfache Wahrheiten über das, was gut und was Unheil ist, geben uns doch keine Handlungsanweisungen, an die wir uns ohne weiteres zu halten vermöchten. Und Begründungen, die zu gänzlich unvereinbaren Schlußfolgerungen kommen, haben doch jeweils sehr viel für sich. So wird es unausweichlich, ihnen auch über weite Strecken zu folgen und ihnen einen Platz in der Begründung des eigenen Urteils einzuräumen, zu dem wir doch gelangen müssen. Es ist also zu erwarten, daß sich ein solches Urteil nur gewinnen lassen wird, wenn mehrere Problembereiche durchgearbeitet und wenn Analysen je für sich ausgeführt sind, deren Ergebnisse sich dann doch als noch vorläufig erweisen. Dennoch muß unser Urteil für sich klar, konsistent und glaubwürdig sein; und eine möglichst eindeutige Handlungsweise muß sich von ihm herleiten.

Der Gedankengang des Buches verlangt zudem Leser, die es gewohnt sind, sich auch philosophischen Fragen auszusetzen. Er entfaltet sich im Zusammenhang einer Ethik, – der Ethik aber in einem Sinne, die in Gymnasien nur mit beträchtlicher Schwierigkeit erschlossen werden könnte. Die Komplexität des Beurteilungsproblems, welches durch die Weltlage aufgegeben ist, hat auch darin eine Entsprechung, daß ihr die ethische Theorie wiederum nur auf einer hohen Stufe ihrer eigenen Komplexion gerecht zu werden vermag.

Aber das Buch wendet sich doch nicht an Spezialisten. Sein Gedankengang will ganz aus sich selbst heraus überzeugen. Es wird darum nicht versucht, die Schritte, die für seinen Aufbau die entscheidenden sind, durch kritische Untersuchungen zu anderen Veröffentlichungen zu sichern. Und darum werden auch weder andere ethische Untersuchungen zur nuklearen Strategie noch frühere und gegenwärtige Ethik-Theorien im Gang der eigenen Überlegungen ausdrücklich zur Sprache gebracht.

Doch das bedeutet durchaus nicht, daß die Literatur in dem Gedankengang des Buches unberücksichtigt geblieben ist. In den wenigen Anmerkungen wird zwar nur auf die Titel verwiesen, auf die an jeweils einer Stelle direkt Rücksicht genommen worden ist. Der Niederschrift ist aber eine ausgedehnte Lektüre vorausgegangen. Es hat den Verfasser auch lange und große Mühe gekostet, die Übersicht über die Literatur und die Diskussionslage zu gewinnen. Gibt es doch keine Arbeit, welche die wesentliche Literatur umfassend erschließt. Dies Defizit ist sogar besonders groß auf dem Gebiet der Beiträge von Philosophen zur Problemlage und bei der Erörterung von Teilbereichen der ethischen Diskussion, welche für die philosophische Verständigung über die Weltlage von einigem Belang sein könnten und sollten. Verantwortlich dafür ist vor allem die Zersplitterung der philosophischen Arbeiten, welche in der Folge der Arbeitsweise der angelsächsischen Philosophie eingetreten ist, aus der jedoch weitaus die meisten der wichtigen Publikationen hervorgegangen sind. Beigetragen hat dazu auch der Umstand, daß diese Philosophie zu einem englischsprachigen Autismus neigt, so daß sie auch solche Ethiktheorien häufig einfach nur ignoriert, welche von offenkundiger Bedeutung für Problemlagen von der Art sind, wie sie aus der Verfügbarkeit der nuklearen Waffe hervorgehen.

In dieser Beilage soll nunmehr auf einige Publikationen hingewiesen werden, – sei es deshalb, weil sie dem Gedankengang des Buches in der einen oder anderen Weise zugeordnet werden können, sei es auch deshalb, weil sie dem Verfasser besonders bemerkenswert erscheinen oder weil sie denen eine Hilfe bieten, die sich ihrerseits die Literatur übersichtlich machen wollen.

2. Mit dem letzten sei dabei begonnen: Lothar Waas hat einen Literaturbericht über ›Problembereiche einer Ethik der nuklearen Abschreckung‹ publiziert (in: ›Zeitschrift für Politik‹ 32, März 1985). Obwohl in diesem Bericht mehrere wichtige Titel fehlen, ist er doch dadurch besonders hilfreich, daß er auch die Positionen und einige Argumente der Veröffentlichungen referiert. Der Band 95, Nr. 3 der Zeitschrift ›Ethics‹ vom April 1985 ist ganz der Debatte über nukleare Abschreckung gewidmet. Ferner kann man aus Joseph S. Nye Jr., ›Nuclear Ethics‹, New York 1986, einem Buch, das die in der amerikanischen Debatte vorherrschenden Begründungen klug und sorgfältig gegeneinander abwägt, auch die eigenen Literaturkenntnisse noch weiter ergänzen. Das gilt schließlich ebenso für den von Uwe Nerlich und Trutz Rendtorff herausgegebenen Band ›Nukleare Abschreckung – Politische und ethische Interpretationen einer neuen Realität‹, Baden-Baden 1989. Pierre Hassner hat in diesem Band zudem den Verlauf der Debatte in den wichtigsten westlichen Ländern analysiert.

Die beiden zuletzt genannten Titel berücksichtigen neben den ethischen Analysen auch die unterschiedlichen Positionen zur Nuklearstrategie und zur Strategie der nuklearen Abschreckung. Eine Übersicht über die möglichen Ursprünge nuklearer Kriege und über die Probleme einer militärischen und politischen Nuklearstrategie erhält man aus dem von Graham T. Allison, Albert Carnesale und Joseph S. Nye Jr. herausgegebenen und zu einem Teil gemeinsam verfaßten Buch ›Hawks, Doves, and Owls‹, New York und London 1985. Das gilt auch für ›The Security Gamble: Deterrence Dilemmas in the Nuclear Age‹, hrsg. von Douglas MacLean, Totowa N.J. 1984. In diesem Sammelband finden ethische und strategische Probleme gleichermaßen Beachtung, – zum Teil auch unter den durch die Theorien der Entscheidungen und der Spiele nahegelegten Gesichtspunkten. Ein weiterer Sammelband, dessen Absicht es ist, die Notwendigkeit der nuklearen Abrüstung zu begründen, enthält vor allem Beiträge britischer Autoren; von Nigel Blake und Kay Pole wurde er unter dem Titel ›Dangers of Deterrence‹ 1983 in London u. a. herausgegeben.

Der Verfasser dieses Buches hat übrigens auch in weiteren Beiträgen von Joseph S. Nye Jr. manche Belehrung und Unterstützung für seine Analysen gefunden. Deren letzte sind der Aufsatz im von U. Nerlich und T. Rendtorff herausgegebenen Band (zitiert o. S. 253) und ›Nuclear learning and U.S.-Soviet security regimes‹ (in: ›IO‹ = ›International Organization‹, Band 41, Nr. 3, 1987). Nyes Monographie ist bereits oben auf Seite 253 zitiert.

Jeder, der die Probleme der nuklearen Strategien im Lichte grundsätzlicher Gedanken über den Krieg und über militärische Strategie, so wie sie von Clausewitz begründet worden sind, erwägen will, sollte zwei bedeutende Bücher studieren: Raymond Arons Werk ›Paix et guerre entre les nations‹, Paris 1962, das in viele Sprachen und auch ins Deutsche übersetzt worden ist (wie auch die anderen Bücher Arons zur Theorie des Krieges), und Edward N. Luttwaks Untersuchung der paradoxalen Logik der Kriegsführung und der Kriegsverläufe in: ›Strategy: the Logic of War and Peace‹, Cambridge, Mass., u. London 1987. Im Übergang von den strategischen zu den ethischen Fragen kann sodann noch auf Michael Walzers ›Just and Unjust Wars‹, New York 1977, verwiesen werden. Walzer will alle Argumente, die bei der Beurteilung von Kriegen und Kriegsführungen ins Spiel kommen, in einem Geflecht zusammenführen und bei der Beurteilung von Beispielen aus der neueren Kriegsgeschichte erproben, wobei die kasuistischen Abschnitte des Buches die eindrucksvolleren sind. Die Strategie der nuklearen Abschreckung hält er übrigens allenfalls als Ausdruck einer Art von politisch-strategischem Notstand für vertretbar, der so schnell wie möglich überwunden werden muß.

Zur ethischen Literatur über nukleare Strategie und Abschreckung haben christliche, zumal katholische Autoren in großer Zahl beigetragen. Seit des Jesuiten John C. Fords frühem Einspruch gegen die Flächenbombardements (der schon 1944 erfolgte), sind – zumeist im Rahmen der Begriffsbildungen der Theorie des gerechten Krieges, der die katholische Kirche fast durchgängig folgt, – zahlreiche und zum Teil sehr eingehende Argumentationen gegen die Planung und die Führung nuklearer Kriege und auch gegen die Abschreckungsdoktrin entstanden. Douglas P. Lackeys ›Moral Principles and Nuclear Weapons‹, Totowa N.J. 1984, gibt solche und weitere Begründungen mit sehr großer Sorgfalt und Ausführlichkeit. Eine andere, gleichfalls umfassende Begründung für das moralische Gebot auch zu einseitiger Abrüstung aus christlicher Überzeugung wird gegeben in: ›Nuclear Deterrence, Morality and Realism‹ von den Autoren John Finnis, Joseph M. Boyle Jr. und Germain Grisez, Oxford 1987.

Unter den bekannten, aber meist angelsächsischen Philosophen, die Katholiken sind, verwerfen jede Nuklearstrategie mit Nachdruck, und mit geläufigen Argumenten der katholischen Moraltheorie: G. E. M. Anscombe (›War and Murder‹, zuerst in: ›Nuclear Weapons and Christian Conscience‹, 1. Auflage, London 1961) und Michael Dummett (›Nuclear Warfare‹, in: ›Objections to Nuclear Defence‹, hrsg. von Nigel Blake und Kay Pole, London u. a. 1984), – ohne aber die Argumentationslage irgendwie zu vertiefen. Von Gewicht und Interesse sind dagegen die Beiträge von Anthony Kenny, der zu dem zuletzt genannten Band gleichfalls mit einem seiner Aufsätze beigetragen hat. Der Philosoph Jonathan Bennett kritisiert übrigens in ›Morality and Consequences‹ eine der

Unterscheidungen, welche für die Theorie des gerechten Krieges und deren Lehre vom ›doppelten Effekt‹ wesentlich ist (in: James P. Sterba, ed., ›The Ethics of War and Nuclear Deterrence‹, Belmont, California 1985, eine weitere Anthologie, die mit Nutzen konsultiert werden kann). In dem soeben zitierten, dem zweiten der beiden Bände, die Nigel Blake und Kay Pole herausgegeben haben (›Objections to Nuclear Defence‹, London u. a. 1984), findet sich auch der Aufsatz von Bernard Williams über ›Morality, Scepticism and the Nuclear Arms Race‹. Williams' Kritik von Argumenten, die häufig gegen jede auf den Besitz nuklearer Waffen begründete Strategie vorgetragen werden, stimmt mit einigen der Argumente des Verfassers auch dieses Buches überein. Das gilt ebenso für die differenzierte Beurteilung, die auf sehr hohem Argumentationsniveau von David Fisher entwickelt wird in: ›Morality and the Bomb: an Ethical Assessment of Nuclear Deterrence‹, London und Sidney 1985, – einem der besten Bücher zu Fragen der moralischen Beurteilung des Problems überhaupt, das aber nicht von einem Philosophen, sondern von einem Analytiker des britischen Verteidigungsministeriums geschrieben worden ist.

Unter den in deutscher Sprache geschriebenen Beiträgen von Philosophen haben nach der Meinung des Verfassers die Texte von Ernst Tugendhat einen besonderen Rang. Sie treten für den Nuklearpazifismus ein, – mit Argumenten, die nur zum Teil ethische, überwiegend aber Argumente aus dem Gemeininteresse der Menschen sind. Ich denke, daß ich gezeigt habe, inwiefern diese Argumente in ihrer Anlage und in ihren Schlußfolgerungen kurzschlüssig sind (vgl. S. 81 ff.). Wegen ihrer Klarheit und wegen der Bemühung um Fairneß gegenüber abweichenden Positionen kann man dennoch aus der Auseinandersetzung mit ihnen viel lernen (alle Beiträge Tugendhats sind zusammengefaßt in: ›Nachdenken über die Atomkriegsgefahr und warum man sie nicht sieht‹, Rotbuch Verlag, Berlin 1986).

Untersuchungen zur nuklearen Strategie, die nicht auf der Grundlage der Ethik, sondern auf der Grundlage der Rechtstheorie aufgebaut sind, wird man in der Literatur kaum finden. Eine der Ausnahmen macht Reinhard Brandts ›Menschenrecht und Kriegsrüstung‹ (in: ›Information Philosophie‹, Juli 1985. Arthur Kaufmanns: ›Gerechtigkeit – der vergessene Weg zum Frieden‹, München 1986, obwohl von einem Rechtsphilosophen geschrieben, gibt nicht allein auf Rechtsprinzipien gestützte Begründungen). Von einer kantischen Begründung her, wie sie in Brandts Vortrag geführt wird, komme ich selbst zu anderen Ergebnissen (vgl. S. 107f.).

Nur zum Teil und im Rahmen der eigenen Ergebnisse ist in diesem Buch die Debatte berücksichtigt worden, welche von Gregory S. Kavkas Aufsatz ›Some Paradoxes of Deterrence‹ ausgegangen ist (in: Journal of Philosophy, LXXV, Juni 1978). Wichtige Beiträge zu dieser Debatte, in der Kavka seine Analyse im wesentlichen erfolgreich verteidigt, sind die Aufsätze von David Gauthier und David Lewis, die sich in dem (auf S. 253/4) schon zitierten Band finden, der von Douglas MacLean 1984 herausgegeben worden ist.

Bemerkenswert ist es, daß in der Literatur fast gänzlich solche Beiträge fehlen, die zwar ethische und strategische Analysen einschließen, die aber über sie hinausgreifen und die eine Analyse der Situation der Menschheit und ihrer Bewußtseinslage im Zeitalter der Verfügbarkeit der nuklearen Waffe versuchen. Karl Jaspers' ›Die Atombombe und die Zukunft des Menschen‹ erschien bereits 1958, ist aber noch immer das gewichtigste Werk, das sich diese Aufgabe gestellt hat, – wie immer man über Jaspers' Stil und Begründungsart denken mag. Günther Anders hat Jaspers in der Sammlung seiner gleichfalls bemerkenswerten Aufsätze in vielem zutreffend kritisiert (›Die atomare Drohung‹ 2. Aufl., München 1981, S. 40ff.). André Glucksmanns viel beachtetes: ›La force du vertige‹, Paris 1983, muß man wohl mehr als eine Provokation zum Nachdenken denn als eine Analyse betrachten, die ihrer Aufgabe auch gerecht wird. In der angelsächsischen Literatur macht Susan Khin Zaws ›Morality and Survival in the Nuclear Age‹ eine respektable, aber auch marginale Ausnahme. Man kann leider nicht sagen, daß die Verfasserin über die Mittel verfügt, die zu einem Versuch dieses Zuschnitts aufgeboten werden müßten (in: N. Blake und K. Pole, ›Objections to Nuclear Defence‹, zitiert o. S. 255; erweitert als ›Morality, Survival and Nuclear War‹, in: S. C. Brown, ed., ›Objectivity and Cultural Divergence‹, Cambridge 1984). Die Defizite in der Situation der Philosophie und der Intellektualität der letzten beiden Jahrzehnte lassen sich auch daran erkennen, daß in ihr offenbar die Mittel im Schwinden sind, an die Zeitanalysen, die im Zeitalter der Französischen Revolution aufkamen, und an Arbeiten wie etwa die von Karl Jaspers und Raymond Aron einen Anschluß zu finden, der dem Rang dieser Form des Denkens auch nur in etwa entspricht. Ein ähnliches Defizit beeinträchtigt übrigens auch die Untersuchung anderer Fragen der Rechts- und Ethik-Theorie, die zugleich eine menschheitsgeschichtliche Dimension haben, – von der Frage über die Begründbarkeit von Menschenrechten (vgl. S. 274 ff.) bis zur Tiefendiagnose der nihilistischen Aktionen, welche von den politischen Ideologien dieses Jahrhunderts ausgegangen sind.

3. Der Gang der Überlegungen von ›Ethik zum nuklearen Frieden‹ setzt eine Ethik-Theorie voraus, die wenigstens nicht schon aufgrund ihrer Anlage solche Defizite mit Notwendigkeit nach sich zieht. Sie kann sich nicht auf vergleichbare Konzepte in der gegenwärtigen Ethik-Literatur stützen. Diese Theorie hält insofern an einem kantischen Ausgangspunkt fest, als sie dem gewöhnlichen sittlichen Bewußtsein den Gebrauch einer Primärregel der Beurteilung zuschreibt, die sich grundsätzlich von einer Regel zur Beurteilung der Konsequenzen des Handelns unterscheidet. Sie folgt Kant

weiterhin in der These, daß aus dem bloßen Gedanken einer solchen Primärregel auch die wirkliche Beurteilungsregel gewonnen werden kann, welche Kant (wegen ihrer unbedingten Geltung für zugleich unvollkommene Handelnde) als ›kategorischer Imperativ‹ beschrieben hat. Doch ist der Gesamtaufbau der Argumentationen nicht davon abhängig, ob auch dieser These zugestimmt oder widersprochen wird (die Frage der Leistungskraft von Kants Kategorischem Imperativ erörtert zuletzt – mit ausführlicher Bibliographie – Christian Schnoor, ›Kants Kategorischer Imperativ als Kriterium der Richtigkeit des Handelns‹, Tübingen 1989). Essentiell ist dagegen die These, daß aus der Primärregel wirklich eine Handlungsbeurteilung herzuleiten ist, daß sie also nicht leer und in der Anwendung nur tautologisch bleibt. Das würde nämlich bedeuten, daß die wirklich moralische Primärbeurteilung auf Gründen beruht, die nicht von der vorgeblichen Primärregel hergeleitet, sondern vielmehr von ihr vorausgesetzt und zugleich verstellt worden sind.

Von ebenso zentraler Bedeutung ist aber die weitere These, daß die Handlungsanweisung, welche aus der Primärregel gewonnen werden kann, nicht erschöpfend und insofern auch nicht zureichend ist. Diese These gehört in den Zusammenhang der Begründung einer Theorie von der Entfaltung und Vertiefung des sittlichen Bewußtseins. Als leicht verstehbarer Name für eine solche Theorie kommt wohl – trotz der ungünstigen Konnotationen des Wortes – nur die Bezeichnung ›Stufentheorie‹ in Frage. Diese Stufentheorie unterscheidet sich grundsätzlich von den bekannten Theorien der Entwicklung der sittlichen Beurteilungsfähigkeit hin zum autonom urteilenden und handelnden sittlichen Subjekt, wie etwa denen von Piaget und Kohlberg. Deren Entwicklungstheorien ergänzen nur den Kantischen Theorietyp durch die Erklärung eines Entwicklungsweges, der den Kantischen Ausgangspunkt zum Ergebnis hat. Die Stufentheorie, auf die sich ›Ethik zum nuklearen Frieden‹ gründet, untersucht solche

Stufen, die aus der Verfassung des sittlichen Bewußtseins als solchem hervorgehen, das sich bereits unter das Prinzip der Neutralität der Beurteilung gestellt hat. Sie ist somit auch mit einer Erklärung der Entwicklung des sittlichen Bewußtseins vereinbar, derzufolge Stufen, welche der Verfassung nach Vertiefungen des sittlichen Bewußtseins sind, schon in frühen Phasen der humanen Entwicklung vorbereitet sein müssen.

Diese Stufentheorie folgt Motiven, welche zuerst von nachkantischen Theorien in der klassischen deutschen Philosophie (zumal von Fichte und Hegel) in ihrer Bedeutung richtig erkannt worden sind, und übersetzt sie in einen gegenwärtigen Theorierahmen. Sie ist wesentlich Theorie des sittlichen *Bewußtseins*, insofern sie sich unter der Verpflichtung weiß, nicht nur Beurteilungsweisen und -prinzipien, sondern immer zugleich auch deren Verankerung in einer Grundorientierung des Vernunftlebens verständlich zu machen. Der Ausfall dieser Dimension der Analyse ist der wichtigste Grund dafür, daß die Ethik der angelsächsischen Literatur noch immer weithin ihren teils akademischen, teils moralisierenden, teils auch gegenwartsfernen Charakter nicht sehen und folglich auch nicht ablegen kann. Inzwischen gibt es freilich Anzeichen für eine Veränderung, die im Rahmen dessen vor sich geht, was man auch die Intellektualisierung der analytischen Philosophie nennen könnte.

Unabhängig davon spielen mehrstufige Ethik-Theorien, nach einer längeren Phase der Abstinenz von ihnen, auch in der angelsächsischen Diskussion wieder eine Rolle. Ein prominentes Beispiel ist die neuere Theorie von R. M. Hare (u. a. in: ›Moral Thinking. Its Levels, Methods and Point‹, Oxford 1981). Hier wird auf der Grundlage eines Utilitarismus den alten ›prima facie‹-Erkenntnissen, die einst W. D. Ross namhaft gemacht hatte, wieder eine selbständige, wenngleich nur vorläufige Rolle zugestanden. Aber der Utilitarismus ist seiner Grundanlage nach doch außerstande, das sittliche Bewußtsein aus dessen eigener Perspektive heraus verständlich

zu machen. Zwar ist er insofern im Recht, als das voll ausge-
bildete und vertiefte sittliche Bewußtsein die Folgen von
Handlungen (und von sittlichen Institutionen) als einen wesentlichen Parameter für die Richtigkeit der sittlichen Urteile
im Blick haben muß. Was solches Handeln zu einem sittlichen macht, kann er aber ebensowenig erklären wie den zuletzt immer komplexen Charakter einer sittlichen Motivation
(vgl. Amartya Sen und Bernard Williams, ed., ›Utilitarianism
and Beyond‹, Cambridge University Press 1982). Hares
Theorie ist im übrigen umgekehrt proportional zu der Theorie, auf der ›Ethik zum nuklearen Frieden‹ beruht: dem ›gemeinen‹ sittlichen Bewußtsein wird von Hare die Orientierung an einer Primärregel abgesprochen. Infolgedessen
könnte Hare das gereifte sittliche Urteil wohl als aufgeklärt,
nicht aber auch als vertieft beschreiben.

Zu einer anderen ethischen Problemlage, um die sich – wie
fast stets in der angelsächsischen Philosophie – ein isolierter
Diskussionszusammenhang ausgebildet hat, kann dagegen
›Ethik zum nuklearen Frieden‹ mehrfach eine Beziehung
aufnehmen: die Diskussion über die Realität und die Natur
moralischer Dilemmata. Bernard Williams und Ruth Barcan-
Marcus haben zu ihm Wesentliches beigetragen. Eine Übersicht über das Problem und über die Literatur kann man
gewinnen aus: Christopher W. Gowans, ed., ›Moral Dilemmas‹, Oxford University Press 1987.

4. Trotz der Praxis, welche in der angelsächsischen Untersuchungsart so lange vorgeherrscht hat und noch immer vor-
herrscht, muß man kaum mit Widerspruch rechnen, wenn
man behauptet, daß alle eigentlich philosophischen Fragen in
einem Zusammenhang miteinander stehen und zuletzt auch
in einem solchen Zusammenhang verstanden und behandelt
werden müssen. Strittig kann nur sein, wie eng und von welcher Art dieser Zusammenhang ist und inwieweit von ihm in
der einzelnen Untersuchung doch auch abgesehen werden

darf. Die Konzeption von Ethik, die dem Überlegungsgang hin zum nuklearen Frieden zugrundeliegt und deren Konturen in diesem Gang Schritt um Schritt hervortreten, weist nun aber einen hohen Grad einer solchen Verfugung auf, – und zwar in doppeltem Sinn: Zunächst einmal sind in ihr die ethischen Probleme selbst in vergleichsweise weitgehender Engführung behandelt. Das ergibt sich daraus, daß dem, was ›sittliches Bewußtsein‹ genannt wird, in ihr zentrale Bedeutung zukommt. Mit ihm ist nämlich auf jeder Stufe seiner Entfaltung eine integrierende Leistung verbunden: Die verschiedenen Vektoren, welche in die Beurteilung der Richtigkeit des Handelns eingehen, werden in ihm zu einer einheitlichen Orientierung und sozusagen zu einer Grundverfassung des sittlichen Wissens und der sittlichen Lebensorientierung zusammengeführt. Damit ist nicht gesagt, daß diese Verfassung ein harmonischer Zustand sein müsse. Sie kann vielmehr grundlegend durch unausweichliche Konflikte bestimmt sein. Gerade aus solchen Konflikten und daraus, daß sie in der Einheit eines Bewußtseinszustandes aufgenommen und ausgetragen werden, kann sich allererst die Notwendigkeit zu einer weiteren Verwandlung und damit zu einer Vertiefung ergeben, die in dem sittlichen Bewußtsein als solchem und somit wiederum innerhalb der ihm eigenen übergreifenden Einheit vollzogen wird. Beide, Konflikte und Vertiefung, setzen aber voraus, daß die Vektoren des sittlichen Lebens nicht wie selbständig wirkende Kräfte und also unbezogen aufeinander ins Spiel kommen können.

Zu dieser ersten Weise der Verfugung, welche in dem Bereich aufzuweisen ist, der das eigentliche Thema der Ethik ausmacht, gehört weiter noch, daß das sittliche Bewußtsein nicht für schlechthin selbstgenügsam angesehen werden darf. Aristoteles hat zuerst und gegen Platon die Unterscheidung von theoretischer Erkenntnis und praktischem Wissen begründet; auch noch im gegenwärtigen Philosophieren ist sie unentbehrlich. Aber Aristoteles hatte zugleich doch den Umkreis des Wissens, das praktisch ist, zu eng gezogen. Die Aufklärung, insbesondere die Rousseaus und die der klassischen deutschen Philosophie, hat in der Praxis der Lebensführung wiederum ein platonisches Motiv aufgewiesen und erneut in der Theorie zur Geltung gebracht. Für diese Grundform von Praxis ist eine Weltorientierung unentbehrlich; und so ist sie in jeder Weise der Lebenspraxis immer auch schon entfaltet, so daß sie von der Philosophie nicht etwa allererst ausgebildet, sondern nur entdeckt, geklärt, ausgestaltet und gerechtfertigt werden muß. Die Konzeption von ›Ethik zum nuklearen Frieden‹ ist durchgängig auf dieser Voraussetzung begründet. Sie ermöglicht es und verlangt danach, jeder sittlichen Lebensorientierung einen ›Kontext‹ von weiter ausgreifenden Gedanken zuzuordnen, kraft dessen Formen und Stufen des sittlichen Bewußtseins dann auch für wirkliche Weltverhältnisse sensibel werden. Und das ist wiederum die Voraussetzung dafür, daß innerhalb dessen, was den Disziplinnamen ›Ethik‹ trägt, Fragen der sittlichen Handlungsorientierung mit der Verständigung über historische Weltlagen in einen unmittelbaren Zusammenhang gebracht werden können und müssen. Kant hat seinerseits noch einen wesentlichen Teil dieses Zusammenhanges dadurch amputiert, daß er die sittliche Beurteilungsweise und das ihr eigene ›Weltbild‹ von den Zeitdiagnosen, die einer als methodisch selbständig konzipierten Geschichtsphilosophie zugehören, zumindest zum Teil abgeschieden hat. Aber auch er hat diese doppelte Aufgabe (Ethik und Zeitdiagnostik ›in praktischer Absicht‹) doch zugleich und in der Aussicht auf eine bedeutsame Beziehung zwischen beiden wirklich bearbeitet. In der Theorie, die ihm nachfolgte, ist dann der Zusammenhang zwischen beiden als noch enger verstanden worden – zumal von Fichte und Hegel. Wo immer man aber in der Folge nicht mehr imstande war, an dieser Einsicht festzuhalten, ohne doch dazu bereit zu sein, das sittliche Bewußtsein auf die Erkenntnis von Tatsachen und Weltverhältnissen einfach zu reduzieren, da wurde die Aufgabe der ethischen Theorie in ihrer Anlage verkürzt und so um die Möglichkeit gebracht, auch überzeugend zur Bewußtseinslage der Gegenwart zu sprechen. Die Folgen davon sind noch in der gegenwärtigen Literatur zu den ethischen Problemen der nuklearen Bewaffnung deutlich zu erkennen. Aber das Bewußtsein der Zeitgenossen und des ›gemeinen Mannes‹, von dem Kant sprach, erfaßt mehr von der Verwicklung der Problemlagen, in die uns der Versuch zur sittlichen Orientierung zieht, als viele Theorien es wahrhaben wollen und vor allem: können, – auch dann, wenn dieser gemeine Mann sein Wissen nicht formulieren und seine Schwierigkeiten nicht mit Argumenten verdeutlichen kann. Die philosophische Untersuchung muß komplex angelegt sein, um auch nur der Subtilität dieses noch vortheoretischen Bewußtseins gerecht werden zu können.

Diese Anmerkungen zu einer ersten Weise der Verfügung von Problemen in dem Theorierahmen, innerhalb dessen sich ›Ethik zum nuklearen Frieden‹ entfaltet, gehen über das in keiner Weise hinaus, was in deren Überlegungen selbst schon zur Sprache kommt. Sie sollen nur denen zur weiteren Verdeutlichung dienen, die ein eigenes Interesse an der Ethik-Theorie als solcher haben. Doch muß die Ethik-Theorie auch als ganze, und einschließlich der für sie wesentlichen Ausdehnung auf Kontexte des sittlichen Bewußtseins und somit auf Weltlagen, in einem anderen Zusammenhang und somit in einer noch weiter ausgreifenden Verfügung gesehen werden. Letztlich kann sie nur als Teil einer philosophischen Konzeption stabil und hinreichend sicher begründet werden, in der auch die grundlegenden philosophischen Problembereiche nicht ausgespart bleiben.

Von dieser zweiten Verfügung ist nun im Text von ›Ethik zum nuklearen Frieden‹ ganz abgesehen worden. Aber dem Verfasser standen doch auch bei dieser Ausgrenzung die Beziehungen zu anderen seiner Gedanken und Versuche vor Augen. Und er hätte die Argumentationen des Textes gar nicht konsequent innerhalb ihrer Grenzen halten können, wenn er sie nicht zugleich auch durch die Beziehungen zu seinen Überlegungen, die außerhalb des Bereichs des Textes ihren Ort haben, bestärkt oder bestätigt gefunden hätte, – wenn nicht durchgängig, so doch in vielen der für den Gang der Überlegungen entscheidenden Voraussetzungen und Wendungen. Zudem hat er die Aufgabe, die ethischen Probleme zu behandeln, welche sich im Zusammenhang mit der nuklearen Weltlage stellen, dazu nutzen müssen, den Grundriß einer ethischen Theorie auszuarbeiten und vorzutragen, die sich in eine weiter ausgreifende philosophische Konzeption einfügt und die ein wesentliches Glied ihrer Gesamtverfassung ist. Es mag darum wohl am Platze sein, nun auch noch auf die seiner eigenen Publikationen hinzuweisen, die eine philosophische Konzeption, wie immer wiederum nur im Grundriß, zu begründen versuchen. Dabei sind zunächst, auch wegen der Hinweise auf vorausgehende Veröffentlichungen, die sich in ihnen finden, drei kleine Bände zu nennen: ›Fluchtlinien‹, Frankfurt 1982, ›Selbstverhältnisse‹, Stuttgart 1982, und ›Konzepte‹, Frankfurt 1987. Zudem kann dann noch auf einige spätere Aufsätze verwiesen werden, in denen Gedankengänge vorgetragen sind, welche jene Konzeption ergänzen und weiter ausarbeiten: ›Dunkelheit und Vergewisserung‹, in: ›All-Einheit‹, hrsg. vom Vf., Stuttgart 1985, ›Gedanken zur Dankbarkeit‹, in: ›Oikeiosis‹, hrsg. von R. Löw, Weinheim 1987, ›Ding an sich‹, in: ›Vernunft des Glaubens‹, hrsg. von J. Rohls und G. Wenz, Göttingen 1988, und ›Grund und Gang spekulativen Denkens‹, in: ›Metaphysik nach Kant?‹, hrsg. vom Vf. und R. P. Horstmann, Stuttgart 1988.

Wer sich mit einigen dieser Texte beschäftigt, der wird wohl alsbald bemerken, daß auch sie eine Theorie der ›Aufstufung‹ und der Vertiefung begründen wollen, – nunmehr aber für das Wissen von der Welt und der Weltverfassung insgesamt. Sie unterscheiden ein ›Grundverhältnis‹, das zwischen der primären Selbstbeschreibung des Wissenden (des ›bewußten Lebens‹) einerseits und einer bestimmten Ontologie der natürlichen Objekte (und ›Dinge‹) besteht. Die Vertrautheit mit dem Wirklichen unter diesen Beschreibungen steht in einer Spannung zu dem Mangel an Einheit und Verständlichkeit, welcher das Grundverhältnis nichtsdestoweniger durchzieht. Und auch von ihm weiß das bewußte Leben von Beginn an. So kommt in diesem Leben eine Denkbewegung auf, welche sowohl auf eine Transzendierung der natürlichen Welt wie auch darauf ausgreift, sie in einer veränderten Begriffsform zu begreifen, – einer Begriffsform, der durchgängig eine verwandelte Selbstbeschreibung entspricht. Es wird wohl einleuchten, wie sich in diese Konzeption die Ethik-Theorie von ›Ethik zum nuklearen Frieden‹ einfügen läßt. Man muß aber beachten, daß die Primärstufe des sittlichen Bewußtseins nicht etwa als eine einfache Funktion des ›Grundverhältnisses‹ zu verstehen ist. Das sittliche Bewußtsein steht vielmehr schon in seinem Ausgang in einer Spannung zur ›natürlichen‹ Welt. Insofern geht von ihm aber auch ein Impuls aus, der die Denkbewegung, welche vom Dunkel im Grundverhältnis ausgeht, verstärkt und der sie auch dann in Gang hält, wenn die Konflikte, in die sie führt, Anlaß dazu geben könnten, sie abzubrechen oder zu verdrängen. Die Dynamik der sittlichen Selbstverständigung treibt dann über die Primärstufe des sittlichen Bewußtseins hinaus und führt zu einer sittlichen Orientierung, die ihrerseits zu der veränderten Weltbeschreibung in eine Korrespondenz gelangen muß. Erst über eine solche Weltbeschreibung können die praktische und die theoretische Grundorientierung des Lebens zu einem definitiven Ausgleich miteinander kommen.

Bevor sich aber diese Korrespondenz auch nur abzeichnet, wird der Gedankengang von ›Ethik zum nuklearen Frieden‹ zu Ende geführt. So wie er seiner Anlage nach ganz unabhängig von Thesen über das primäre Weltwissen überzeugen will, so sind auch die Folgerungen, zu denen er gelangt, ganz unabhängig gehalten von allen Vorschlägen über einen abschließenden Wissensstand, die der Verfasser zu machen hat. Dennoch hat diese Bemühung um Selbstgenügsamkeit und Zugänglichkeit möglichst für jedermann und also diesseits von jeder philosophischen Gesamtkonzeption eine Folge nach sich gezogen: Der Gang der Überlegungen dieses Buches kann sich nicht (so wie Jaspers am Schluß seines Werkes) auf jene Gedanken einlassen, in denen Menschen, die von der nuklearen Katastrophe, die immer möglich bleibt, überzogen werden möchten, ihr Leben sammeln und resümieren würden (S. 245 f.).

Solche Gedanken übersteigen nämlich den Bereich im Grundsätzlichen und zur Gänze, der sich im Rahmen einer *Ethik* aufklären läßt. Sie sind letzte Gedanken, – nicht nur deshalb, weil sie sich an der Grenze des bewußten Lebens selbst zu bewähren haben, sondern vor allem deshalb, weil sie dem zu gelten hätten, was allen Weltlagen und Beschreibungsweisen vorgeordnet und in keiner Weise auf sie relativ ist. Ich würde das Wort ›Metaphysik‹ gerne vermeiden. Hat es doch Konnotationen, welche dem geradezu entgegenwirken, was Gedanken auszeichnet, die an der letzten Grenze gegenständlichen Wissens bewahrheitet sein können. Doch verfügt unsere Bildungssprache über kein anderes Wort, das mit noch hinreichender Eindeutigkeit den Gehalt solcher Gedanken anzeigt. So möchte ich am Schluß dieser Übersicht noch auf einen kurzen Text verweisen, der den Ursprung dieses Denkens in allgemein zugänglicher Weise bezeichnen will: ›Warum Metaphysik‹, in: ›Metaphysik nach Kant?‹ (zitiert o. auf S. 265).

Und nun sei noch einmal unterstrichen, daß sich ›Ethik zum nuklearen Frieden‹ nirgends auf Argumente stützt, die nicht auch in ihm selbst entwickelt worden sind. Die Überlegungen des Textes sind zwar in vieler Weise mit Überlegungen verbunden, die anderen und weiter ausgreifenden Fragen gelten. Aber ihre Abfolge und die Folgerungen, zu denen der Überlegungsgang gelangt, sollten ganz aus sich selbst heraus Bestand haben und ganz für sich der Prüfung unterzogen werden. Anderenfalls wäre doch die Aufgabe verfehlt worden, um derentwillen der Text geschrieben worden ist: Die Verfügbarkeit der nuklearen Waffe hat eine Weltlage und mit ihr eine Herausforderung für alle Denkenden geschaffen, in der nicht so sehr eine philosophische Gesamttheorie als eine Verständigung erreicht werden muß, in der die Menschen unserer Zeit und der für uns absehbaren Zukunft übereinstimmen können.

B. Übersicht in Thesen

(1) Die ethische Theorie kann über die richtige Handlungsweise in einer Weltlage, welche durch die nukleare Bedrohung gekennzeichnet ist, nicht dadurch verständigen, daß sie versucht, aus sittlichen Grundregeln unmittelbar zu Handlungsanweisungen zu kommen. Sie muß vielmehr ihren Theorierahmen erweitern, um imstande zu sein, diese Lage und die vielfältigen und widerstreitenden Ansätze zu ihrer Beurteilung in Übersicht zu bringen. Sie muß insbesondere verständlich machen, in welcher Weise das sittliche Bewußtsein von der Weltlage betroffen und als solches auch bedroht sein kann. Erst dann wird es ihr gelingen, zu umfassend begründeten Orientierungen zu gelangen, aus denen auch Handlungsanweisungen herzuleiten sind.

(2) Die Überlegung muß von einer Antinomie zwischen Totaleindrücken ausgehen, von denen jeder ein Recht für sich hat: (a) Der sittlichen Primäreinsicht, daß der Gebrauch nuklearer Waffen, insbesondere ihr nicht limitierter Gebrauch, schlechthin verwerflich ist, steht (b) die von Erfahrungen gestützte These entgegen, daß die Möglichkeit eben dieses Gebrauches eine pazifizierende Wirkung hat, daß sie den Frieden wirksamer sichert als alle anderen politischen Mittel.

Aber die Drohung setzt die Bereitschaft zum wirklichen Gebrauch der Waffen voraus und ist somit selbst einem sittlichen Verdikt unterworfen.

(3) Die sittliche Primäreinsicht ist begründet: Es läßt sich zeigen, daß die Anwendung der sittlichen Primärregel die Verwendung der nuklearen Waffe (auch als Verteidigungswaffe) schlechthin unter ein Verdikt stellt.

(4) Aber das in sich komplexe sittliche Primärbewußtsein

enthält in sich selbst schon die Ansätze zu einer Entwicklung, welche die in ihm wirksamen Faktoren auseinandertreten lassen:

(a) Die mit der sittlichen Primäreinsicht verbundene Weise der Handlungsmotivation tendiert dazu, selbst sittlich unrichtig zu werden.

(b) Wird der Beurteilung von Handlungen ein Urteil über sittliche Ziele hinzugefügt, so ergeben sich Beurteilungsprobleme, die wegen der Rücksicht auf nicht intendierte Folgen und Nebenwirkungen nicht mehr ebenso eindeutig zu entscheiden sind.

(c) Die Anwendung der sittlichen Primärregel hat nicht dieselben Konsequenzen wie die Anwendung der Prinzipien des Völkerrechts. Diese sind gleichfalls Primärgründe. Aber sie schließen nicht jeden Gebrauch der nuklearen Waffe schlechthin aus.

(5) Aus dieser Analyse ist eine Folgerung zu ziehen: Das sittliche Bewußtsein kann nicht auf seiner Primärstufe verharren. In ihm muß eine Dynamik in Gang kommen, von der gesagt werden muß, daß sie zu einer *Vertiefung* des sittlichen Bewußtseins führt.

(6) In dieser Vertiefung wird aber die sittliche Primäreinsicht nicht aufgegeben. Ihr Ergebnis kann nur eine Synthese sein – von veränderter Motivation, einer neuen Fähigkeit, sich auf Weltlagen einzulassen, mit der sittlichen Primäreinsicht. In dieser Synthese verwandelt sich die sittliche Primäreinsicht zu einer Zielbestimmung für das Handeln in der Weltlage. Das Ziel ist es, einen nuklearen Frieden zu erreichen, eine gesicherte Friedensordnung unter Einschluß der im Prinzip fortbestehenden Fähigkeit zum Gebrauch der nuklearen Waffe.

(7) Das vertiefte sittliche Bewußtsein führt zu der Anerkennung, daß Handeln nicht über Weltlagen hinausgreifen kann. Es anerkennt, daß alles Handeln in wirkliche Verhältnisse und daß politisches Handeln immer in Weltla-

gen verwickelt ist. Ihm ist es unmöglich, an der sittlichen Primärbeurteilung festzuhalten und zugleich alle Aussagen über den historischen Prozeß einer von der Ethik abgekoppelten Geschichtstheorie zu überlassen.

(8) Wir haben davon auszugehen, daß die Verfügbarkeit der nuklearen Waffe eine nicht mehr revidierbare Tatsache ist. Politische Mächte, die nicht in ihrer Sicherheit von anderen abhängen, werden auf nukleare Arsenale nie gänzlich verzichten können. Der Verzicht auf solche Arsenale würde auch nur zu der Konkurrenz zwischen Graden der Fähigkeit zu ihrer schnellen Wiederherstellung führen, die noch schwerer zu kontrollieren und in der Auswirkung noch gefährlicher ist. Die Zielorientierung des vertieften sittlichen Bewußtseins, der nukleare Friede, schließt also das besondere Ziel ein, die nuklearen Potentiale nicht nur übersichtlich zu machen, sondern die Institutionen ihrer Verfügbarkeit miteinander zu verflechten, unter anderem auch bei der Forschung und der Entwicklung von Systemen.

(9) Durch seine Verwicklung mit gerade dieser Weltlage ist das sittliche Bewußtsein anfällig für die moralische Skepsis: die Meinung, sittliche Urteile seien nicht eigentlich wahr, sondern nur funktional angemessen – und das auch nur in Kleingruppen, nicht für Weltlagen.

(10) Im Zusammenhang mit der Reflektiertheit des modernen Bewußtseins hat die Skepsis gegenüber der ethischen Theorie eine neue Ausprägung erfahren: die Grundthese von der Irrealität von Werten und absoluten Kriterien für die Richtigkeit von Handlungen.

Im Anschluß an sie hat sich auch eine nihilistische Aktionsform ausgebildet: ein Handeln, das diese Irrealität praktisch demonstriert. Die Verfügbarkeit der nuklearen Waffe stellt ein Einfallstor für die Disposition zu solchem Handeln dar. Von diesem Zusammenhang geht für die Zukunft die wohl größte Gefahr aus, daß kriege-

rische Konflikte in unlimitierte nukleare Konflikte hinübergleiten könnten.

Eine ethische Theorie im nuklearen Zeitalter muß sich
auf diesen Zusammenhang einlassen und also dafür die
theoretischen Voraussetzungen zur Verfügung haben.

(11) Das setzt voraus, daß der Horizont der ethischen Theorie noch einmal erweitert wird.

Sittliches Bewußtsein schließt immer die Selbstbeschreibung des Handelnden ein – also einen inhaltsreichen Begriff von der Person. Diese Selbstbeschreibung ist wiederum unabtrennbar von einer Verständigung über die
Verfassung der Welt, in der Personen existieren und in
Beziehung auf die sie zu handeln haben.

Dieser Zusammenhang erklärt zunächst, warum die sittliche Skepsis auf Weltbeschreibungen gestützt sein
kann: Weltbeschreibungen können von der Art sein, daß
sie die Selbstbeschreibung des Handelnden unterminie-
ren, der sich an sittliche Erwägungen gebunden weiß.

(12) Die Verfügbarkeit der nuklearen Waffe kann Anlaß zu
einer solchen Weltbeschreibung werden: Elementare
Kräfte, die in kosmischen Prozessen eine bestimmende
Rolle spielen, sind durch eine Vernunftleistung der Wissenschaft in die Hand des Menschen gekommen, der
diese Prometheusgabe nicht bändigen kann. Der historische Prozeß erweist sich als nicht weniger nur faktisch
wie der kosmische Prozeß selbst. Er führt unabwendbar
zur Selbstelimination der Gattung der nur vermeintlich
aus Vernunft auch handelnden Wesen.

(13) Aber das kosmische Bewußtsein, in dessen Zusammenhang die neue Waffe hervorging, gibt Anlaß zu einer ent-
gegengesetzten Weltbeschreibung: Zwar wissen wir,
daß bewußtes Leben eine Randstellung im Kosmos inne-
hat, daß es wahrscheinlich einsam ist im kosmischen
Prozeß und daß es auf eine verschwindend kleine Zeit-
spanne in ihm beschränkt ist. Aber aus diesem Wissen ist

zugleich die alte Gleichung von wesentlichem und dauerhaftem Dasein aufgelöst. Im Gegensatz zu dem, was die nihilistische Praxis demonstrieren will, wird die transitorische Randstellung des bewußten Lebens zu einem Grund für seine Selbstbewahrung. Diese Einsicht wird bestärkt durch die Außenperspektive auf den Planeten, die in einem mit dem Prozeß der Entwicklung der nuklearen Waffe möglich geworden ist. Die Großraketen sind zum Zwecke ihres Transportes entwickelt worden.

(14) Das sittliche Bewußtsein bedarf einer solchen ausdrucksstarken Weltbeschreibung, um das von ihm bestimmte Ziel, den nuklearen Frieden, ohne Resignation und mit universaler Überzeugungskraft vertreten zu können.

Dennoch ist dieses Verstehen verkürzt, wenn der kosmische Kontext als eigentlicher Grund für das sittlich orientierte Handeln verstanden wird. Der kosmische Kontext ist von einem fundamentaleren Kontext unterbaut, der mit jedem sittlichen Bewußtsein in einem unauflösbaren und nachweisbaren Zusammenhang steht.

(15) Aufgrund dieser Orientierung kann das sittliche Bewußtsein in die Weltlage eingreifen, ohne sich über die Tatsachen, die anstößig, aber von der Weltlage unabscheidbar sind, hinwegsetzen zu müssen. Es muß dabei nicht eine der politischen Parteien ergreifen, die sich um die nukleare Problemlage ausgebildet haben. Sowohl der Kreuzzug zugunsten der nuklearen Abrüstung wie auch die emotionslosen Strategieerkundungen haben auf dem Weg zum nuklearen Frieden ihr jeweils begrenztes Recht. Das einzusehen bedeutet weder Neutralität noch Inaktivität, sondern den Ansatz zu einer Aufklärung, welche weder die Weltlage noch das sittliche Handlungsziel aus dem Blick verliert.

C. Kontexte der Autonomie
Über einige Voraussetzungen der Verstehbarkeit
von Rechten des Menschen

I.
Kern und Kontext historischer Ereignisse

Ist es überhaupt erlaubt, von Weltgeschichte zu reden, so war die Verkündung von Menschenrechten, wie die Reformation, ein Ereignis der Weltgeschichte. Solche Ereignisse lassen sich nur aus Verschiebungen im weitesten Zusammenhang der Überzeugungen verstehen, an denen sich Weisen der Lebensführung orientieren. Wenn welthistorische Ereignisse eintreten, so sind solche Verschiebungen bereits in Gang gekommen. Die Akteure, die welthistorische Ereignisse auslösen, kommen niemals aus sich allein zu der Klarheit und Kraft, mit der sie ihre Ziele erfassen, und zu der allumfassenden Wirkung, mit der sie auch noch den Widerstand, der sich ihnen entgegenstellt, in grundlegend neue Formen der Selbstdarstellung zwingen. Aber sie konzentrieren doch ein Universum von Überzeugung, das sich noch in der Ausbildung befindet, auf einen zentralen Punkt hin, in dem seine Eigenart in aller Schärfe hervortritt. Und sie übersetzen dies Universum in ein begrenztes Handlungsprogramm. Am Erfolg dieses Programms entscheidet sich die Umsetzung der neuen Überzeugungen in eine veränderte Weltlage.

Handlungsprogramme, die zugleich ein Universum von Überzeugungen repräsentieren, müssen ihrer eigenen Verfassung nach für ihre Rolle als Konzentrationspunkt von Evidenz und Aktion geeignet sein. Sie haben einen manifesten Gehalt mit einer viel weiter ausgreifenden Verflechtung und Fundierung. Der Kern ist ein wohlumrissener, vergleichsweise enger Kreis von Themen, Forderungen und Hoffnungen. Schon durch ihn allein ist gegen überkommene Weisen von Ordnung und Rechtfertigung überzeugend aufzutreten, – sowohl in der Form der Kritik wie in der des Versprechens. Um wirksam werden zu können, müssen sie schon in ihrem engen Kreis als zwingend begründet erscheinen und ohne Bezugnahme auf seinen Kontext Zustimmung auf sich ziehen. Zugleich aber muß doch der Kern in einen viel weiter reichenden Zusammenhang von Überzeugungen und Aussichten fest verfugt sein. Von diesem Zusammenhang werden seine Gehalte getragen, wie sie auch umgekehrt in diesem Zusammenhang selbst tragend sind, – dem Schlußstein vergleichbar, der eine Wölbung zum Abschluß bringt.

Es ist dieser weitere Horizont und Kontext, der erklärt, warum der explizite Gehalt, der in einem historischen Ereignis hervortritt und es durchdringt, nicht punktuell bleibt, so daß er auch von Tendenzen, die aus anderen Gründen hervorgehen, nicht überformt und bald wieder abgebaut werden kann. Weil der Gehalt eines historischen Ereignisses einen umfassenden Zusammenhang von Voraussetzungen und Aussichten mit sich führt, weil er insofern ›welthaft‹ ist, geschieht ein solches Ereignis nicht in Isolation. Es steht wesentlich für eine Gesamtorientierung. Und so ist es auch diese Orientierung, die Platz greift, wenn im Ereignis sein sehr viel begrenzterer primärer Gehalt zur Deutlichkeit und zur Durchsetzung kommt.

Gehalte, die in historischen Prozessen zur Entscheidung stehen, müssen folglich auch in zwei Weisen thematisiert werden: auf ihren Kern und auf ihren Kontext von Bedeutsamkeit hin. Für eine Analyse, die in die Tiefe reicht, wird damit die Beziehung von Kern und Kontext zum wichtigsten Problem. Denn diese Beziehung ist nicht die einer nur zufälligen, durch andere ersetzbaren Assoziation. Und doch muß sie von anderer Art sein als die Beziehungen, die dem Kern als solchem seine Form geben. Wenn der Kontext durch den Kern im historischen Prozeß vertreten werden kann, so muß eben der Kern von seinem Kontext abhängig sein, – so, daß schon der Kern zwar Plausibilität für sich hat, aber doch nur im Ganzen seines Kontexts sicher und dauerhaft begründet und von einer Weise zu leben und zu handeln getragen ist. Die Aufklärung solcher Zusammenhänge wirft gewiß erhebliche theoretische Probleme auf. Die Einsicht, daß sie überhaupt bestehen, bleibt aber von dieser Problematik unberührt.

Das historische Ereignis der Verkündung von Rechten des Menschen ist einer der ausgezeichneten Anlässe dafür, diese Einsicht zu gewinnen und anzuwenden. Von ihr muß auch jeder Versuch angeleitet sein, dies Ereignis und die Tradition, die von ihm ihren Ausgang nahm, zu verstehen. Ebenso muß die Bemühung um die Begründung solcher Rechte diese Einsicht beachten. Und schließlich ist sie auch eine wesentliche Voraussetzung dafür, die Schwierigkeiten zu begreifen, die dem entgegenstehen, daß eine solche Begründung überzeugend ausfällt. Diese Schwierigkeiten ergeben sich eben daraus, daß Sinn und Geltungsanspruch von Rechten des Menschen nur zu begründen sind, wenn nicht nur ihr Kern, sondern auch ihr Kontext in den Begründungsgang einbezogen werden. Und so hat auch der Einspruch gegen ihre Verletzung nur dann dauerhafte Wirkung und hinreichende Deckung durch Gedanken, wenn in diesen Gedanken der Kern unter Einschluß des Kontexts und sogar im Ausgang von ihm begründet und überzeugend gemacht ist, so daß er von den Adressaten, an die der Einspruch ergeht, auch frei übernommen werden kann.

Es sei nun die These aufgestellt, daß die theoretischen Versuche zur Verständigung über Rechte des Menschen bisher dazu tendiert haben, deren Kontext außer acht zu lassen. Das erklärt die Schwäche solcher Versuche, – nicht nur in der Kraft ihrer Argumentationen, sondern vor allem in der Kraft, dauerhafte Überzeugungen ausbilden zu helfen. Diese Schwäche erklärt sich weiterhin auch aus dem Zustand der praktischen Philosophie in unserer Zeit. Sie sah sich genötigt, ihre Theorieformen so anzulegen, daß sie in entscheidenden Punkten gegenüber der theoretischen Verständigungsform eingeschränkt und abgeschwächt sind, welche die Verkündigung von Rechten des Menschen begleitete. Die Aufgabe der Verständigung ist aber zugleich dadurch noch weiter erschwert, daß sich der Kontext selber verwandelt hat, in Beziehung auf den heute Rechte des Menschen mit Überzeugungskraft zu verdeutlichen wären.

Den Kontext ihres historischen Ursprungs nur wieder aufleben zu lassen, wäre darum kein Weg zur Behebung der Kraftlosigkeit, in der sich unsere Sprache über solche Rechte wie von selbst verfängt. Ein solcher Versuch würde am Ende deklamatorisch ausfallen müssen, was nur zur Folge haben könnte, daß die reale Überzeugungskraft der Rede von Rechten des Menschen um ein weiteres geschwächt wird. Um das zu vermeiden, müßte die Identität des Kerns auch in verwandelten Kontexten gesichert und in einem damit Kontinuität und Wahrheitsfähigkeit des Kerns über die Folge sich wandelnder Kontexte deutlich gemacht werden. In den folgenden Überlegungen wird versucht, die Grundzüge der Problemlage zu erkunden, die ein solches Unternehmen zu meistern hätte.

2.
Problemdimensionen praktischer Begründung

Die praktische Philosophie der letzten beiden Jahrzehnte hat die Möglichkeit der vernünftigen Begründung allgemeiner Regeln aufgezeigt, von denen her sich rechtfertigen läßt, welche Handlungsweisen in sich selbst ›gut‹ genannt werden können. Nachdem das Argumentieren mit Termen wie ›recht‹ und ›gut‹ für einige Jahrzehnte außerhalb des Bereichs vernünftigen Überlegens gesetzt worden war, ist damit eine Grundposition der klassischen Moralphilosophie wieder zurückgewonnen worden. Die im 18. Jahrhundert die Verkündung von Menschenrechten zur Basis jeder politischen Ordnung erklärten, haben auf die Möglichkeit zu einer solchen Begründung vertraut. Es spricht auch weiterhin alles dafür, daß dort, wo Menschenrechte mit Überzeugung in Anspruch genommen werden, die Möglichkeit ihrer rationalen Rechtfertigung aus einsichtigen und allgemeinen Prinzipien schon unterstellt ist. Denn mit dem Gedanken von Rechten, die der Mensch als solcher haben soll, ist auf einen ebenso fundamentalen wie universalen Rechtsbestand gezielt. Es ist nicht einzusehen, wie ein Anspruch solcher Art erhoben oder wie er wirksam werden könnte, wenn er zugleich doch nur als eine heilsame und folgenreiche Fiktion aufgefaßt wird, die unter Gesichtspunkten der Wahrheitsfähigkeit nicht einmal betrachtet werden sollte.

Die praktische Philosophie entfaltet sich auf dieser neu gewonnenen Grundlage im Widerstreit zwischen verfeinerten Formen des Utilitarismus auf der einen Seite und ebenso verfeinerten Varianten des Typs von Theorien auf der anderen, die zuletzt zurückgehen auf Hobbes' und Rousseaus Begründung von ›recht‹ und ›gut‹ aus dem allgemeinen Willen und damit auf eine Regel, nach der sich seine Allgemeinheit bestimmt. Im Grunde setzt sich damit in neuer Gestalt die Kontroverse fort, die gleichfalls schon im 18. Jahrhundert in Gang gekommen war: zwischen einer empiristisch begründeten Ethik, welche die Handlungsweisen des Individuums von seinen Interessenlagen her versteht, und einer an die Theorien des Rationalismus angelehnten Moraltheorie. Sie geht davon aus, daß rationale Begründung allgemeiner Sätze ohne weitere Vermittlungsinstanz auch für den Handelnden als bindend erscheint. Es ist nicht beabsichtigt, hier in diese Kontroverse einzutreten oder gar zu ihrer Lösung beizutragen. Noch weniger kann daran gedacht werden, die verschiedenen Varianten einer Theorie vom allgemeinen Willen zu erörtern. Die Differenz zwischen allgemeinem Nutzen und allgemeinem Willen hat Einfluß auf unterschiedliche Formulierungen gehabt, in denen Rechte des Menschen verkündet worden sind. Da die Theorietypen, die von diesen Begriffen her argumentieren, auch die Situation des Handelnden auf unterschiedliche Weise verstehen, haben sie eine gewisse Bedeutung für die Art, in der Menschenrechte begründet werden und in der ihr Gehalt bestimmt wird.[1]

Man kann meines Erachtens zeigen, daß der Gesichtspunkt der Folgenbeurteilung, den der Utilitarismus zum Ausgang nimmt, bei der Begründung von Rechten, vor allem aber bei der Abwägung von Rechten gegeneinander, nicht ganz auszuschalten ist. Ebensoviel spricht aber dafür, daß der ursprüngliche Gedanke von Recht und von Rechten des Menschen einer Theorie vom Theorietyp des allgemeinen Willens bedarf, sofern überhaupt eine interne Begründung von Rechten geführt werden soll, die von ihrer Funktion in Gesellschaftssystemen absieht.[2]

Alle diese Fragen sind von theoretischem Interesse; im Zusammenhang von Zweifeln an der rationalen Begründbarkeit von besonderen Rechtstiteln sind sie auch von praktischem Gewicht. So kann es scheinen, als müßten sich Aufmerksamkeit und Energie der Philosophen ganz auf sie konzentrieren. Die Problemlage der Begründungsfrage im Hinblick auf Menschenrechte hat aber noch eine ganz andere Dimension. Und gerade sie ist es, in der sich das Problem, ja, das Dilemma solcher Begründung in seiner schärfsten Form einstellt. Solange nur außer Frage steht, daß Begründungen im großen Rahmen der klassischen praktischen Philosophie überhaupt gelingen, wird an der besonderen Ausführung dieser Begrün-

1 Übersicht über die ausgedehnte Literatur gewinnt man aus: ›The Monist‹, Nr. 52, 1968; ed. Alan S. Rosenbaum, ›The Philosophy of Human Rights, International Perspectives‹, Westport Conn. 1980, Einleitung des Herausgebers, S. 3–41, und ›Ethics‹ 92, 1981.

2 Vgl. Thomas Nagel, ›Mortal Questions‹, Cambridge 1979, Kapitel 8 und 9.

dung zwar viel, aber nicht schlechtweg alles gelegen sein können. Sie kann Auswirkungen nur im Rahmen ein und desselben Theoriekonzepts haben, dessen Begründbarkeit aber unter einem ganz grundsätzlichen Zweifel stehen kann.[3] Auch ist anzunehmen, daß die Frage nach den Gründen, auf denen eine Tradition ruht, die von einem welthistorischen Ereignis ausging und die auch uns unverändert angeht, nicht in jeder Weise von einzelnen Argumentationsschritten innerhalb eines Theorietyps abhängig sein kann. Stellt sich die Philosophie in die alles entscheidende Alternative, ob diese Tradition auch in einer verwandelten Welt ohne ständige Irritation und ohne verschwiegenen Radikalvorbehalt vertreten werden kann oder ob es nur geraten ist, sie als heilsame und wünschbare Fiktion in Wirkung zu halten, so wird sie sich nicht von Einzelheiten in der Linienführung eines Begründungsganges im voraus abhängig machen können. Klarheit über die Grundlinien der Theorieform, die sich in einer solchen Alternative zu bewähren hat, ist die dringlichste Aufgabe.

3.
Kontexte von Normen

Die weitere Dimension, in der das Theorieproblem einer Begründung von Rechten des Menschen zu sehen ist, läßt sich nun aus eben der Unterscheidung von Kern und Kontext verstehen, die eingangs und zunächst zum Zweck der Begriffsbestimmung historischer Ereignisse eingeführt worden ist. Auch bei der Analyse von Normen ist ohne eine Unterscheidung dieser Art nicht auszukommen. Und Rechte des Menschen sind Normen mit einem Anspruch auf Geltung in einer besonderen Art von Universalität.

3 Vgl. Kai Nielsen, ›Scepticism and Human Rights‹, in: ›The Monist‹ 52, 1968, S. 573 ff.

Um die Eigenart dieser Unterscheidung, und zwar so wie sie sich in Beziehung auf das Geltungsbewußtsein von Normen ergibt, deutlich machen zu können, sollen im Folgenden drei Typen von Bedingungen voneinander unterschieden werden: Wenn Normen nicht nur deklariert und in praktischen Argumentationen begründet werden sollen, wenn sie vielmehr ohne versteckte Vorbehalte in wirklichem Handeln angenommen und wirksam werden sollen, so müssen diese drei Bedingungen allesamt erfüllt sein. Wir unterscheiden die drei Bedingungstypen terminologisch als die Bedingungen der Relevanz, der Applikanz und der Akzeptanz von Normen.

A) Daß Normen *Relevanz*bedingungen unterliegen, ist ein Theorem schon der griechischen Ethik. Denn Normen postulieren nicht, daß in sich selbst bereits voll bestimmte formale Objekte nur noch verwirklicht werden sollen. Sie sind Gedanken von der richtigen Ordnung von Weltverhältnissen; und als solche beziehen sie sich von vornherein auf die faktischen Verhältnisse der Welt, in der sie zur Geltung zu kommen haben. So ist Tapferkeit kein Leitbild eines guten Lebens, wenn die Weltverhältnisse nicht von der Art sind, daß die Bedrohung von Lebensmöglichkeiten eine hohe Wahrscheinlichkeit hat. Und besonnene Lebensführung ist kein sittliches Gut, wenn die Tendenz des menschlichen Lebens zur Zerstreuung und Verirrung nicht vorausgesetzt wird, die Kraft der Besinnung also keinen Relevanzbereich hat, in dem sie zu gestaltender Wirkung kommen kann.

Am deutlichsten ist dies für Normen des Rechts. Denn es ist leicht zu sehen, daß ihr Sinn der von Regulierungen ist. Rechte können in der Weise innegehabt werden, daß Handlungen anderer ausgeschlossen oder verlangt werden können oder daß exklusive Handlungsmöglichkeiten zugesichert sind. In jedem Fall sind in ihnen Sphären wirklichen Handelns und damit wiederum faktische Weltverhältnisse vorausgesetzt. Diese Verhältnisse sind es auch, die der trivialen Tatsache, daß Rechte verletzt werden können, überhaupt

Verständlichkeit geben, – im Unterschied zur mehr oder weniger vollständigen Verwirklichung von Idealen. Auch Menschenrechte stehen unter dieser Grundbedingung, ob sie nun eine Freiheitssphäre des Handelns garantieren oder ob sie sie Minimalbedingungen der Lebensfähigkeit zusichern.[4]

Gewiß müssen Normen und Rechte, insofern sie überhaupt Normen und Rechte sind, einen Grund haben, der nicht in den Weltverhältnissen selbst gelegen ist, welche sie regulieren. Aber dieser Grund, den man auch ihr ›Prinzip‹ nennen kann, bedarf der Anwendung auf Weltverhältnisse, so daß sich Regeln ergeben, die den bestimmten Inhalt von Handlungsvorschriften haben.

Unter Relevanzbedingungen steht also die Norm in Beziehung auf ihren bestimmten Gehalt.

B) In einem ganz anderen Sinn stehen Normen unter *Applikanz*bedingungen. Unter solchen Bedingungen stehen sie, insofern sie schon in ihrem Normsinn einerseits einen bestimmten Begriff vom Handelnden voraussetzen, für den sie in Geltung sein können, und andererseits eine Vorstellung von der Grundverfassung der Welt, in der sie zu verwirklichen sind. Vor Kant ist die Bedeutung dieser Bedingungen kaum erfaßt worden. Einige ethische Theorien, die am Ende des 18. Jahrhunderts konzipiert wurden, haben sich um begriffliche Mittel bemüht, in denen sie angemessen verstanden werden können.[5] Doch haben sie bei der Erneuerung der

---

4 Zur Kontroverse zwischen Theorien, die jeweils einen dieser beiden Rechtsinhalte betonen, vgl. Bernard Williams, ›The Idea of Equality‹, in: ›Philosophy, Politics and Society‹, 2nd Series, ed. Laslett and Runciman, Oxford 1962, und Charles Beitz, ›Human Rights and Social Justice‹, in: ›Human Rights and U.S. Foreign Policy‹, ed. Peter G. Brown & Douglas MacLean, Lexington Mass. 1979, S. 45 ff.

5 So hat J. G. Fichte, zum ersten Mal bereits in der Wissenschaftslehre von 1794, eine Theorie über das Verhältnis von Modalitäten des Wollens wie Trieb und Streben zu verschiedenen Weltkonzeptionen ausgearbeitet. Eine verwandte Theorie ist in Hegels Phänomenologie des Geistes eingeschlossen.

praktischen Philosophie in den letzten Jahrzehnten keine Rolle gespielt. Es ist kaum möglich, Applikanzbedingungen zu erkennen und ihre Bedeutung zu sehen, wenn nicht von der Variabilität der Selbstbeschreibungen des Menschen und seiner Weltbilder in einer Weise Kenntnis genommen wurde, die für die philosophische Analyse selbst Folgen hat. Und es ist zu erwarten, daß sie als Thema der Analyse wieder verschwinden, wenn diese Analyse sich darauf beschränkt, nur Gründe für die Rechtfertigung von Normen und für Gehalte von Normen zu entfalten. Applikanzbedingungen kommen aber spätestens dann in den Blick, wenn die innere Verfassung des *Adressaten* von Normen als wesentlicher Aspekt der Normbedeutung selbst anerkannt ist.

Handeln unter Normen schließt eine Selbstbeschreibung des Handelnden schon insofern ein, als es sich von konditioniertem Verhalten unterscheidet. Der Handelnde folgt einer Norm überhaupt nur, insofern er sie als an ihn adressiert weiß. Insofern weiß er aber auch von sich als Akteur. Ein Merkmal aller frühen Selbstbeschreibungen ist ihre Konstanz. Zwar kennen auch frühe Gesellschaften Unterschiede von Selbstbeschreibungen von Handelnden. Der gute Knecht folgt nicht nur anderen Normen als der gute Krieger, er folgt ihnen auch auf verschiedene Weise, und zwar deshalb, weil er in anderem Sinne ein Handelnder ist. Solche Unterschiede sind aber durch die soziale Position in einem nach Schichten differenzierten Gesellschaftssystem bedingt. Jeder hat in ihm seinen bestimmten Ort, aus dem sich bestimmt, unter welcher Selbstbeschreibung er sich versteht. Sie begründet zugleich mit seiner sozialen Rolle auch seine persönliche Identität. Aber der Weg eines Menschenlebens kann doch auch über verschiedene Selbstbeschreibungen führen, und ein Leben kann durch den Widerstreit von möglichen Selbstbeschreibungen bedrängt sein. Diese Einsicht konnte nur von modernen Theorieformen ausgearbeitet werden, die schon Lebensverhältnisse in Gesellschaften von anderer Verfassung zur Kenntnis genommen haben. Nur solche Theorien waren imstande, dem Zusammenhang von Normtypen und Typen von Selbstbeschreibungen eine grundsätzliche Bedeutung zuzumessen, und zwar auch für die Konstitutionsbedingungen und für die Realisierungsweisen und Realisierungsaussichten der Normen selbst.

Die eigentümliche Perspektive solcher Theorien ergibt sich aus der Einsicht, daß die Selbstbeschreibung von Handelnden weder aus dem Normgehalt ohne weiteres ableitbar ist noch auch in den besonderen natürlichen oder sozialen Verhältnissen des Adressaten der Norm ihren zureichenden Grund hat. Auch der Weltbegriff (das Welt‹bild‹) des Akteurs geht in die Struktur seiner Selbstbeschreibung ein. Besondere Rollen in der (sozialen) Welt können Konsequenzen für besondere Weisen der Selbstbeschreibung unter Normen haben. Aber sie können allesamt noch von einem allgemeinen Weltverständnis umgriffen sein, in dem sie sich begegnen und wechselseitig aufeinander beziehen und abgrenzen. Dieses Weltverstehen, das wiederum als variabel zu denken ist, steht mit einer Grundform von Selbstbeschreibung in einem wesentlichen und auch wirksameren Zusammenhang. Wie die Verfassung der Welt im Ganzen und wie die Position des Akteurs in der Welt oder in Beziehung auf sie verstanden wird, das stellt auch die Möglichkeiten der Selbstbeschreibung des Handelnden, insofern er Adressat der Norm ist, unter Grundbedingungen. Und so bestimmen sie den Bereich mit, innerhalb dessen der Akteur Normen versteht und in seinem Handeln übernehmen kann.

Auf der Grundlage der Einsicht in die Interdependenz der drei Faktoren Norm, Weltbild und Selbstbeschreibung lassen sich einfache Typologien aufbauen, aber auch verfeinerte Tiefenanalysen der Grundlagen geschichtlicher Organisationsformen von Verhalten geben. Hier muß es genügen, mit der Hilfe von verkürzten Beispielen den weiten Bereich der Variabilität der Selbstbeschreibung des Handelnden deutlich zu machen, der sich aus der Grundtatsache jener Interdependenz ergibt. Beginnt man die Analyse der Interdependenz mit Unterscheidungen hinsichtlich der Weltbegriffe, so läßt sich besonders leicht einsehen, daß sich Unterschiede in der Selbstbeschreibung des Handelnden daraus ergeben, ob er (a) die Welt als intentionalen Gehalt seines Handelns ansieht, ob er (b) in ihr nur Ordnungen als Rahmen für sein Handeln vorgezeichnet sieht oder ob er (c) die Welt insgesamt nur als den Bereich auffaßt, der nach Normen zu strukturieren ist und in dem darum Normen zur Geltung zu bringen sind. Das dritte Verhältnis zur Welt als solcher ist für den Gedanken von Rechten des Menschen konstitutiv. Durch kurze Erläuterungen der beiden anderen Weltverständnisse im Handeln soll nun gezeigt werden, wie sie sich von ihm unterscheiden und inwiefern sie für den Gedanken von Rechten des Menschen nicht geöffnet sind.

a) Die erste Weltkonzeption sieht das Handeln des Menschen im Vollzug des Lebenszyklus oder im Dienst an der Erhaltung der natürlichen oder kosmischen Ordnung aufgehen. Sie wird den Handelnden und die Normierung seines Handelns allein daraus verstehen, daß er über die fundamentalen Lebenszusammenhänge verständigt ist und daß er ihnen in seinem Tun jederzeit gerecht wird. Einer solchen Handlungsart entspricht ein Normgefüge, in dem eine Alltagsethik von Geschick und Geduld, die im Rahmen der kollektiven Lebensvorsorge bleibt, von der Ausnahmeethik der Bereitschaft zum Opfer in Kampf oder Kult durchherrscht und untermauert ist. Wir dürfen in eine solche Welt des Handelns unsere universalistischen Handlungsnormen selbst dann nicht zurückprojizieren, wenn sich die Handlungen, die in ihrem Normgefüge die geforderten sind, formal und von außen auch als die Erfüllung solcher Regeln beschreiben ließen, an die wir uns gebunden wissen. Denn eine solche Beschreibung führte, wie immer nur implizit und wider Willen, dazu, die Innenperspektive der Handelnden von Grund aus zu verfehlen. In dieser Perspektive ist kein Raum für den Vorbehalt einer Besinnung, welche die Richtigkeit des Handelns im Absehen von evidenten Anforderungen der Handlungssituation zu prüfen hat. Das Handlungssubjekt definiert sich nicht aus einer Distanz zum Weltgefüge. So fehlt ihm der Ansatz dazu, in der Aufforderung zur Normbegründung nach einer Generalisierungsregel oder zur Erkundung und Kritik von Normen einen Sinn zu finden. Damit fehlt ihm dann aber auch die Voraussetzung dafür, Menschenrechte als Handlungsnorm auch nur zu erwägen, – und zwar nicht deshalb, weil er keinen Begriff vom Menschen hat, der auch den Fremden einschließen könnte, oder weil er Genuß an willkürlich zugefügtem Leid und Entbehren nicht verwerfen würde. Aber mit seiner Selbstbeschreibung ist es nicht vereinbar, elementare Handlungsbedingungen, die jeder Handlungsweise in Entsprechung zur Welt noch vorausliegen, als einen möglichen Gehalt von Normierungen oder gar von Ansprüchen anzusehen. Er könnte solche Ansprüche weder für sich erheben noch im Namen anderer unter der Annahme vorbringen, es läge eine Depravierung darin, daß sie sie nicht für sich selbst geltend zu machen vermögen.

Der Zivilisationsprozeß hat Handlungswelten dieser Verfaßtheit hinter sich gelassen. Man kann diesen Prozeß nicht einfach nur als Aufbruch aus »selbstverschuldeter Unmündigkeit« verstehen. Was er hinter sich ließ, hat Klarheit und Würde in sich gehabt. Dies einzusehen, ergibt aber nicht etwa einen Grund dafür, umgekehrt dem Zivilisationsprozeß den Vorwurf des Verlustes reinerer Formen der Humanität zu machen,[6] – jedenfalls so lange nicht, wie gezeigt und behauptet werden kann, daß unsere universalistische Ethik mit Selbstbeschreibungen und Weltbegriffen in einer vergleichbar wohlgeordneten Interdependenz zusammengeht, so daß

---

6 Vgl. Arnold Gehlen, ›Urmensch und Spätkultur‹, Bonn 1958, ›Moral und Hypermoral‹, Frankfurt u. Bonn 1969.

sie eine andere Klarheit in der ihr eigentümlichen Handlungs-welt hervorbringt. Ohne solche Verfugung wäre die univer-salistische Ethik allerdings auch in sich schon ohne Halt. Und erst dann müßte man sagen, daß sie die Möglichkeiten eines bewußten und über sich selbst verständigten Lebens verlo-rengehen ließ. So haben wir also allen Anlaß dazu, nicht nur Argumente zu entwickeln, die den Normen der universalisti-schen Ethik eine Rechtfertigung geben. Wir müssen in einem damit ihre Applikanzbedingungen verstehen. Wann immer wir unsere Normen gegenüber anderen geltend machen, müssen wir wissen, daß wir entweder schon davon ausgehen dürfen, daß ihre Applikanzbedingungen verständlich sind, oder wir müssen uns darum bemühen, sie zu verdeutlichen, so daß sie ohne verformenden Zwang Platz greifen können.

b) Ein Weltbegriff, der nur einen Rahmen für Ordnungen des Verhaltens vorgibt, ohne die Welt als intentionalen Gehalt des Handelnden aufzufassen, scheint bereits Selbstbe-schreibungen zuzulassen, auf die Normen einer universalisti-schen Ethik applikabel sind. Das scheint schon daran zu er-kennen zu sein, daß solche Weltbegriffe es erlauben und womöglich sogar fordern, ihnen eine selbst nicht mehr welt-hafte Instanz (etwa den einen Gott) vorauszudenken, die ihre Ordnungen übergreift. Solche »Transzendenz« kann zum Korrelat von Selbstbeschreibungen der Handelnden werden, durch die sie über die Ordnungen, in denen sie zu handeln haben, zugleich hinausgehoben sind.

Doch es ist kein Zufall, daß innerhalb der Vorherrschaft einer Normtypik, die durchgängig an diesen Weltbegriff gebunden ist, eine Konzeption von Rechten des Menschen niemals zu-stande gekommen ist. Normierungen des Handelns, die auf Weltordnung Bezug nehmen können, lassen keine Selbstbe-schreibung des Handelnden zu, die ihn durch eine Hand-lungssphäre diesseits der für ihn verbindlichen Einfügung in die Ordnungen definieren würde. Er ist zwar auf ein Jenseits der Weltordnung verwiesen und in ein Handeln und Leben gerufen, das Grund und Ziel nicht in den weltlichen Ordnungen hat. Aber solche Handlungsart bringt ihn nicht in seinem Handeln innerhalb der weltlichen Ordnungen noch hinter deren wirklichen Bestand zurück. Sie hebt ihn nur über sie hinweg. Das wird wohl zur Folge haben, daß das Verhalten in diesen Ordnungen eine andere Gewichtung erfährt. Es bleibt aber unverändert in seiner Struktur. Höchstens wird es durch Sonderregeln des brüderlichen Umgangs beschränkt. Damit, daß die Verheißung der Erlösung allen Menschen gilt, ist nur der Regionalismus entfallen, der mit dem Grundgedanken einer Ordnungsreligion ohnedies eigentlich nicht vereinbar ist. Erlösungsreligionen, die als solche Ordnungsreligionen sind, tendieren aus ihrer eigenen Logik über die Grenzen der Völker und Kulturen hinaus. Sie schaffen damit aber noch keine universale Ethik für das Handeln *in* der Welt. Zwar sehen sie in jedem Menschen den Quellpunkt eines Handelns, das über die Welt hinausreicht, und zugleich den Ort eines Geschehens, das jenseits der Welt seinen Ursprung hat. Damit wächst wohl dem Menschen eine Qualität zu, die man seine ›Würde‹ nennen könnte. Und darauf kann sich die Norm begründen, daß er nicht wie ein Tier zu behandeln sei. Doch diese Universalität der Stellung des Menschen ›vor Gott‹ steht zunächst einmal der Universalität im Gedanken von einer Selbstbestimmung des Menschen in Beziehung auf die Welt sogar direkt entgegen. Dieser Gedanke verlangt eine andere Selbstbeschreibung und einen Weltbegriff, der dieser Beschreibung korrespondiert. Nur in einem langen und verschlungenen historischen Prozeß können diese beiden Universalitäten eine Verbindung miteinander eingehen. Zunächst aber ergibt sich offenbar der Anschein des Blasphemischen, wenn gesagt wird, daß alle Menschen gleiche Rechte haben in der Welt, weil ihnen allen gleichermaßen die Erlösung verheißen wurde, und daß sie diese Rechte auch bei ihren Herren einklagen sollen.

Diese Skizzen von zwei Weisen der Verfügung von Normtypen mit ihren Applikationsbedingungen sind natürlich viel zu undifferenziert, um als Analysen von wirklichen historischen Bewußtseinslagen gelten zu können. Noch weniger geeignet sind sie dazu, so etwas wie eine Stadienfolge der Bewußtseinsentfaltung verständlich zu machen. Sie können aber deutlich werden lassen, warum es unzulässig ist, sich bei der Verständigung über die Natur von Rechten des Menschen allein auf Überlegungen zur Normbegründung zu beschränken, – warum es vor allem unmöglich ist, allein mit normbegründenden Argumenten über Kulturgrenzen der Verständigung hinweg Rechte des Menschen zu propagieren. Der Gedanke solcher Rechte führt einen Weltbegriff mit sich. Widerstand gegen Rechtstitel des Menschen und Verweigerung von Gehör für sie kann sich darum als Widerstand gegen diesen ihren Weltbegriff erklären. Er kann aber auch Widerstand dagegen sein, daß das, was doch komplexe Applikationsbedingungen hat, nur einfach als Evidenz oder Postulat ausgerufen wird, – also sprachlos in den Dimensionen, die überzeugend erschlossen sein müssen, ehe das Postulat selbst Überzeugungskraft gewinnen kann.

C) Bevor wir dazu übergehen, Eigenart und Wandel der Weltform zu erörtern, in die sich die Überzeugung von der Geltung von Rechten des Menschen einfügt, muß auf den dritten Typ von Bedingungen aufmerksam gemacht werden, unter denen die wirkliche Geltung von Normen steht: ihre *Akzeptanz*bedingungen. Nicht nur die Selbstbeschreibung des Handelnden, der sich durch diese Beschreibung unter Normen stellt, ist variabel, sondern ebenso die Weise, in der Normen in seinem wirklichen Handeln leitend werden und so eigentlich erst ihre Wirkungskraft entfalten. Akzeptanzbedingung für eine Norm ist, daß sie Verhalten motivieren kann. Sie muß also zumindest so gewußt werden können, daß sie nicht quer zu allen Motivationen steht, die der Handelnde möglicherweise in sich freikommen sehen kann, muß also einen Platz unter den Gehalten einnehmen können, auf die der

Gesamthaushalt möglicher Motive des Handelnden eine Orientierung zuläßt. Wäre dies unmöglich in Beziehung auf irgendeine Norm, so würde sie nur in intelligenten Erwägungen und in historischen Berichten einen Platz haben, nicht aber in dem Bereich, in dem sich bestimmt, was ein Handelnder für sein eigenes Tun im Ernst erwägt. Das würde noch nicht ausschließen, daß solche Normen im Reden über sein Handeln eine beträchtliche Rolle spielten, – aber nur in der Rolle von Mitteln der Überredung, von gegenüber dem Handlungsablauf sekundären Rationalisierungen oder einer rhetorischen Selbstdarstellung. Normen, die in das Handeln nur in dieser Funktion eingreifen, sind für es eigentlich gar nicht in Geltung. Sie sind praktisch nicht anerkannt, wie immer sie offen unbestritten bleiben. Auch diese Einsicht hat die große Tradition der ethischen Theorie bereits beachtet. Durch die ausgedehnten Erkenntnisse über die Lebensfunktion von Fiktionen und die Rolle von Rationalisierungen im Leben des Individuums und in sozialen Systemen ist sie inzwischen von ganz anderer Seite ausgiebig bestätigt worden. Die gegenwärtige Ethik, die eine Wende zur kognitiven Theorie schon hinter sich hat, steht nunmehr vor der Aufgabe, ihre eigene Theorieform so zu erweitern, daß sie für die Aufnahme dieser Einsicht geeignet wird.

Durch Applikanzbedingungen ist der Begriff der Person, die unter Normen steht, konstituiert, – durch Akzeptanzbedingungen die Verfaßtheit ihrer Motivationen. Wie es nun irreführend ist, die Geltung der Norm für sich zu erwägen, also ohne von vornherein die Applikanzbedingungen mit zu thematisieren, so müssen zusammen mit der Selbstbeschreibung des Handelnden auch seine möglichen Motivationen erwogen werden, die Implikationen im Kontext der Norm sind. Normgeltung ist nur unter Einschluß der Erfüllung sowohl von Applikanz- wie von Akzeptanzbedingungen zu definieren. Zwar ist es eine schwierige Aufgabe für die Theorie, die Art der Interdependenz zwischen ihnen im einzelnen zu erklären und ihren Grund zu erkennen. Diese Schwierigkeit, und daß die begrifflichen Mittel für ihre Auflösung weitgehend fehlen, erklärt zum guten Teil, daß es vielen Autoren geraten scheint, sie unbeachtet zu lassen. Damit verzichtet die praktische Philosophie aber auch darauf, den Standpunkt des Handelnden in dessen eigener Perspektive zu erreichen und seine Zweifel und Widerstände gegenüber Normen, die er doch durchaus anerkennt, zu verstehen.

Besonders zu beachten ist, daß nicht nur zwischen Normsinn und Akzeptanzbedingung ein interner Zusammenhang besteht, sondern ebenso zwischen der Selbstbeschreibung eines Handelnden und den Motivationen, die in seinem Handeln wirksam werden können. Selbstbilder sind für sich schon handlungswirksam, wenn es auch wahr ist, daß sie, zumindest in Zwangslagen, suspendiert oder überspielt werden können. Die Selbstbeschreibungen des Handelnden sind aber ihrerseits mit einem Weltbegriff korreliert. Auch aus ihm ergeben sich Öffnungen oder Sperrungen für die Motivierbarkeit von Handlungsweisen. Das versteht sich schon daraus, daß Handeln in der Gewißheit, daß sein Ziel unerreichbar ist, wenn nicht unmöglich, so doch von ganz anderer Art ist als ein Handeln im Wissen von seinem möglichen Erfolg und Effekt. Darum werden Handlungen dort, wo die Welt im Ernst als Zusammenhang von Fügung oder von Verhängnis erfahren wird, anders organisiert sein als dort, wo Weltordnungsgedanken vorgeprägte Handlungsräume freigeben, und wieder anders im Kontext eines Verstehens, für das die Welt Schein ist und das Leben in ihr die belanglose Sphäre für die Einübung in die Geduld und den Verzicht auf alles Verlangen. Es ist auch nicht möglich, sich vorzustellen, daß man das Handeln nur von dem Einfluß solcher Bilder befreien müsse, um es für eine Einsicht in die Richtigkeit von Normen und für eine Motivation unter ihnen frei zu machen. Diese Illusion ergibt sich nur daraus, daß es in der Tat möglich ist, Weltkonzepte unglaubwürdig zu machen und so die Handlungssituation dessen zu verändern, der ihnen gefolgt war. Aber auch diese Handlungssituation ist durch eine Weltauffassung geprägt, nur eben durch eine von anderer Art, – und zwar auch dort, wo die Mitteilung über sie mißlingt oder verweigert wird. In der schweigenden Selbstverständigung des Handelnden wäre dennoch eine neue Weltkonzeption im Aufbau und am Werke.

Von Weltbildern wird auch die Größe der Distanz mitbestimmt, die Handelnde zwischen sich selbst und den Normen einrichten können, unter die sie sich gestellt wissen. Normen mit hohem Anspruch können alternativlos ein ganzes Leben beherrschen; sie können aber auch auf Grenzlagen des Lebens beschränkt gehalten sein. Sie können Prüfungskriterien unterstellt werden oder durch kaum angreifbare Weltdeutungen abgesichert sein. Und nicht nur die Größe, auch die Art der Distanz kann von Weltkonzeptionen bestimmt sein. So kann, zum Beispiel, ein Vorbehalt gegen unbedachte Umsetzung von normiertem Anspruch in wirkliches Handeln von einem Glauben an eine Regulierungskraft der Vernunft kommen. Er kann aber auch Folge der Überzeugung sein, daß die Determiniertheit der Welt gar nichts anderes erlaubt, als den Dingen ihren Lauf zu lassen und alles Handeln nach innen zu kehren. Im ersten Falle ergibt sich die Distanz aus der Schwäche der Normierungen selbst, ist also mit voll ausgebildeter Motivation vereinbar; im zweiten Fall aus der Suspension von Motivierbarkeit, die aus der Verfassung des Weltbildes hervorgeht. Grundsätzlich ist zu sagen, daß nicht nur alles Normbewußtsein im Hinblick auf die Verwirklichungschance der Norm zu betrachten ist. Jede Norm ist von sich aus auf ein Spektrum möglicher Motivationen für ein Handeln bezogen, das sich unter die Norm stellt. Und die Unterschiede in diesem Spektrum erklären sich ebenso wie seine Grenzen in erheblichem Maße aus den mit dem Normbewußtsein vereinbaren Weltkonzeptionen.

4

Vorfragen zur Begründung von Menschenrecht

So ergibt sich die Aufgabe, die Verständigung über Rechte des Menschen in den Rahmen einzufügen, der durch eine Theorie der Normen vorgegeben ist, deren Problemstand zuvor von Verkürzungen befreit wurde. Wird sie anders angesetzt, so hat das zur Folge, daß die Schwierigkeiten unterschätzt bleiben, vor denen sich jeder Versuch zu einer Begründung von Rechten des Menschen findet, der sich vom Gebrauch rhetorischer Mittel und von fortgesetzter Anspielung auf nur vorausgesetzte Glaubensartikel unabhängig halten will. Zumindest in der Zeit ihrer ersten Begründung und Verkündigung sind Rechte des Menschen Rechtstitel gewesen, die Pathos sich entfalten und Handlungsmotivationen konzentriert sich freisetzen ließen. Damals war die Meinung zumindest der Mehrheit derer, die solche Rechte begründeten, anerkannten und ihr Handeln an ihnen ausrichteten, daß beides, Pathos und Motivation, durch gute Gründe gedeckt seien. Solche Gründe können nur in dem Zusammenhang hervorgehen, kraft dessen auch diese Norm ihr gemäße Bedingungen der Akzeptanz und der Applikanz findet. Ist es nicht so, so könnte die Art, in der das Menschenrecht als Fundamentalrecht verkündet worden ist, nur noch aus versteckten Interessenlagen oder als eine Fiktion erklärt werden, ob sie nun als heilsam oder als verderblich oder als für die Integration des Sozialsystems unentbehrlich angesehen wird.
Ein Problem dieser Größenordnung und eine Alternative dieses Gewichts können hier nur verdeutlicht, nicht gelöst oder entschieden werden. Aber auch eine solche Verdeutlichung muß sich nicht im Vorfeld und einem interesselosen Abstand gegenüber einem Thema halten, das von großer und weltweiter praktischer Bedeutung ist. Oft hat es den Anschein, als stünde die verbale Anerkennung von Menschenrechten in unserer Zeit, in der sie fast allgemein geworden ist, in umge-

kehrtem Verhältnis zu den wirklich akzeptierten Selbstbeschreibungen des Menschen, die sich im Hintergrund der institutionell geregelten sozialen Kommunikation ausbreiten. Der verbalen Erfüllung der Aufklärung, die sogar zu einer gewissen Sicherung von Menschenrechten durch Rechtswege geführt hat, könnte in der Innenperspektive des Handelnden sehr wohl eine Neigung zu einem praktizierten Nihilismus entsprechen, über dessen Herkunft im Folgenden noch zu sprechen sein wird. In einer solchen Situation hat die Erosion der Institutionen und der Normen, von denen sie sich herleiten, hohe Wahrscheinlichkeit. Wer also in Menschenrechten mehr sieht als die öffentlich deklarierte Norm einer bestimmten Gesellschaft, die einzig aus ihrer Funktion im System zu erklären ist, für den wird die Aussicht auf eine andere, eine nicht reduktive Erklärung sich erst dann wieder glaubwürdig öffnen, wenn über Menschenrechte im Ganzen einer Verständigungsweise gesprochen werden kann, die von Menschen im wirklichen Vollzug ihres Handelns und somit ohne latenten Vorbehalt angenommen werden kann; von Menschen zudem, die sich den intellektuellen Positionen und den Bewußtseinsweisen ihrer Gegenwart nicht verweigert haben, die also ihr Leben nicht auf Inseln oder in Reservaten führen, die abgeschirmt sind von der historischen Situation der Menschheit.

Wir haben versucht, die Aufgaben der praktischen Philosophie aus ihrer gegenwärtigen Verengung heraus und in den Kontakt mit ihrer großen Tradition zurückzubringen. Dabei sollte vor allem klarwerden, daß auch die Rechtsnorm der Menschenrechte im Handeln von Personen und über die Intention dieses Handelns nur dann zu anderer als imaginärer Geltung und Wirkung kommen kann, wenn sie mit einem Bild von der Welt zusammengehen kann, das im bewußten Leben und Handeln der Person applikabel ist. Damit stellt sich nunmehr die Frage nach der Weltorientierung der Person, die Menschenrechte als Grundnorm zu verstehen vermag.

Vorab sind aber noch zwei Einwände zu notieren, die gegen

die Voraussetzungen, die in diese Fragestellung eingehen, erhoben werden können. Der erste macht geltend, daß eine vernünftige Erwägung der Normen auf ihre mögliche Allgemeinheit für sich allein schon genügt, um die Handlungssituation zumindest der Personen zu strukturieren, die sich dem Ideal vollständiger Vernünftigkeit annähern.[7] Ihm ist hier entgegenzuhalten, daß die vorausgehende Erörterung insgesamt dazu bestimmt war, das Ungenügen dieses Sinns von praktischer Vernunft aufzuzeigen, der auf praktisches Argumentieren eingeschränkt ist. Ein zweiter Einwand könnte geltend machen, daß Menschenrechte als Rechtstitel in einem Sinn aufzufassen sind, der es erlaubt, sie von ethischen Normbegriffen zu unterscheiden. Geschähe dies, so sei einzusehen, daß sie sich durchsetzen lassen, ohne daß besondere Motivationen und Weltvorstellungen aufgeboten werden müssen, die mit ihnen verbunden sein sollten.[8]

Diesem Einwand kann so erwidert werden: Wohl ist die Einhaltung von Rechtsregeln grundsätzlich durch Zwangsmittel zu sichern, und diese Eigentümlichkeit geht in die Definition von Recht ein. Die Grundregeln für die Strukturierung eines ganzen Rechtssystems haben aber einen besonderen Status. Die Theorien des Naturrechts haben ihn auf ihre Weise zu bestimmen versucht. Unter diesen Theorien finden sich auch solche, in denen die Zwangsgewalt des Rechts rein nur als Interessenausgleich, als Neutralisierung des Bedürfnisses nach Rache oder als kollektive Lebenssicherung erklärt ist. Alle diese Theorien haben aber Schwierigkeiten damit, einen haltbaren Begriff von Recht überhaupt zu erreichen, – einen Begriff, der mit dem, was ›Gerechtigkeit‹ hieß, in einer Kontinuität von Bedeutung und Begründung bleibt. Wenn solche

---

7 Dieser Einwand hat eine wichtige Funktion in J. Habermas' Kritik an Max Weber; vgl. ›Theorie des kommunikativen Handelns‹, Band II, Frankfurt 1981, S. 430.

8 Vgl. z. B. Klaus Reich, ›Rousseau und Kant‹, Tübingen 1936, S. 14f.

Theorien vielleicht auch dazu geeignet sind, dem System des positiv gewordenen Rechts und der staatlichen Zwangsgewalt, die es garantiert, eine Rechtfertigung zu geben, so sind sie doch ungeeignet, die Überzeugung von der Existenz von Rechten des Menschen abzustützen. Solche Rechte führen explizit und emphatisch einen Anspruch auf Universalität mit sich, der die Begründung für die politischen Systeme von Einzelgesellschaften übergreift. Er nennt nicht nur Konstruktionsbedingungen für Staatsformen, die von der Art sind, daß sie im Prinzip auch gegen Organe der staatlichen Zwangsgewalt durchsetzbar sein sollten. Er statuiert, daß alle Menschen schon diesseits aller politischer Organisationsform und diesseits der Ausbildung wirklicher Rechtsverhältnisse im Besitz elementarer Rechtstitel sind. Sind Thesen, die diesen Anspruch tragen können, überhaupt in irgendeiner Weise zu begründen, so nur aus Gedanken, welche noch mehr zum Inhalt haben als die Theorien über die Gründe der Assoziation der Menschen aus dem Naturzustand in die politisch organisierte Gesellschaft. Davon bleibt unberührt, daß sie auch zu den Prinzipien für die Begründung von Staatsformen gehören können.

Darum ist es eigentlich unumgänglich, daß nicht nur in den Texten, in denen zum ersten Mal Menschenrechte als Verfassungsgrundlage verkündet werden, sondern auch in den Werken der Theoretiker, die solche Rechte erklären, die Grenzziehung zwischen einer Sprache, die staatliche Zwangsgewalt legitimiert, und der anderen Sprache, in der ethische Ideale entwickelt werden, ignoriert ist. Mit der Rede von Menschenrechten ist eine Norm gesetzt, die als Konstruktionsprinzip von staatlicher Verfassung überhaupt nur insofern dienen kann, als sie zugleich eine über das Politische hinausgreifende Orientierung für alles Verhalten aufstellt, als wahr behauptet und mit einem ganz ausgezeichneten Rechtssinn ausstattet.

Verhält es sich aber so, dann eben können gerade Menschenrechte nur in einem mit einer Selbstbeschreibung des Menschen, der auch ein Weltbegriff entspricht, als begründete Normen aufgestellt und in wahrheitsfähigen Aussagen näher spezifiziert werden. Erweist sich dies aber als unmöglich, so kann man in ihnen nur noch einen Anspruch sehen, der große verbale und emotionale Zustimmung auf sich zieht, der aber im übrigen als die Folge einer Überdehnung des Rechtssinnes und als eine politische Fiktion zu durchschauen ist. Deren Ursachen wäre nachzugehen und deren Funktion wäre aufzudecken. Im übrigen wäre dem, der im Besitz dieser aufklärenden Erkenntnis ist, die Rede von Menschenrechten ohne Anführungszeichen und noch mehr die Propagierung solcher Rechte verboten.

5.
Der Wandel in der Problemlage

Im Gang der Entfaltung der Aufgabe, die eine umfassende Begründung von Menschenrechten zu lösen hätte, hatte sich zuvor schon ergeben, daß eine solche Begründung unter zwei Aspekten von Wichtigkeit wäre: In Gesellschaften, deren Geschichte auch eine Tradition der Anerkennung von Menschenrechten ist, bleibt diese Begründung doch eine Voraussetzung dafür, daß die Anerkennung in wirklichen Überzeugungen fundiert und daß sie damit gesichert ist gegen eine schleichende Erosion, die sich in nur repetierter und darum zunehmend leerer werdender Rhetorik auch bei denen anzeigen kann, die des besten Willens sind. In der Außenbeziehung solcher Gesellschaften zu anderen Kulturen und Traditionen ist dagegen die Glaubwürdigkeit einer solchen Begründung bereits die Voraussetzung dafür, daß die universalistischen Normen überhaupt verständlich werden, – daß sie also reich entfaltete und bewährte Weltbilder und Selbstbeschreibungen nicht nur wie mit kulturellen Machtansprüchen herausfordern und mit Einsturz bedrohen, ohne aber selbst Lebensmöglichkeiten zu erschließen, die von vergleichbarem Rang und von einer Evidenz wären, die eine Aneignung in freier Zustimmung ermöglicht. Eine Ausbreitung von Normen, deren Hintergrund unbestimmt und somit unverständlich bleibt, wäre, auch in ihren Folgen, ganz der Ausbreitung moderner Technologien und Organisationsformen vergleichbar: Sie überwände Widerstand nur dadurch, daß sie Fundamente zerstört. Und so erzeugt sie eine Verwirrung, die am Ende auch auf die Länder ihres Ursprungs zurückschlagen muß.

Im 18. Jahrhundert, der Zeit der Verkündung von Menschenrechten, hat die Philosophie Begründungen für diese Rechte entfaltet, die im allgemeinen Bewußtsein einen Boden der Resonanz und Rezeption hatten. Zumindest einige dieser Begründungsgänge stützten sich auf Weltkonzeptionen, die dazu geeignet waren, Pathos in der Zustimmung freizusetzen. Es ist bekannt, daß diese Begründungen zwei Theorielinien folgten. In der einen haben Locke und Paine, in der anderen Rousseau und Kant dominiert. Gemeinsam war ihnen zweierlei: Nach dem empiristischen Wirklichkeitsbegriff setzen sie die natürliche Wirkungssphäre des Menschen als indifferent gegen alle Normquellen an; und sie entwickeln einen Begriff von Vernunft, der in der Vernunftform selbst die einzige, aber auch die zureichende Quelle von Regeln und Verbindlichkeiten des Handelns sehen läßt. Daraus ergibt sich der moderne Gedanke von einer »Autonomie« der Vernunft und des vernünftigen Menschenwesens: Nicht nur Handlungen, sondern auch die Normen des Handelns sind aus der Selbstbeziehung, der Selbstorganisation und der Selbstentfaltung der Vernunft zu gewinnen; in ihr allein haben sie einen Legitimitätsgrund. Die natürliche Welt ist von der Art, daß vernunftentsprungene Ordnungen ihr entweder auferlegt oder in sie hineingegründet werden können und müssen, – auferlegt in Gesetzeserkenntnis und technischer

Überformung, gegründet in der Gestalt der gesellschaftlichen Organisation und des Rechtsstaates. Die Selbsterhaltung des Menschen in einer ehedem feindlichen Umwelt wurde so aus der begrenzten Aufgabe der Lebenssicherung herausgehoben. Sie verwandelt sich zur Ausgestaltung einer Form des bewußten Lebens unter Normen, die rein nur seiner Selbstbeziehung entsprungen sind.[9]

Dieses Konzept von Autonomie kann im Hintergrund einer Theorieform wirksam werden, die sich explizit auf die Lebensbedingungen und Lebensbedürfnisse des Menschen gründet (Locke). Im Ausgang von ihnen sollen Rechtstitel hergeleitet werden, welche auch noch die Staatsmacht, die aus denselben Gründen hervorgeht, nicht verletzen darf. Für die Theorieform ergeben sich Schwierigkeiten dann, wenn die Rede von ›Vernunft‹ ins Spiel gebracht wird, um die Allgemeinheit und Wechselseitigkeit und vor allem die Verbindlichkeit von Rechten zu erklären. – In der anderen Theorieform wird die Definition des Menschen direkt aus der Selbstbeziehung seiner Vernunft gewonnen. Diese Selbstbeziehung ist es, die das Bewußtsein und die dynamisch ausgreifende Selbstgestaltung im Leben des Menschen erklärt. Und kraft ihrer ist sein Wesen nichts anderes als seine Freiheit, – nicht nur die Freiheit von externem Einfluß, sondern auch die von einer vorgängigen Normsetzung. So sind seine Rechtstitel und so ist auch das Wesen des Staates nicht die Sicherung von Chancen der Lebensgestaltung, sondern der Integrität der Selbstbestimmung in solchem gestaltenden Handeln (Rousseau).[10]

Bekanntlich ist die kritische Kraft, die sich im Zusammenwirken dieser beiden Theorieformen entfaltete, ganz außeror-

9 Vgl. D. Henrich, ›Die Grundstruktur der modernen Philosophie‹, in: ›Selbstverhältnisse‹, Stuttgart 1982, S. 83 ff.
10 Vgl. Leo Strauss, ›Natural Right and History‹, Chicago 1953, Kap. V und VI.

dentlich gewesen. Sie erlaubte den Sturz von Ordnungen, in denen Normen mit Weltbegriffen zusammengingen, die nicht mehr haltbar erscheinen konnten, weil sie ein anderes Verständnis von Norm und Freiheit einschlossen. Mit ihr konnten sich ein neues Selbstbewußtsein und Selbstvertrauen der Menschen verbinden, das sich aber legitimiert aus sich selbst wußte, also nicht so sehr im Aufstand, als vielmehr in einem Gründungsakt begriffen war. In solchem Rahmen entstand die Überzeugung von ursprünglichen Rechten des Menschen; durch ihn hatte sie Halt und Hintergrund.

Aber Rousseau hatte selber schon gesehen, daß dieser Rahmen einer weiteren Ausarbeitung bedarf. Ihm schien es ungenügend – und zwar aus der Innenperspektive des Handelns heraus, das seiner Freiheit innegeworden ist –, diese Freiheit nur in die einfache Korrelation zwischen individueller Selbstbestimmung und sinnleerer materieller Welt zu stellen. So hat er dem aus sich selbst normierten Bewußtsein ein reicheres Bild von der Welt zugeordnet. Es enthält die Glaubensartikel des Deismus. Und es läßt sich gut erweitern durch Betrachtungen über die Natur, die dem freien Menschenwesen freundlich begegnet und in deren Schönheiten sein Freiheitsleben ein Bild von sich selbst erkennen darf.[11]

Doch auch diese durch Rousseau dem Menschen unter der Selbstbeschreibung der Autonomie zugeeignete Weltvorstellung ist bald schon als unzureichend empfunden worden. Ihr Grundmangel schien darin zu liegen, daß sie die individuelle Freiheit in ihrer Rolle unberührt ließ, archimedischer Ausgangspunkt aller Weltgedanken zu sein. Wird aber eingesehen, daß diese Freiheit nur in einer Weltkonzeption, in die sie sich wahrhaft einfügt, Halt hat und Lebensmöglichkeiten erschließt, so muß diese Welt ihrerseits so gedacht werden, daß sie aus ihrem eigenen Zusammenhang die Möglichkeit des

---

11 Diese Erweiterung unternehmen in ihren philosophischen Schriften F. Schiller und F. Hölderlin.

Hervorgangs von selbstbestimmter Freiheit und den Ort ihres Auftritts einschließt.

Aus solchen Überlegungen sind Versuche in Gang gekommen, die Weltkonzeption, die Spinoza theoretisch entwickelt hatte und die mit der Theorie der Autonomie viele Gegner gemeinsam hat, so umzugestalten, daß sie Raum für die Selbstbestimmung des endlichen Vernunftwesens freigibt.[12] Diese Verbindung hat bis weit in das 19. Jahrhundert hineingewirkt. Hegels Werk gilt heute als Ausweis für die Potentiale dieser Verbindung, einen Theorieweg zu eröffnen und Erfahrungen zu durchdringen. Dieses Werk ist auch wirklich als Ergebnis des einen Versuches zustande gekommen, autonomes Handeln denkbar zu machen, ohne die Person, den Akteur in solchem Handeln, einfach nur als fixen Ausgangspunkt vorauszusetzen. Es muß möglich sein, Fragen in Gang zu bringen, die über die Person hinausführen, ohne daß sich in der Antwort auf diese Fragen der Freiheitsglaube zu einer Fiktion verkehrt.

Es spricht für den Theorietyp, der auf diese Prämissen verpflichtet war, daß er Positionen, die unaufgebbar und doch unvereinbar schienen, wirklich zusammenführen konnte. Es spricht weiter für ihn, daß er eine Interpretation der Weltgedanken von autonom Handelnden geben konnte, deren Artikulationsgrad hinter keiner Weltkonzeption zurückbleibt, die auf anderem Boden entstanden war. Schließlich setzt sie auch dazu instand, die Weltkonzeption der Freiheit in ein und demselben Theoriezusammenhang zu den Weltkonzeptionen anderer Kulturen in ein Verhältnis zu bringen: Ihre Geschichtstheorie handelt nicht nur vom Aufstieg hin zur Befreiung, sondern von einer Selbstentfaltung des Menschen-

---

12 Besonders eindrucksvoll im sogenannten ›Ältesten Systemprogramm des deutschen Idealismus‹, das in vielen Ausgaben zugänglich ist, – u. a. in: ›Mythologie der Vernunft‹, hrsg. v. C. Jamme und H. Schneider, Frankfurt 1984.

geistes, der auf jeder Stufe eben die Grundverfassung hat, die im Freiheitsbewußtsein ausgebildet und ihrer selbst sicher geworden hervortritt. Die Potentiale dieses Theorietyps können weiterhin erwogen, seine Analysen der Horizonte des Freiheitsbewußtseins könnten erneuert werden.

Was immer aber sich dabei ergeben würde, – sicher ist, daß auch diese Theorieform, ebenso wie die von Locke und Rousseau, nicht in einfachem Rückgriff nur restituiert werden kann. Dem steht ein Wandel in der Problem- und Bewußtseinslage entgegen, von dem die Theorien auch des frühen 19. Jahrhunderts in ihrem Zentrum noch nicht erreicht worden sind. Dieser Wandel hat aber auch die Mitteilungs- und Begründungsaussichten von Menschenrechten verändert.

Die Grundeinstellung, in der sich die Theorien der Autonomie samt der Vorstellung von Rechten des Menschen, die sie ausbildeten, bewegt haben, kann man als die einer zweiten Stufe von Kritik oder die einer *zweiten Reflektiertheit* kennzeichnen. Ein Denken auf dieser Stufe der Orientierung rechnet nicht nur überhaupt mit der Möglichkeit von Irrtum. Es rechnet damit, daß schon Weisen des Zugehens auf Einsicht von Grund auf falsch angelegt sein können und daß dies wiederum seinen Grund in der Verfassung unserer Vernunftausstattung haben könnte. Darum ist die Reflexion auf die Quellen des Erkennens eine unabdingbare Voraussetzung von sicherem Wissen. Man kann sehen, daß diese Wendung eine Voraussetzung dafür ist, daß es zu einer Entdeckung kommen kann, derzufolge auch Normen in nichts anderem als im Selbstbewußtsein der Vernunft ihren Ursprung haben. So ergibt gesteigerte kritische Besinnung noch ganz anderes: ein besonderes Pathos der Vernunft. Was Irrtumsgrund sein kann, erweist sich ebenso als Grund eines von Außensteuerung und somit von Beirrung frei gewordenen Lebens.

Sieht man diesen Zusammenhang, so wird deutlich, daß die zweite Reflektiertheit aus ihrer eigenen Dynamik heraus in eine *dritte Reflektiertheit* hineinführen kann. Die zweite hatte Quellen einer Täuschung, die systematisch eintritt, im Aufbau der kognitiven Fähigkeiten gesucht. Sie hatte in einem damit das Pathos der vernünftigen Selbstbestimmung entfaltet. Die dritte Reflektiertheit rechnet aber auch mit der Möglichkeit, daß alle Annahmen und Aussichten im Hinblick auf ›Vernunft‹ selbst nichts als solche Täuschungen sind, die wegen der Gründe, aus denen sie sich ergeben, unwiderstehlich nur scheinen. Wo solcher Verdacht bestätigt erscheint, muß alles Pathos der autonomen Rationalität zusammenbrechen.

Diese dritte Reflektiertheit ist um die Mitte des 19. Jahrhunderts zur Vorherrschaft gekommen. Sie hat einerseits Theorieformen begünstigt, die nachweisen wollen, daß ein auf Vernunft und Selbstbestimmung ausgerichtetes Leben nur eine Illusion sei, die sich aus ihrem Überlebenswert oder aus ihrem Wert für die Steigerung von Lebensgefühl und Lebenskraft erklärt. Und sie ist andererseits durch solche Theorien selbst verstärkt worden. Über ihre inneren Differenzen hinweg sind sich alle diese Theorien in der Abweisung und Entlarvung der Grundüberzeugungen einig gewesen, aus denen einst auch die Verkündung von Menschenrechten hervorgegangen war.

Eine Variante dieser Kritik, die von der neuen Wissenschaft der Soziologie ausgebildet wurde, konnte dazu gebraucht werden, die Verkündung von Menschenrechten aus ihrer historischen Rolle in der Entwicklung der Gesellschaftsformation zu erklären, – und zwar auf zweierlei Weise: So kann man Menschenrechte als Kampfparolen des Besitzbürgertums interpretieren.[13] Man kann in ihnen aber auch Mittel beim Abbau der Ständegesellschaft und im Übergang zu einer nur noch funktional gegliederten Gesellschaftsform

13 C. B. MacPherson, ›Die politische Theorie des Besitzindividualismus‹, deutsch Frankfurt 1967.

sehen.[14] In beiden Erklärungsweisen erscheinen sie als Waffen in einem Kampf, der in Wahrheit um andere Ordnungen auszutragen ist, als die es sind, die in der Programmierung von Menschenrechten zur Sprache kommen. Diese Art der Erklärung kann in ihrer Weise es auch begreiflich machen, warum sich die Verkündung von Menschenrechten zu hohem Pathos steigern konnte. Der Rationalität der dritten Reflektiertheit, die beim Aufdecken von Illusionen auf ihrem eigentlichen Felde ist, bleibt Pathos natürlich in jeder Weise verboten.

Und doch hat die dritte Reflektiertheit nicht überall solche Nüchternheit des diagnostischen Blicks in Zusammenhänge, die dem primären Selbstwertbedürfnis des Menschen Abbruch tun, ausbreiten können. Sie hat auch Lehren und Haltungen hervorgetrieben, die sich dem Pathos der Vernunft nicht nur kühl verweigern, sondern die ihm ihrerseits mit pathetischer Feindschaft entgegentreten. So entstanden politische Heilslehren, die zunächst einmal für sich in Anspruch nehmen, die Illusion der Rationalität zu durchschauen. Konstitutiv für sie aber ist, daß sie diesen Anspruch mit dem anderen Anspruch verbinden, auch alles Handeln im Dienst der Ordnung der Natur oder der eigentlichen Dynamik der gesellschaftlichen Entwicklung neu zu orientieren und zu organisieren. Diese Heilslehren tendieren schließlich dazu, als ihre eigentliche Grundstellung einen praktizierenden Nihilismus versteckt einzunehmen oder offen herauszukehren: die Umwendung der lähmenden Einsicht in die Sinnfremdheit alles Wirklichen zu einer zuvor unausdenkbaren Form von radikaler, durch Illusionen ungebundener Aktion. Diese Aktionen haben die schlimmste Peinigung und Entwürdigung von Menschen zur Folge gehabt, welche die Erde seit langem sah. Und diese Folgen legen es nahe, den praktizierten Nihilismus auch als praktisch gewordenen Aufstand gegen den

14 N. Luhmann, ›Grundrechte als Institution‹, Berlin 1965, ders. ›Grundwerte als Zivilreligion‹, in: Archivo di Filosofia 1978, S. 51 ff.

Glauben an die Existenz von Rechten des Menschen zu interpretieren, – ein Aufstand derer, die diesen Glauben für leer
halten und die sich so noch im Dienst der Aufrichtung der
Wahrheit glauben mochten.[15]

Das Erschrecken über die Folgen dieses Aufstandes hat dem
Versuch zur Wiederbelebung des Naturrechts einen starken
Impuls gegeben. Dies Erschrecken wirkte auch ein in die
Menschenrechtserklärung der Vereinten Nationen. Und es
hat in der europäischen Staatengemeinschaft zur ersten inter-
nationalen Institution der Einklagbarkeit von Menschenrecht
geführt. Auch noch der neuerliche Anschluß der philosophischen Ethik an die Theorietraditionen der rationalen Normbegründung ist von der Konfrontation mit den Folgen des
praktizierten Nihilismus bestimmt. Alles das hat aber doch
nicht gehindert, daß sich neue Varianten von praktiziertem
Nihilismus in neuer Weise und in anderen Ländern mit ihren
Massengräbern manifestierten.

Auch die nobelsten Motive und die dringendsten Anlässe, die
es unabweisbar machen, sich gegen das Grauen zu stemmen,
das durch den dünner werdenden Boden der Zivilisation
durchbricht, können überzeugende Begründungen nicht ersetzen und nicht einmal entbehren. Die Diagnose der Eigenart des in Aktion gesetzten Nihilismus, daß er nämlich ein
direkter Angriff auf die Grundüberzeugungen ist, von denen
die Verkündung von Menschenrechten ausging, macht vollends deutlich, daß eine solche Begründung nicht auf den
Bereich eingeschränkt bleiben darf, in dem sich die rationalen
Argumentationen zur Begründung von Normen allein bewe-
gen können und wollen. Der Nihilismus der Aktion weiß sich
durch ein Weltbild abgestützt. Auch dort, wo es offen
zurückgewiesen wird, können sich viele seiner Elemente wie-
derfinden in unartikulierten Meinungen über die Belanglosig-
keit des Menschenlebens und über die Haltlosigkeit universa-

15 Vgl. D. Henrich, ›Konzepte‹, Frankfurt 1987, S. 82 ff.

ler Normen im wirklichen Weltlauf. Dieses Weltbild hat auch eine andere Selbstbeschreibung des Menschen anzubieten. Insoweit sie in die nihilistische Aktion zieht, ist diese Selbstbeschreibung allerdings gewaltsam evoziert. Man kann sehen, daß sie auf dem Versuch beruht, die von Illusionen gesteuerte und gebändigte Handlungsenergie früherer Zeiten zum Extrem hochzusteigern und sich so aus den handlungshemmenden Folgen der dritten Reflektiertheit zu befreien. Selbstbeschreibungen, die aus solchen Motiven hervorgehen, können selbst nur imaginär sein. Und so bietet der praktizierte Nihilismus in dem, was er als seine eigene Struktur anerkennen muß, dem, der diese Struktur durchschaut, einen Ansatzpunkt zu seiner Destruktion. Aber auch diese fundamentale Kritik wird doch gegen ein Syndrom gerichtet, das darin eine Stärke hat, daß es jede Akzeptanz von Normen von einem Weltbild und einer Selbstbeschreibung abhängig sieht. In dieser Beziehung ist selbst der praktizierte Nihilismus der Realität näher als die Vorstellungen, die es einer reinen Diskursethik zu erlauben scheinen, die Kontexte des Normbewußtseins zu ignorieren. Also muß schon der, der nur eine Kritik des praktizierten Nihilismus so führen will, daß sie nicht nur an einer Oberfläche zwingend erscheint, über den Ansatz zu einer Theorie von entsprechender Reichweite verfügen. Doch diese Kritik führt, für sich allein genommen, noch immer nicht zur Rechtfertigung von Menschenrechten und zur Verwurzelung der Überzeugung von ihrer Existenz im Handeln. Zunächst stellt sie nur die kühle Distanz der dritten Reflektiertheit wieder her. Und die läßt, wenn sie sich nicht mit einer anderen Weltdeutung verbindet, die Menschen in der Lähmung ihrer Handlungsimpulse und in der Verwirrung stehen, in die der Nihilismus der Aktion leicht aufs neue einbrechen kann.

Nun sind auch noch andere Formen der Kritik hervorgetreten. Sie sehen die dritte Reflektiertheit in einer Kontinuität mit ihren Vorgängern, die ihrerseits Ermöglichungsgrund der

Theorien über Rechte des Menschen waren. Und sie wollen beide zugleich treffen, indem sie aufzeigen, daß diese Kontinuität geradewegs in den aggressiven Nihilismus führt. Sie sehen solchen Nihilismus nicht nur in politischen Heilslehren am Werke, die auf dem Illusionsverdacht gegenüber allen universalistischen Normen gegründet sind. Für sie kommen schon das instrumentalistische Weltverhältnis und die Überformung der Erde durch eine an keinen Gehalten orientierte Technologie aus demselben Ursprung. Daß aber der Mensch sich selbst als Maß für alle Ordnung und als Quelle für Verbindlichkeit und Weltsinn einsetzt, ist für diese Kritik der wahre Ursprung seiner Verstörung in der dritten Reflektiertheit. Im Pathos der Verkündung der Menschenrechte sieht sie also schon die Anzeichen der schwersten Bedrohung für alle Menschlichkeit aufkommen. Menschlichkeit ist – so meint diese Kritik – nur dann wiederzugewinnen, wenn der Mensch seinen Ort im Ganzen dessen, was ist, auf grundlegend andere Weise zu erfahren beginnt. Da diese Erfahrung nur freiwerden kann, wenn weit zurückreichende Formationsbedingungen seiner Denkweise insgesamt aufgehoben werden, kann sie von theoretischer Anstrengung allein nur wenig gewinnen. Besinnung auf den historischen Ort der Menschheit und Enthaltsamkeit von allen Ansprüchen, die auf Selbstzentrierung beruhen, sind alles, was die Generationen unseres Jahrhunderts für die mögliche Zukunft der Menschheit zu leisten vermögen.[16]

Solche Kritik scheint zunehmend Eindruck zu machen. Allerdings läuft sie auf den Rat hinaus, der Mensch solle seinen Anspruch auf ursprüngliche Rechte zurücknehmen. Im übrigen ignoriert sie, daß vieles von dem, was sie von der Menschheit abfallen sehen möchte, zu unwegdenkbaren Bedingungen ihres Lebens geworden ist. Dazu gehört nicht einmal

---

16 In diesem Zusammenhang ergibt sich Heideggers Zeitdiagnose und -kritik.

zuerst der technische Apparat der Lebenssicherung und Lebenssteigerung. Ihm geht voraus, strukturgebend auch noch für diesen Apparat, das indirekte Verhältnis des Menschen zu sich, das in seinem Bewußtsein von sich und sodann in der dritten Reflektiertheit seines bewußten Lebens verankert ist. Auch die neue Sensibilität für die kosmischen und irdischen Lebensbedingungen des Menschen ist von dieser Reflektiertheit ermöglicht und getragen. Wer nicht nur den besinnungslosen Gebrauch der Mittel, die sie schuf, sondern die Reflektiertheit selbst aufheben will, der muß konsequenterweise darauf ausgehen, eine von Mythen angeleitete Selbstbeschreibung des Menschen wieder heraufkommen zu lassen. Für die Zärtlichkeit gegenüber einer befreundeten Natur, der gefährdeten Lebensstätte des Menschen, lassen mythische Weltbilder aber gar keinen Raum. So gibt es also keinen Weg aus der dritten Reflektiertheit, den einzuschlagen man anraten dürfte. Es ist nicht eine Furcht vor besonderen Konsequenzen, sondern die Einsicht in die Grundbedingungen für die Entfaltung von haltbaren Gedanken, die jeden Ausweg dieser Art ausschließt.

Wenn nun aber die dritte Reflektiertheit mit der Rationalität, die zur Verkündung von Menschenrechten führte, in einer Kontinuität steht, die jene aus dieser hervorgehen ließ, so bleibt nur eine Alternative offen, über die zu entscheiden ansteht: Entweder stabilisiert sich die Menschheit in einer Verwirrung, die als beste Aussicht nur die der Distanz ohne alle Deutung zum eigenen Dasein zuläßt. Oder sie kann in dem Weltzustand, in den sie ihr Weg geführt hat, Gründe für eine Selbstbeschreibung und eine Interpretation ihrer Lage finden, die ihr bewußtes Leben auch für die Annahme von universalistischen Normen öffnet.

Eine Tiefenanalyse der modernen Welt muß nun zunächst einmal die Meinung korrigieren, diese Welt sei von ihrem Beginn an auf die Inthronisierung des endlichen Subjektes als Weltsinn aufgebaut gewesen. Schon Rousseau sah, daß sich der Mensch nur als Glied einer Welt verstehen kann, die so zu denken ist, daß Freiheit in ihr möglich ist. Wohl ist wahr, daß solche Weltvorstellungen auch als eine Art nachträglicher Stützung für das Selbstbild des Subjektes, also nur um eines kognitiven Gebrauchswertes willen, eingeführt werden können. Doch gilt das sicher nicht für die kraftvollsten unter diesen Konzepten. An die Begriffsgeschichte der Autonomie sind sie allesamt durch die Überzeugung gebunden, daß alle Normen und alles Wissen von ihrer Richtigkeit nur aus Gründen hervorgehen können, die in der inneren Form der Selbstverständigung des bewußten Lebens über sich selbst gelegen sind. Diese Überzeugung läßt sich aber in ein Gesamtbild einbringen, das im Ernst über die Formen der Selbstvergewisserung hinausgreift.

Daß es sich so verhält, wird noch deutlicher, wenn man beachtet, daß auch ein Subjektsinn, der zugleich Normprinzip ist, dies Subjekt deshalb noch nicht als eine Entität ansehen lassen muß, die sich selbst erklärt oder sich selbst hervorbringt. Etwas kann in seinem internen Zusammenhang einem geschlossenen System gleichkommen und doch auf Gründen beruhen, die in der eigenen Aufbauform des Systems nicht zugänglich gemacht werden können. Wo ein solcher Sachverhalt selbst deutlich wird, da verliert das System der Selbstbeziehung die Fähigkeit zur pathetischen Selbstdarstellung, ohne daß darum etwa auch die Legitimität in der Art und Weise verloren wird, in der es sich aus und an seiner Selbstbeziehung orientiert.

Ohne eine Legitimität dieser Art von Orientierung müßte die Tradition der Menschenrechte für unbegründet und für obsolet gehalten werden. Denn der Rechtsbegriff im Gedanken von ursprünglichen Rechten des Menschen stützt sich auf den Gedanken, daß jeder Mensch als solcher ein Ursprung dessen ist, was menschliches Tun unter eine Anleitung zum Handeln bringt, die allgemein begründet werden kann. Bräche die Überzeugungskraft dieses Gedankens zusammen, so blieben

wohl noch immer die Tugenden der Sympathie und des Mit-
leides, die Verachtung von Ausbeutung und Tyrannei und
das Wissen von der Schädlichkeit ihrer Folgen. Aber die
kommen allesamt aus anderem Ursprung als eine Lebensform, die Recht und Würde des Menschen zu ihrem Ausgangspunkt erklärt.

6.

Begründung im neuen Kontext

Hier können nur noch die Ansätze zu zwei Gedankengängen
aufgezeigt werden, die Selbstbeschreibung und Weltbild des
Menschen in unserer Zeit auf ganz andere Weise zusammenführen als in den Pathosformen der Aufklärung oder in der
nihilistischen Aktion. Sie wahren die Evidenzen der dritten
Reflektiertheit und lassen sie zugleich in einen Rahmen von
Weltgedanken eingehen, in dem der Gedanke von der Autonomie des Menschen auf neue Weise formuliert werden und
Halt gewinnen könnte. Aus dem ersten dieser Gedanken
können sich formale Grundlagen für eine veränderte Selbstbeschreibung des bewußten Lebens ergeben; der zweite
könnte Grundlage für einen veränderten Weltbegriff sein.
Wie sie miteinander zu verfugen sind, muß hier offenblei-
ben.

1.) Die bedeutendsten Denker unserer Zeit (Heidegger und
Wittgenstein) stimmen in einem Gedanken miteinander überein, der durchaus neu ist: Das Unartikulierbare, das »Dunkle«
oder »Entzogene« ist nicht nur die Grenze des Wißbaren,
über die hinaus wir zumindest verwiesen sind. Man hat in ihm
eine Formationsbedingung der dem Wißbaren selbst eigentümlichen Formen zu sehen. Wird nun dieser Gedanke an-
wendbar gemacht auf das bewußte Leben des Menschen, so
errichtet er einen Damm gegen die vielen naturalistischen Re-
duktionen von Bewußtsein, mit denen die Epoche der dritten
Reflektiertheit angehoben hatte, ohne doch unsere Kenntnis

von der vielfältigen Bedingtheit und von der Abhängigkeit des bewußten Lebens ignorieren und verdrängen zu müssen. Er erlaubt es, die Autonomie als Verhaltensorientierung auch im Geflecht dieser Abhängigkeiten noch für wirksam und legitim zu halten. Er entzieht dem praktischen Nihilismus seine Artikulationsbasis. Und er kann in der Humanität eines bewußten Lebens, das zur pathosfähigen Selbstdarstellung unfähig ist, doch einen Grund von Sinn hervortreten sehen, der nicht nur dies Leben selbst, sondern alles angeht und einschließt, was überhaupt ist.

2.) Die frühe Moderne hatte eine Kosmologie und eine analog gebaute Geschichtsphilosophie entwickelt, in der der Mensch Telos der Gesamtentwicklung gewesen ist. Aber dies ist nicht die einzige Ortung des Menschenwesens, die mit Gedanken von seiner Autonomie zu vereinbaren ist. Das Weltwissen, das inzwischen erworben wurde, läßt es gar nicht zu, die alte Gestalt der Teleologie weiter aufrechtzuerhalten. Wir sehen in eine Zukunft voraus, in der die Erde unbewohnbar geworden sein wird. Wir haben Grund, unser bewußtes Leben für einsam im Kosmos zu halten. Und zudem begleitet uns nun auch noch die von uns selbst geschaffene Bedrohung durch die nukleare Selbstzerstörung. Eine Teleologie, die einer solchen Lage gerecht wird, müßte *invers* zu der Teleologie gebaut sein, die ihr vorausging. In ihrer Ontologie müßte sie dem Zufälligen einen Vorrang vor dem Notwendigen geben. Dann wäre zu sagen, daß gerade die Randstellung des Lebens im Kosmos seinem Rang entspricht. Sie müßte das Transitorische gegenüber dem Endzustand auszeichnen. Dann wäre zu sagen, daß Bewahrung auch dort Sinn hat, wo Dauer nicht definitiv werden kann. Und so könnte vom Ganzen des Weltprozesses gesagt werden, daß er dort das erreicht, was früher sein ›Ziel‹ hieß, wo er einen begrenzten Raum für selbstbestimmtes Leben freigibt.[17]

17 Vgl. D. Henrich, ›Fluchtlinien‹, Frankfurt 1982, S. 38 ff.

Auch solche Gedanken würden, wenn sie in Selbstbeschreibungen ernsthaft angeeignet würden, die Umschreibung der dritten Reflektiertheit in die nihilistische Aktion abschneiden, ohne zurückzugreifen auf Überzeugungen versunkener Epochen, die der gute, aber hilflose Wille aufzurufen geneigt ist, wenn keine Wege abzusehen sind, die Humanität in der Gegenwart heimisch zu machen.

Die Person, deren Handlungsweise sich unter einer solchen Selbstbeschreibung organisiert, könnte sich als ursprüngliche Rechtsquelle in dem Sinn wissen, der für einen präzisen Begriff von einem Recht des Menschen unentbehrlich ist: Sie ist im strikten Sinne der Ursprung der *Legitimität* von *Ansprüchen* auf ein Leben, das aus sich selbst heraus Einsicht und praktische Orientierung und somit eine innere Form gewinnt, – damit auch auf ein Minimum der Mittel, ohne die ein solches Leben nicht geführt werden kann. Eine solche Person muß also auch die Kraft haben, diese Ansprüche für sich und für andere geltend zu machen. Doch das heißt durchaus nicht, daß sie auf das Geltendmachen dieser Ansprüche ihr gesamtes Selbstbewußtsein gegründet sähe, so daß sie nur dort und nur so lange sie selbst wäre, wie sie diese Ansprüche wirklich geltend macht. Grad und Art, in dem sie geltend zu machen sind, hängt von Grund, Art und Ausmaß ihrer Verletzung ab. Sonst könnten Menschenrechte zum Ausdruck eines leeren Stolzes werden, der in der Konsequenz unfähig dazu macht, die Selbstbeschreibung des Menschen in einem Weltverständnis zu verankern, das seinerseits legitimierbar ist, und seine Stellung in der Welt auch im Absehen von seiner jeweils besonderen Lage zu erkennen. Menschenrechte sind keine Instrumente einer Selbststeigerung unseres Lebens, die dessen Abhängigkeit und Endlichkeit aufheben oder vergessen machen will. Wo sie heute noch mit solchen Obertönen in Zitaten und Begründungen auftreten, da verkehrt sich ihre unhintergehbare Legitimität in Anmaßung. Und die ist in einer Zeit der Übervölkerung der Erde, die den Menschen seine Nichtigkeit zu lehren scheint, selbst eine weitere Ursache dafür, daß der Glaube an die Realität dieser Menschenrechte untergraben zu werden droht. Ohne solchen Glauben können sie aber gerade dort nicht beharrlich vertreten werden, wo dies am dringlichsten und darum meist auch gefährlich ist. Zum Sinn von Personsein in der modernen Welt gehört es somit, die unauflösbare Verbindung von zwei Einsichten, die gegenläufig zu sein scheinen, zu begreifen und so beide gleichermaßen über eine konsistente Selbstbeschreibung in Leben und Handeln wirksam werden zu lassen: Die Person ist Ursprung, nicht nur Inhaber, von Rechtsansprüchen, und aus dem gleichen Grund ebenso ursprünglich nur der Ort, an dem die Welt selbst ein transitorisches Bewußtsein in ihr und von ihr ermöglicht. Dies Bewußtsein ist somit zugleich unter die Aufgaben von Klarheit, Dienst und Verantwortung gestellt. Sie setzen allesamt voraus, daß wir von der Eitelkeit fragloser Selbstzentrierung freikommen, ohne dabei unser Selbstbewußtsein als Person zu verlieren.

Die Verständigungsart, die von solchen Gedanken und Aufgaben geleitet ist, wird nicht dazu geeignet sein, die Rede über Menschenrechte mit dem Pathos einer Staatsgründung zu vereinbaren, die zugleich den Sprung zu einem neuen Zustand der Geschichte vollziehen will. Aber sie wird von Rechten des Menschen ohne die verhohlenen Vorbehalte und die doppelten Böden sprechen können, mit denen der Sinn dieser Rede sogleich wieder suspendiert wird.

Im Inneren der Länder, die der Tradition der Menschenrechte von ihrem Beginn an verpflichtet waren, können solche Vorbehalte, die ihre Ursachen in fehlenden Möglichkeiten der Begründung haben, unhörbar sein oder vielen womöglich gar nicht bewußt werden. Denn Traditionen binden auch über Zweifel hinweg; und zumindest können sie Zweifel im Zaum halten. Zudem sind Menschenrechte in den Institutionen dieser Länder verankert, und die Bezugnahme auf sie ist insofern auch zu einem Mittel geworden, die Einheit der Gesellschaft über alle Differenzen hinweg noch zum Ausdruck zu bringen. Das kann freilich auch in solchen Gesellschaften die Ausbreitung von Verhaltensformen nicht hindern, in denen der praktizierte Nihilismus schon tiefe Spuren hinterlassen hat.

Aber jede Begründungsschwäche bei der Rede von Menschenrechten hat mit Sicherheit dann ganz direkte Auswirkungen, wenn sie eine Adresse in anderen Kulturen und Traditionen sucht. Hier herrscht ein feines Gespür für die Ausdrucksfähigkeit von Mitteilungen. Nicht nur die Gebildeten verstehen sich darauf, das Ansinnen auf Zustimmung zu universalistischen Normen auf die Akzeptanzbedingungen hin abzuhören, mit denen sie sich darstellen können. Ein Normexport, der nicht imstande ist, diese Akzeptanzbedingungen klar und glaubwürdig aufzuzeigen, und dazu so aufzuschließen, daß sie als der anderen Tradition gleichwertig erscheinen, kann nur zu einer verbalen Überwältigung führen, niemals aber zu einer freien Einbildung fremder Traditionen in die Lebensform der Autonomie. Die erste Folge solcher Überwältigung ist der Zynismus, der seinerseits eine wichtige Quelle der Verachtung von Menschen ist. Die Rede von Menschenrechten wird aber sinnlos, wenn die Überzeugung verloren ist, daß ihr überall spontane Zustimmung zuteil werden könnte. Spontan ist diese Zustimmung nur, wenn sie in der Selbstbeschreibung der Menschen, in ihrem impliziten Wissen von sich und von ihrer Welt, ihren Ursprung hat und wenn sie so dort Platz greifen kann. Mit kulturellem Relativismus ist die Rede von Menschenrechten durchaus nicht vereinbar. So können sie auch nicht damit empfohlen werden, daß sie in das Bündel der zivilisatorischen Leistungen des Westens gehören. Noch weniger können sie deshalb geltend gemacht werden, weil dies die Traditionen des Westens nun einmal verlangen. Macht man sie überhaupt geltend, so muß dies um der universalen Geltung willen geschehen, die man ihnen im Ernst zusprechen darf. Dazu müssen sie aber auch in ihrem Kontext zu verdeutlichen sein. Das hat allerdings wieder notwendigerweise zur Folge, daß zugegeben werden muß, daß sie nicht mit beliebigen Lebensformen und Selbstbeschreibungen vereinbar sind. Dabei müßte aber zugleich deutlich werden, daß in ihrem Kontext wirkliche Lebensmöglichkeiten erschlossen sind, – und nicht einfach nur die, aus denen die politischen Institutionen des Westens einmal hervorgegangen sind. Ihre Aneignung, ihre Ausformulierung und ihre Entfaltung dürfen dann den Menschen und ihren Traditionen überlassen bleiben, die sie aufnehmen können, ohne sich der Kolonisation durch Normexport auszusetzen. Aber darin bleibt gerade der Universalismus gewahrt, von dem Rechte des Menschen in ihrem Wesen abhängen.

In einer Zeit, die den Unterschied zwischen Kulturtraditionen kennt und anerkennt, verbinden sich Rechte des Menschen mit der Hoffnung, daß diese Traditionen in grundlegenden Selbstbeschreibungen des Menschen schließlich zusammenwachsen können. Erst wenn dies geschähe, wäre es möglich geworden, von der »Menschheit« in einem Sinn zu sprechen, der sich von dem der natürlichen Gattung oder dem einer weltweiten politischen und ökonomischen Abhängigkeit unterscheidet. Erst dann hätte, unter neuen und ehedem unvorhersehbaren Bedingungen, die Rede vom Menschenrecht wieder etwas von dem Klang und der Bedeutungsfülle, welche an ihrem Beginn die, die sie im Munde führten, ergriffen hat.

Nachwort

Bücher können auch dann entstehen, wenn der Verfasser zunächst gar nicht die Absicht hatte, sie zu schreiben. So verhält es sich auch mit dieser Publikation. 1982 habe ich auf Einladung der Zeitschrift ›Dialektik‹ einen Gastkommentar ›Nuklearer Frieden‹ geliefert (jetzt auch in: ›Konzepte‹, Frankfurt 1987). Der öffentliche Streit jener Zeit war beherrscht von dem Gegensatz einer ›Friedens‹bewegung und der Forderung einer nuklearen ›Nachrüstung‹. Das Adjektiv ›nuklear‹ schien nur mit einer Art von Waffen und vor allem von Kriegen assoziiert werden zu können. Ich habe damals mit dem scheinbar paradoxen Titel ›Nuklearer Frieden‹ angezeigt, daß es möglich sein sollte, über diesen Gegensatz hinauszudenken. Das geschah dann im Rahmen einer Denkweise, die mir aus der Beschäftigung mit der Zeitdiagnostik der klassischen deutschen Philosophie und aus der ebenfalls frühen Orientierung an Max Webers Werk vertraut und verbindlich geworden war. Die langwährende Bemühung darum, den Anschluß an beide in eine sowohl gegenwärtige wie eigenständige Weise der Mitteilung zu übersetzen, läßt die Bedeutung, welche beide Orientierungen für mich gehabt haben und weiterhin haben, vielleicht nicht mehr überall leicht erkennbar werden.

In der Folge der kleinen Publikation wurde mir deutlich, daß eine solche Denkweise in anderen Ländern und in der zweiten Hälfte unseres Jahrhunderts zwar weniger geläufig ist, als ich angenommen hatte, daß sie aber doch, wird sie einmal gebraucht, viel Interesse findet. Denn der kurze Text ist weit mehr beachtet worden, als ich erwarten konnte. Er wurde auch der Anlaß dazu, daß ich in mehrere Diskussionszusammenhänge hineingezogen wurde. Insbesondere die Leiter eines von der Ford-Foundation getragenen Projekts haben mich dazu gedrängt, nunmehr auch ethische Probleme zu behandeln, welche sich im Zusammenhang mit der Strategie der nuklearen Abschreckung stellen (vgl., hrsg. von Uwe Nerlich und Trutz Rendtorff, ›Nukleare Abschreckung – Politische und ethische Interpretationen einer neuen Realität‹, Baden-Baden 1989). Ihrer berechtigten Mahnung, ein Philosoph dürfe sich angesichts der bedeutendsten politischen Herausforderung der Zeit nicht ins Schweigen und an andere Arbeiten zurückziehen, konnte ich auf die Dauer nicht widerstehen. Doch wurde mir bald klar, daß es nicht möglich sein würde, der mir so gestellten Aufgabe mit einem Aufsatzbeitrag zu einem Sammelband gerecht zu werden. Die allmählich wachsende Kenntnis der auch in ihrem Gehalt und in ihren Perspektiven weithin zerstreuten Literatur machte mir vollends deutlich, daß ich ein Buchmanuskript würde erarbeiten müssen. Sein Gedankengang wurde mehrfach in der Leitungsgruppe jenes Ford-Projektes diskutiert und hat von diesen Gesprächen gewonnen. Daß er wegen seines Umfangs separat veröffentlicht werden muß, hat aber doch insofern einen guten Sinn, als er sich von den Intentionen, die in vielen Beiträgen des zitierten Sammelbandes leitend sind, in wesentlichen Aspekten unterscheidet.

Es wird dem Buchtext noch anzusehen sein, daß er zu Beginn nur auf die Form eines längeren Essays angelegt war. An der Essay-Form ist dann auch weiter insofern festgehalten worden, als die Mitteilungsweise der gelehrten Abhandlung durchgängig vermieden blieb. So wurde von Auseinandersetzungen mit anderen Publikationen, auch bedeutenden, gänzlich abgesehen. Und Anmerkungen sind nur dort angebracht worden, wo sie zur Klärung und als zusätzlicher Hinweis ganz unerläßlich schienen. Eine Beilage dient dazu, dem Leser die Übersicht über die Literatur zu ermöglichen. In ihr sind auch die Zusammenhänge mit anderen philosophischen Konzepten und Veröffentlichungen des Verfassers kurz erläutert. Im Buchtext selbst sind sie soweit wie möglich ganz beiseite gelassen worden.

Überhaupt versucht der Text, einen Gang von Überlegungen vorzutragen, der – trotz seiner Schwierigkeit – auch dem philosophisch weniger Geübten durchgängig verständlich und einsichtig werden kann. Er ist zudem so konzipiert, daß seine Ergebnisse unabhängig davon annehmbar sein könnten, auf welcher Seite der Grenzen zwischen den beiden Weltmächten sich ein Leser befindet. Insofern versucht der Text, auch für sich selbst der Schlußfolgerung gerecht zu werden, zu der er in seinem letzten Kapitel gelangt: Die Unausweichlichkeit der Verfügbarkeit der nuklearen Waffe erzwingt eine Kooperation, die sich nur in einem mit der Fähigkeit ausbilden kann, in der eigenen Strategie jederzeit die Interessen auch der anderen Seite zu berücksichtigen. Es sei noch hervorgehoben, daß eine Reflektiertheit solcher Art nur ein schwächliches Denken in die Gefahr bringt, prinzipienlos zu werden und die Freiheitshoffnungen der Menschen aus dem Blick zu verlieren. Auch das geht, wie ich hoffe, aus dem Gang der Überlegungen selbst deutlich hervor.

Der Buchtext, der so entstanden ist, bleibt freilich immer noch schwierig genug. Er wendet auch nicht etwa Gedanken zur Ethik nur an, die an anderen Orten nachgeschlagen werden könnten. Für ihn ist es vielmehr charakteristisch, daß er die ethische Untersuchung in ein und demselben Gang wie die Verständigung über die richtige Handlungsart in der Weltlage vorantreibt. Die Folge davon ist, daß er über längere Abschnitte diese Verständigung nicht direkt weiterführt. Immer wieder muß er in Untersuchungen zur Ethik die Begründungen dafür gewinnen, daß die Verständigung in der Weltlage in einer Grundorientierung erfolgt, die tief und weit genug ausgreift, ohne ihren Charakter, sittliche Verständigung zu sein, zu verlieren. Leser, welche die ethischen Untersuchungen als solche nicht verfolgen wollen, könnten sich auf die Lektüre der Kapitel I, III, V, VII und IX beschränken. Sie werden auch so die Position des Verfassers zum ethischen Problem der Verfügbarkeit nuklearer Waffen und viele seiner

Gründe gut kennenlernen. Die Thesenfolge in einer weiteren Beilage ermöglicht zudem immer die Zuordnung der Abschnitte zur Anlage des ganzen Gedankenganges, wenn auch die Thesen nicht genau dem Gang des Buchtextes folgen.

Die politischen Schlußfolgerungen des letzten Kapitels sind nicht das eigentliche Ziel gewesen, das mich bei der Niederschrift geleitet hat (sie war schon im Sommer 1988 abgeschlossen). Zwar sind sie wohl wichtig genug. Und inzwischen sind sie auch aufgrund von Wandlungen in den Beziehungen der Großmächte plausibler geworden, als sie vorher für viele gewesen sind, – ein Zustand, von dem wir aber wissen sollten, daß uns seine Dauer durch nichts garantiert ist. Gleichwohl spreche ich in dem letzten Kapitel nur als irgendein Zeitgenosse, der seine politische Urteilskraft gebraucht, – also nicht eigentlich als Philosoph oder gar als Strategie-Experte.

Dagegen leitete mich bei der Niederschrift durchgängig die Überzeugung, ein Friedenszustand, und sei es der des Nichtkriegs, müsse mehr als ein zwar glückhaftes, aber ausdrucksloses Faktum sein, das in genau derselben Weise nur über uns kommt wie die Realität der Kriege, welche die erste Hälfte des Jahrhunderts in Europa dominiert hat. Frieden ist nur dann Teil und Grundform eines Lebens, das wir führen und nicht nur durchgleiten, wenn er aus den Gedanken und Erfahrungen hervorgeht, aus denen sich uns unsere Welt als ganze und in einem damit das Bild erschließt, das wir von uns selbst haben. Es ist dieser Zusammenhang, den die Philosophie zu begreifen und zu erklären hat. Und so bestimmt sich vor allem die Aufgabe, von der zu Recht gesagt wurde, daß ihr der Philosoph nicht ausweichen dürfe.

Überdies muß jede Generation denen, die ihr nachfolgen, aus den eigenen Gedanken und Erfahrungen die Möglichkeit eines Lebens erschließen, aus der heraus die Jüngeren für sich selbst ermessen können, was es heißt und wie es gelingen kann, ein Leben in jener Klarheit zu führen, die der Verständigung über das, was ist, bedarf und die zu einem guten Teil auch aus ihr hervorgeht. Was aber insbesondere das Thema dieses Buches betrifft, so erinnere ich mich dankbar der durch ihr Leben beglaubigten, nicht immer sogleich auch verstandenen Lehre meiner eigenen Eltern, die mir in einer von martialischen Tönen durchrauschten Zeit die Möglichkeit und die überlegene Wahrheit einer klugen, doch auch tatkräftigen Friedfertigkeit zu erkennen gaben. Würde ich dem Buch ein Motto vorausstellen, so würde es also lauten: »Im Sinne der Eltern – dem Leben der Kinder«. Vergessen sollten wir auch nicht, daß sich das Wort ›Frieden‹ leicht mißbrauchen läßt, – von denen, die in Wahrheit ihre Vormacht sichern wollen, wie auch als Ausdruck von Anpassung und Gedankenlosigkeit. Friedfertigkeit ist nicht wirklich zu bewähren, wenn sie dem Strom der Zeit nur folgt, und bewährt sich am meisten dann, wenn sie selbst mit Risiken besetzt ist und sich vor ihnen nicht scheut.

Dem Buchtext sind insgesamt drei Beilagen beigegeben: Erwähnt wurden schon die Erläuterungen zur Literatur und eine Folge von Thesen, die ich zuerst im Zusammenhang der Vorstellung des Buches ›Nukleare Abschreckung‹ vorgelegt habe. Sie soll hier, wie gesagt, die Übersicht über den Aufbau meines Gedankenganges erleichtern helfen. Ihnen folgt noch ein selbständiger Text unter dem Titel ›Umkreis der Autonomie‹. Er wurde 1983 auf einer Konferenz der Emory-University ›Rethinking Human Rights‹ vorgelegt, die in Atlanta um den amerikanischen Ex-Präsidenten Carter veranstaltet worden ist. Seine englische Fassung wurde in ›Daedalus, Journal of the American Academy of Arts and Sciences‹ im Herbst 1983 veröffentlicht, – mit Anmerkungen, die zumeist von David S. Pacini, dem Übersetzer, geschrieben worden sind. In diesem Text sind aus Anlaß der Schwierigkeit, Menschenrechte anders als nur gestützt auf die westliche Tradition politischer Systeme oder gar nur deklamatorisch zu begründen, zum ersten Mal einige der Begriffe und Argumente entwickelt worden, die auch in diesem Buch gebraucht werden. Der innere Zusammenhang zwischen dem Problem der Begründbarkeit von Menschenrechten und der Begründung eines verläßlichen und ausdrucksstarken Friedens in der nuklearen Weltlage wird ohne weiteres ersichtlich sein.

Mit diesen Sätzen war mein Nachwort im Sommer 1989 abgeschlossen. Während der letzten Monate hat nun die rapide Wandlung der politischen Verhältnisse im östlichen Europa den Zusammenhang beider Themen und Aufgaben dramatisch-eindringlich und auf eine Weise verdeutlicht, die mir bei der Niederschrift der Texte gewiß noch nicht vor Augen stand: Der sowjetische Verzicht darauf, die politische Kontrolle über Aufmarschgebiete erneut mit militärischer Repression zu sichern, fügt sich in das Bild, demzufolge der nukleare Friedenszustand nicht nur Vernunftziel und Hoffnung, sondern schon in der Ausbildung begriffen ist. Den Deutschen ist damit die Aussicht zugewachsen, aus der ihnen fremden und aufgezwungenen Lähmung in der Teilung und damit in einer Weltgrenzlage herauszufinden. Verstehen sie ihre Lage und ihre Interessen gut, so werden sie alles daran wenden, diese Aussicht so schnell und überzeugend wie möglich zur politischen Form und Lebenswirklichkeit auszugestalten; – schnell deshalb, weil der glückliche Ausgang historischer Prozesse, die von der Auflösung bisher unverrückbar scheinender Verhältnisse ausgehen, von der vergänglichen Gunst vieler Umstände abhängig ist; und überzeugend deshalb, weil dieser Ausgang der Einsicht und der Zustimmung nicht nur im Lande selbst bedarf, sondern ebenso in vielen anderen Ländern, wo ihnen die Erinnerung an die Geschichte Deutschlands im zwanzigsten Jahrhundert entgegenwirkt. So wird dabei jederzeit im Blick stehen müssen, von welcher Verfassung nunmehr die Welt ist, welche die Wendung der Geschicke auch dieses Volkes zum Besseren ermöglicht hat. Allein in dem nuklearen Friedenszustand können auch seine Einigkeit und Recht und Freiheit sicher begründet sein. Möge es also an handlungsbereiter Umsicht und beharrlicher Kraft nicht fehlen, beide Ziele in einem Gang wirklich werden zu lassen! Und möge diese Bemühung von dem Weltverhältnis ausdrucksstarker Friedfertigkeit getragen sein, – von einem Weltverhältnis also, das in der Geschichte des Landes über ein Jahrhundert zumeist verächtlich gemacht worden ist, obwohl es doch in den Ideen seiner Denker seit langem den besten Anhalt gehabt hätte!

Weihnachten 1989   Dieter Henrich